# Heilige Schriften heute verstehen.
# Christen und Muslime im Dialog

**LWB-Dokumentation 62/2019**

Der Inhalt der einzelnen Beiträge gibt nicht zwangsläufig die offizielle Meinung des LWB wieder.

# Heilige Schriften heute verstehen.
# Christen und Muslime im Dialog

Herausgegeben von
Simone Sinn, Dina El Omari und Anne Hege Grung

LWB-Dokumentation 62

**Bibliografische Informationen der Deutschen Nationalbibliothek**

**Die Deutsche Nationalbibliothek verzeichnet diese Publikation in der Deutschen Nationalbibliografie; detaillierte bibliografische Daten sind im Internet über dnb.dnb.de abrufbar.**

© 2019 Lutherischer Weltbund

Printed in Germany

Das Werk einschließlich aller seiner Teile ist urheberrechtlich geschützt.
Jede Verwertung außerhalb der Grenzen des Urheberrechtsgesetzes ist ohne Zustimmung des Verlags unzulässig und strafbar.

Das Buch wurde auf FSC-zertifiziertem Papier gedruckt.

Umschlagbild: Creative Commons
Redaktionelle Verantwortung: LWB-Abteilung für Theologie und Öffentliches Zeugnis/ Büro für Kommunikation
Übersetzung aus dem Englischen: Dr. Wolfgang Neumann
Satz und Textlayout: LWB-Büro für Kommunikation/Abteilung für Theologie und Öffentliches Zeugnis
Gestaltung: LWB-Büro für Kommunikation/EVA

Druck und Binden: druckhaus köthen GmbH & Co. KG

Veröffentlicht von:
Evangelische Verlagsanstalt GmbH, Leipzig, Deutschland, für
Lutherischer Weltbund
150, rte de Ferney, Postfach 2100
CH-1211 Genf 2, Schweiz

ISBN 978-3-374-05463-3

www.eva-leipzig.de

Parallelausgabe in englischer Sprache

# Inhalt

Vorwort ....................................................................................................................... 7
    *Martin Junge*

Einleitung .................................................................................................................. 9
    *Simone Sinn*

## Heilige Schriften im Dialog lesen

Der Umgang mit problematischen Texten: Ethische Kritik und moralische
Anreicherung ......................................................................................................... 17
    *Oddbjørn Leirvik*

Das Entstehen einer transformativen Hermeneutik durch das gemeinsame Lesen
biblischer und koranischer Texte von muslimischen und christlichen Frauen ............. 31
    *Anne Hege Grung*

Die Wechselbeziehung der Heiligen Schriften:
Der Koran als eine Interpretation der Bibel ............................................................. 41
    *Stefan Schreiner*

Das Zurückstellen von Fachwissen beim Scriptural Reasoning ................................. 61
    *Nicholas Adams*

Auf dem Weg zu einer dialogischen Theologie ........................................................ 71
    *Katja Drechsler und Thorsten Knauth*

## Transformative Lesarten des Korans

Die Entwicklung der islamischen Theologie im europäischen Kontext ..................... 85
    *Safet Bektovic*

Die Autoren des Korans sind noch lebendig:
Der Koran als ein Akt der Kommunikation ............................................................. 97
    *Mouhanad Khorchide*

Der Koran über den exklusiven religiösen Wahrheitsanspruch:
Die ma'na-cum-maghza-Methode und ihre Anwendung auf Koran 2:111-113 ............. 107
*Sahiron Syamsuddin*

Adam und Eva aus der Perspektive einer heutigen feministischen
Exegese des Korans ......................................................................................................... 119
*Dina El Omari*

Heilige Schriften und die Frage der Tierethik:
Grundlinien der Tierethik im Islam ............................................................................. 129
*Asmaa El Maaroufi-Ulzheimer*

Gottesbilder in Krisensituationen ................................................................................ 143
*Naveed Baig*

## Transformative Lesarten der Bibel

Die Genesis lesen – Eine Einladung zum Dialog ...................................................... 157
*Clare Amos*

Implikationen göttlicher Kommunikation in der christlichen Tradition:
Das Beispiel 1. Samuel 1-7 ............................................................................................ 171
*Kenneth Mtata*

Der Umgang mit heiligen Schriften:
Neues Testament, Alterität und Intersektionalität ................................................... 189
*Marianne Bjelland Kartzow*

„Wähle also das Leben, damit du lebst, du und deine Nachkommen":
Klimawandel als Fallstudie für eine kontextuelle Hermeneutik ........................... 203
*Martin Kopp*

Autorinnen und Autoren ............................................................................................... 213

# Vorwort

*Martin Junge*

Für uns Christen und Christinnen ist die Interpretation der Bibel von wesentlicher Bedeutung, denn die Geschichten, Gebete und theologischen Gedanken in der Bibel sind es, die unseren Glauben stärken und uns helfen, in dieser Welt zu leben. Es war ein zentrales Anliegen der reformatorischen Bewegung, die Bibel und ihre lebensfördernde Botschaft erneut in den Mittelpunkt zu stellen. Martin Luther war ein akademisch geschulter Bibelgelehrter und er vertrat mit Nachdruck, wie wichtig es sei, die Bibel in die Umgangssprache zu übersetzen. Er betonte, dass Gottes Wort ein lebendiges Wort ist, das darauf abzielt, die Herzen der Menschen zu erreichen, damit sie Gottes Gnade erfahren. Die meisten Erneuerungsbewegungen in der Geschichte der Kirche, wie etwa der Pietismus, Bibelgruppen in Basisgemeinden oder Widerstandsbewegungen gegen Unterdrückung, finden in biblischen Texten Motivation und Orientierung.

Unter muslimischen Gelehrten und in muslimischen Gemeinschaften gibt es heute lebhafte Diskussionen über die Interpretation des Korans. Für Muslime und Musliminnen ist der Koran Wegweisung für ihre Beziehung zu Gott und zur Welt. Sie rezitieren Koranverse, wenn sie beten, Koranverse sind eine Stütze im täglichen Leben der muslimischen Gemeinschaft und in besonderen Situationen. Das Auswendiglernen von Koranversen ist ein wichtiger Teil der muslimischen Spiritualität, und die islamische Ethik zieht ihre Schlussfolgerungen aus Texten des Korans.

Christen und Muslime wissen sehr gut, dass jeder Text in einem bestimmten Kontext entstanden ist und dass jede Lektüre des Textes in einem besonderen Kontext stattfindet. Gläubige wenden sich ihren heiligen Schriften zu in Zeiten des Unglücks und der Schwäche und genauso in Zeiten der Freude und der Dankbarkeit. Die Menschen lesen die Texte auf der Suche nach Wegweisung und beziehen sich auf sie, wenn sie wichtige Entscheidungen treffen müssen.

Wie wir die Texte verstehen, wird natürlich durch das beeinflusst, was um uns herum geschieht. Als Lateinamerikaner, der in einer Zeit der Unterdrückung und der massiven Verletzung der Menschenrechte aufgewachsen ist, erinnere ich mich daran, was es bedeutete, heilige Texte gegen diesen spezifischen soziopolitischen Kontext zu lesen, und wie dieser Kontext es beeinflusste, wie ich an heilige Texte heranging, sie verstand und las.

Die Beziehung zwischen Text und unterschiedlichen Kontexten ist deshalb eines der Hauptthemen, wenn es um Schriftinterpretation geht. In der heutigen Welt scheint der Abbruch der Kommunikation an der Tagesordnung zu sein, und Gemeinschaften, die gewöhnlich friedlich miteinander lebten, schaffen es nicht, dies weiterhin zu tun. Polarisierung, Hassreden und Extremismus bedrohen unsere Gemeinschaften; Gewalt oder Androhung von Gewalt jagt Angst ein.

Inmitten dieser Realität sind die Aufsätze von christlichen und muslimischen Gelehrten in diesem Buch ein Zeugnis dafür, dass Dialog möglich ist – ein Dialog innerhalb und zwischen unseren Gemeinschaften über aussagekräftige und verantwortungsbewusste Schriftinterpretation heute. Wie gehen religiöse Gemeinschaften mit jenen Stellen in ihren eigenen heiligen Schriften um, die Gewalt dulden oder sogar rechtfertigen? Wie gehen wir mit den „Texten des Schreckens" in unseren eigenen Schriften um? Es ist unerlässlich, dass wir gemeinsam versuchen, jene Grundprinzipien zu erkennen, sie zu erklären und zu lernen, über sie Rechenschaft abzulegen, die unsere Lektüre heiliger Texte bestimmen und uns helfen, in einer gemeinsamen Welt zu leben.

Zu den wichtigsten Themen, die gegenwärtig lebhafte Diskussionen im Hinblick auf die Schriftinterpretation in unseren Gemeinschaften auslösen, gehören die Stärkung der Stellung der Frauen und die ökologische Krise. Wenn der Umgang von Männer und Frauen miteinander nicht ganz zentral von Gerechtigkeit bestimmt wird, wird niemals Gerechtigkeit und Frieden in der Welt herrschen. Ebenso muss Gerechtigkeit im Zentrum stehen, wenn es um unsere Beziehung mit der ganzen Schöpfung und mit dem ganze Planeten geht. Im Bereich der Klima-Advocacy-Arbeit hat es wichtige interreligiöse Aktivitäten gegeben. Wir müssen einander die Hände reichen, um den großen Herausforderungen begegnen zu können, denen sich die ganze Menschheitsfamilie gegenübersieht.

Die Aufsätze in diesem Buch gehen auf Vorträge auf einer internationalen christlich-muslimischen Konferenz zurück, die 2016 vom Lutherischen Weltbund in Zusammenarbeit mit der Theologischen Fakultät der Universität Oslo und dem Zentrum für Islamische Theologie der Universität Münster veranstaltet wurde. Ich empfehle Ihnen die Lektüre dieser Veröffentlichung; sie ist ein deutliches Signal: Ja, Dialog ist möglich, und ja, die Welt braucht starke Beiträge von Religionsgemeinschaften, und ja, für uns steht die Transformation von Gewalt, Unterdrückung und Ungerechtigkeit und die lebendige Verwirklichung der Botschaft von Gottes Liebe, Gnade und Barmherzigkeit im Zentrum.

# Einleitung

*Simone Sinn*

Geschichtlich war das Entstehen eines eigenständigen, als „heilige Schrift" angesehenen Textkorpus mit der Ausbildung einer eigenständigen, besonderen Religionsgemeinschaft verbunden. Heilige Schriften sind für die jeweiligen Religionsgemeinschaften von lebenswichtiger Bedeutung. Als beispielsweise die christliche Gemeinschaft den biblischen Kanon als verbindliche Schrift anerkannte, nahmen Kirche und Bibel zugleich Gestalt an. Ebenso war im Islam die Anerkennung des Korans als verbindliche Schrift von entscheidender Bedeutung für die Entstehung der *umma*. Diese wechselseitigen Prozesse verbinden auf tiefgehende Weise die Gemeinschaft mit dem Text und umgekehrt.

Es waren dies nicht nur Vorgänge in der Entstehungszeit der Gemeinschaften, sondern sie wirken fortdauernd über die Jahrhunderte hinweg. Wann immer sich Christen und Christinnen versammeln, um die Botschaft des Evangeliums zu hören, konstituiert das die christliche Gemeinschaft als Kirche. Wo immer sich Muslime und Musliminnen versammeln, um auf die Botschaft des Korans zu hören, ist die muslimische Gemeinschaft lebendig.

Über diese enge Beziehung zwischen einer Gemeinschaft und ihrer heiligen Schrift hinaus hat es immer verschiedene Verbindungen zu anderen Texten und anderen Lesarten derselben Texte und Traditionen gegeben. Es gibt ganz klar eine geschichtliche und theologische Wechselbeziehung zwischen dem Tanach, der heiligen Schrift des Judentums, und der Bibel, die für das Christentum die Autorität darstellt, und auch dem Koran, der im Islam als das Wort Gottes gilt. Diese heiligen Schriften entstanden nicht in Abgeschiedenheit und sie werden im Allgemeinen auch nicht in Abgeschiedenheit gelesen. Die Auslegung heiliger Texte kann dafür eingesetzt werden, die eigene Gemeinschaft abzugrenzen oder um Brücken zu bauen und eine Verbindung mit anderen Gemeinschaften herzustellen.

Die Interpretation heiliger Schriften ist ein umstrittenes Feld. Natürlich kann sich die Kraft eines heiligen Textes nur in seinem Lesen entfalten, denn die Texte brauchen eine Person oder eine Gemeinschaft, für die die Botschaft von Bedeutung und Wichtigkeit ist. Kritische Fragen, mit denen viele heutige Religionsgemeinschaften ringen, sind etwa folgende: Wer hat das legitime Recht, mit Autorität heilige Schriften zu interpretieren? Welche Herangehensweisen sind angemessen? Welches sind die geeigneten Interpretationsmethoden? Was bedeutet der Begriff „Heiligkeit" für den Vorgang der Interpretation? Weder das Christentum noch der Islam verfügen über eine zentrale Autorität, die über diese Fragen entscheidet. Global wie lokal ist Interpretation ein polyzentrisches Unterfangen – polyzentrisch hinsichtlich der geografischen Vielfalt, der unterschiedlichen Einflüsse und der verschiedenen Herangehensweisen.

Die Aufsätze in diesem Band tragen zur Diskussion über die Schriftexegese bei, indem sie Lesarten vorschlagen und die Erkenntnisse aus dem Diskurs über Hermeneutik und aus dem interreligiösen Dialog aufnehmen. Christliche und muslimische Wissenschaftler und Wissenschaftlerinnen aus unterschiedlichen Kontexten untersuchen theoretische Annahmen und interpretieren wichtige Texte aus heiligen Schriften, wobei sie insbesondere „transformative Lesarten" in den Mittelpunkt stellen. Dies bedeutet, dass die Lektüre und Interpretation heiliger Texte nicht einfach eine Sache der intellektuellen Rekonstruktion eines Textinhalts ist und auch nicht der Akt des Eintauchens in eine vorgegebene Tradition, sondern eine Lektüre, die Veränderung bewirkt, indem sie neue Möglichkeiten der Gottes- und Selbsterkenntnis und des Seins in der Welt eröffnet.

Die vorliegende Veröffentlichung hat drei Teile. Der erste Teil erkundet die interpretatorischen Möglichkeiten, die sich ergeben, wenn Einsichten aus anderen Religionsgemeinschaften und anderen religiösen Texten einbezogen werden. Die verschiedenen Beiträge nehmen die Wechselwirkung und den Dialog zwischen Texten, Gemeinschaften und Gelehrten in den Blick.

Anhand konkreter Beispiele, wie sich Interpretationen im Laufe der Zeit verändern, stellt Oddbjørn Leirvik dar, wie das Konzept der Hölle in christlichen Kreisen neu gedeutet wurde und wie muslimische Gelehrte heute mit Koranversen umgehen, die Gewalt billigen. Er stellt eine „Humanisierung der theologischen Ethik" fest im Sinne einer hermeneutischen Strategie, die transformatorische Strategien in heutigen christlichen und muslimischen Interpretationen eröffnen kann.

Anne Hege Grung zeigt, dass die Humanisierung der theologischen Ethik, die sich unter muslimischen und christlichen Gelehrten entwickelt hat, sich auch bei den Gläubigen an der Basis findet. Sie analysiert die empirischen Ergebnisse eines Projekts, in dem muslimische und christliche Frauen gemeinsam schwierige Texte des Korans und der Bibel gelesen haben.

Die Frauen in dieser Interpretationsgemeinschaft stimmten darin überein, dass einige Texte ihrer jeweiligen Tradition ein gefährliches Potenzial in sich bergen, das für zerstörerische Zwecke benutzt werden kann. Grung erörtert die Notwendigkeit und die Möglichkeiten, Formen einer transformatorischen Hermeneutik durch gemeinsames Lesen entstehen zu lassen.

Stefan Schreiner analysiert geschichtliche Entwicklungen und erkundet die miteinander verflochtenen Rezeptionsgeschichten von Koran und Bibel. Sein Ausgangspunkt ist die Beobachtung, dass viele Koranstellen Texte und Geschichten aus biblischen und nachbiblischen jüdischen und christlichen Quellen aufnehmen. Er untersucht weiterhin, wie Gelehrte die Abfolge der geoffenbarten Bücher und der Propheten interpretiert haben. Schreiners Untersuchung macht deutlich, dass es nicht nur eine historische Korrelation, sondern auch Gegenseitigkeit gibt, die ebenso für die heutigen Interpretationen des Korans und der Bibel von Bedeutung ist.

Nicholas Adam stellt Überlegungen über die ungewöhnliche und bemerkenswerte Form des *scriptural reasoning* an, die erfordert, dass Fachgelehrte ihr Fachwissen zurückhalten und gemeinsam allein auf Grundlage des Textes reflektieren. Dies wird oft als provokative Forderung empfunden, vielleicht weil es den Gelehrtenstatus infrage stellt. Adams verweist auf diesen Aspekt des *scriptural reasoning*, weil es seiner Meinung nach wichtige Merkmale der Praxis erklärt und für gewisse Erfolge und Misserfolge bei bestimmten Teilnehmergruppen verantwortlich ist.

Den ersten Teil beschließt ein Bericht über ein Dialogexperiment in Hamburg mit einem multireligiösen und interdisziplinären Team von Wissenschaftlern und Wissenschaftlerinnen. Katja Drechsler und Thorsten Knauth erläutern den methodischen Ansatz und die Ergebnisse dieses empirischen Versuchs und kommen zu dem Schluss, dass eine dialogische Hermeneutik wesentlich ein Balanceakt zwischen vier Spannungsfeldern ist, die durch die Faktoren Wissen, Kontext, Unterscheidung von Heiligem und Profanem und gegensätzliche Dynamik von Vertrauen und Misstrauen bestimmt sind.

Der zweite Teil widmet sich transformatorischen Lesarten des Korans. Safet Bektovic gibt einen Überblick über jüngere Entwicklungen in der islamischen Theologie in Europa. Er diskutiert, ob es berechtigt ist, von einem europäischen Islam und einer europäischen islamischen Theologie zu sprechen, und erkundet aktuelle Dimensionen und Perspektiven des islamischen theologischen Denkens in Europa. Er beschreibt ihre Relevanz für das Alltagsleben der Muslime und Musliminnen und für die Ausbildung der Imame in Europa und macht deutlich, dass Strukturen und Orte der Bildung und Forschung geschaffen werden müssen, die transformatorische Lesarten ermöglichen.

Mouhanad Khorchide äußert sich von einer solchen Position her. Er ist überzeugt, dass der Koran kein Monolog ist, und erforscht daher den Koran als einen „Akt der Kommunikation". Er betont, dass der Koran durch und durch göttlich und zugleich durch und durch menschlich ist. Im Blick auf die sich ergebenden hermeneutischen Herausforderungen erweisen sich für Khorchide die Überlegungen Paul Ricœurs zur Hermeneutik als hilfreich. Als muslimischer Theologe betont Khorchide Gottes Barmherzigkeit als hermeneutischen Schlüssel zum Verständnis der Botschaft des Korans.

Da konstruktive interreligiöse Beziehungen oft durch exklusivistische religiöse Wahrheitsansprüche behindert werden, unterzieht Sahiron Syamsuddin solche Ansprüche einer kritischen Betrachtung. Er interpretiert Koran 2:111–113, eine Stelle, die oft angeführt wird, um eine exklusivistische Perspektive zu rechtfertigen, auf eine neue Weise. Er interpretiert den Text mit Hilfe einer klassischen zweifachen Herangehensweise – indem er zuerst die ursprüngliche Bedeutung des Textes feststellt und dann zweitens seine Bedeutung für die heutige Situation darlegt. Er zeigt auf, wie diese Verse inklusiv und selbst pluralistisch interpretiert werden können.

Im Lichte neuerer Überlegungen zum Geschlechterverhältnis rücken die Schöpfungsgeschichten der heiligen Schriften wieder ins Zentrum der Aufmerksamkeit. Dina El Omari präsentiert Erkenntnisse der heutigen feministischen Exegese des Korans. Im Blick auf zentrale Aussagen des Korans verweist sie darauf, dass Gott Mann und Frau zur gleichen Zeit und aus derselben Substanz geschaffen hat, und betont, dass aus dieser Perspektive Männer und Frauen gleichwertige Partner sind. El Omari erörtert theologische Debatten über das Konzept des Sündenfalls und stellt fest, dass dieses Konzept nicht Teil der ursprünglichen Botschaft des Korans sei.

Asmaa El Maaroufi gibt eine neue Deutung von Passagen des Korans, die sich auf Tiere beziehen, mit dem Ziel, Grundlinien einer Tierethik aus einer islamischen Perspektive zu entwickeln. Sie benennt Gemeinsamkeiten und Unterschiede zwischen Menschen und Tieren und erörtert die Beziehung, in der beide zum Schöpfer stehen. El Maaroufi untersucht die koranische Terminologie für die Beziehungen zwischen Mensch und Tier und hinterfragt kritisch eine reduktionistische Anthropologie. Sie plädiert dafür, die Menschheit im Kosmos neu zu positionieren und eine höhere Sensibilität für die enge Beziehung zwischen Menschen und ihren Mitgeschöpfen zu entwickeln.

Der Beitrag von Naveed Baig über Spiritual Care im Islam beschließt diesen Teil. Er erläutert, auf welche Weise Koranverse Menschen in Schmerz und Leid helfen können, Wege zu finden, damit umzugehen, und auf welche Weise Tradition und Orthopraxie dazu beitragen, wie religiöse muslimische Patienten und Patientinnen schwere Zeiten der Krise bewältigen. Es zeigt sich, dass traditionelle muslimische Ideale des Umgangs mit solchen Situationen an die individuelle Leidens- und Notsituation angepasst werden können in einem „Gespräch mit Gott", das neue Wege der Wahrnehmung Gottes und der Vorstellungen von Gott aufzeigt.

Die Aufsätze im dritten Teil widmen sich transformativen Lesarten der Bibel. Clare Amos nimmt die Leser mit auf eine Reise durch das Buch Genesis und zeigt auf, wie sich die Darstellungen Gottes ändern. In der Reise durch die Schöpfungsgeschichte, die Sintflutgeschichte und die Geschichten von Abraham, Jakob und Josef und seinen Brüdern erweist sich für Amos, dass Gottes Stimme in und durch die biblischen Texte dialogisch ist. Sie verweist weiterhin darauf, dass die unterschiedlichen Namen Gottes unterschiedliche Aspekte der Beziehung Gottes zu den Menschen widerspiegeln. Amos ermutigt ein Herangehen an die Bibel, das in dieser heiligen Schrift eine Dialogpartnerin sieht.

Für Kenneth Mtata liegt die Kraft heiliger Texte in ihrer Fähigkeit, eine Sprache für alternative Wirklichkeiten anzubieten. Er betont, dass in der biblischen Tradition die Kommunikation Gottes eine Einladung der Liebe ist. Mtata interpretiert 1. Samuel 1-7 und zeigt, wie in diesen Kapiteln der Übergang von einem theokratischen zu einem monarchischen Modell der Gemeinschaftsbildung stattfindet. Diese Passagen schildern vor allem die katastrophale Auswirkungen des göttlichen Schweigens, verweisen aber auch seine Aufhebung. Mtata untersucht die Ursachen des Niedergangs und wie das Volk durch Gottes Wirken und Gottes Boten wieder aufgerichtet wurde. Die neue alternative Wirklichkeit ist Schalom, die ganz Gott gehört, doch durch Gottes Gnade haben die Menschen Anteil an der Verwirklichung von Schalom.

Marianne Bjelland Kartzow stellt fest, dass sich Menschen auf die Bibel nicht nur als eine heilige Schrift, sondern auch als einen kulturellen, poetischen, gelehrten und politischen Text beziehen. Für sie können Theorien der Intersektionalität und des „othering" wichtige Einsichten für die heutige biblische Interpretation beitragen. Sie erkennt hermeneutische und epistemologische Modelle im Neuen Testament, die aufgrund ihres destabilisierenden Potenzials einen Raum für Transformation eröffnen.

Nach Ansicht von Martin Kopp ist der Klimawandel eine der gegenwärtigen ethischen Herausforderungen, die dazu führt, dass Fragen an die Texte der Bibel gestellt werden, deren sich die Autoren damals nicht bewusst waren. Kopp fragt, wie Wissenschaft, Exegese und Theologie auf sinnvolle Weise zusammenarbeiten können, um Gottes Willen gemeinsam zu erkennen. Er plädiert für eine neue Interpretation der biblischen Schriften angesichts der ökologischen Krise und weist darauf hin, dass eine erneuerte Theologie zu einem veränderten Verständnis des Christseins in der heutigen Welt führen wird.

Die Beiträge in dieser Veröffentlichung beschäftigen sich mit dem Thema der transformativen Lesarten sowohl auf der epistemologischen als auch der methodischen Ebene. Sie beleuchten unterschiedliche Aspekte der Transformation – strukturelle, gemeinschaftliche und individuelle – und betonen alle den kommunikativen und dialogischen Charakter heiliger Texte. Damit wird das Klischee, heilige Texte seien heilig, weil sie ihren Ort „abgesondert" von der Alltagswirklichkeit hätten, infrage gestellt. Vielmehr werden heilige Texte hier als Einladung zum Dialog und Engagement dargestellt, weil sie eine lebendige, kommunikative Quelle für das menschliche Wissen von Gottes Wirken in dieser Welt sind.

Es ist offensichtlich, dass heilige Texte ihre transformatorische Kraft dann entfalten, wenn sie zu den Herzen und dem Geist der Menschen sprechen. Um Schaden verursachende Lesarten zu verhindern und lebensbejahende Interpretationen zu fördern, sind ethische und theologische Unterscheidungen notwendig. Dafür sind sowohl die Fachwissenschaft als auch die ganze Gemeinschaft der Gläubigen gefordert. Hinsichtlich vieler heutiger Themen wie Geschlechtergerechtigkeit, Tierethik, Klimagerechtigkeit, Ausgrenzung und Gewalt eröffnet die gemeinsame christliche und muslimische Schriftinterpretation einen wichtigen Raum für transformatorische Lesarten. Diese gemeinsamen Interpretationsräume bieten neue Möglichkeiten des Verstehens und stärken gemeinsam das Engagement.

# Heilige Schriften im Dialog lesen

# Der Umgang mit problematischen Texten: Ethische Kritik und moralische Anreicherung

*Oddbjørn Leirvik*

Im Folgenden behandele ich das Thema der „problematischen Texte" in der Bibel und im Koran. Ich werde versuchen, einige hermeneutische Strategien des Umgangs mit solchen Texten zu benennen – Strategien sowohl von gewöhnlichen Gläubigen als auch von Theologen und Theologinnen. Dazu werde ich das Konzept der Hölle in der christlichen Tradition diskutieren und erörtern, wie mit Sure 5:32 verbreitet in muslimischen Diskussionen über Religion und Gewalt umgegangen wird. Was die professionellen hermeneutischen Strategien betrifft, so werde ich die Konzepte einer ethischen Kritik und moralischen Anreicherung heiliger Schriften diskutieren.

Welche Themen auf die Agenda der interreligiösen Dialoge gesetzt werden, ist eine Frage der diskursiven Macht in einem gegebenen Kontext. In ihrer Analyse der Arbeit einer langjährigen interreligiösen Dialoggruppe im schwedischen Malmö stellt Anne Sofie Roald fest, dass einige der muslimischen Teilnehmenden den Eindruck hatten, dass die Agenda sehr stark von liberalen Christen und Christinnen beeinflusst war, d.h. von deren sozialethischem Engagement für Menschenrechte, Geschlechtergerechtigkeit, sozialer Gerechtigkeit und ökologisches Gleichgewicht. Ethische Fragen außerhalb dieser liberalen Agenda, wie etwa die des Alkoholkonsums, wurden offenbar einfach nicht als Diskussionsthema in Erwägung gezogen. Weiterhin wurden schwierige theologische Themen – wie etwa die Frage von Himmel und Hölle – völlig ignoriert in einem Dialog, der ganz und gar „geerdet" war.[1]

---

[1] Anne Sofie Roald, „Religionsdialogiska perspektiv: En fallstudie av en dialoggrupp i södra Sverige", in: Mikael Stenmark und David Westerlund (eds.), Polemik eller

## Die Lehre von Himmel und Hölle als hermeneutische Herausforderung

In der heutigen christlichen Theologie, zumindest in der westlichen, sind Vorstellungen von Himmel und Hölle anscheinend vollständig aufgegeben worden, womit die Ablehnung der Vorstellung einhergeht, dass Nichtgläubige und Andersgläubige ewiger Verdammnis entgegensehen. Nach Ansicht der schwedischen Theologin Kajsa Ahlstrand hat der interreligiöse Dialog auf seine Weise zu dieser Entwicklung beigetragen, als Teil einer allgemeinen „Aufweichung im interreligiösen Diskurs"[2].

Mit dieser ethischen Wende in der modernen Theologie geht einher, dass man dazu neigt, die Lehre von der ewigen Verdammnis – mit der dazugehörigen traditionellen Vorstellung vom Höllenfeuer – als völlig unvereinbar mit einer ethisch verantwortlichen Theologie anzusehen. Vielen ist sie ein echtes Hindernis für eine Humanisierung der theologischen Ethik.

Aber wie können diejenigen, die für eine Humanisierung der christlichen Theologie eintreten, das Bild eines tyrannischen Gottes umgehen, der Ungläubige in eine Hölle der ewigen Folter wirft? Sind diese Vorstellungen nicht ein zentraler Bestandteil der lutherischen Bekenntnisschriften (Augsburger Bekenntnis, Artikel 17)[3] wie auch der Botschaft des Neuen Testament? Und welche hermeneutischen Strategien können angewendet werden, um die Abschaffung der Hölle und verwandter Vorstellungen zu verteidigen?

1953 war die Frage der Hölle das Thema einer hitzigen öffentlichen Debatte in Norwegen, ausgelöst durch eine Radiosendung, in der der bekannte Leiter der Inneren Mission, Ole Hallesby, gesagt hatte:

> Ich bin mir sicher, dass ich heute Abend zu vielen spreche, die wissen, dass sie sich Gott nicht zugewandt haben. Sie wissen sehr gut, wenn Sie jetzt tot zu Boden fallen würden, würden sie direkt in die Hölle stürzen ... Wie können Sie also, die Sie sich Gott nicht zugewandt haben, zuversichtlich zu Bett gehen und

---

dialog? Nutida religionsteologiska perspektiv bland kristna och muslimer (Nora: Nya Doxa, 2002), 83-97.

[2] Kajsa Ahlstrand, „Softening in Inter-faith Discourse", (2003), online abrufbar unter: http://www.emmausnett.no/ressurser/ahlstrand_softening.shtml.

[3] „Sodann lehren sie: Christus wird am Ende der Welt zum Gericht erscheinen und wird die Toten alle wieder erwecken. Den Frommen und Auserwählten wird er das ewige Leben und immerwährende Freuden geben, die Gottlosen aber und die Teufel wird er der Verdammnis anheimgeben, auf dass sie ohne Ende gestraft werden." Augsburger Bekenntnis, Artikel XVII, Die Wiederkunft Christi zum Gericht. Übersetzung des lateinischen Textes von H. Bornkamm (Das Augsburger Bekenntnis, hrsg. von Heinrich Bornkamm, Hamburg 1965, 24f.).

in der Nacht schlafen, wenn Sie nicht wissen, ob Sie morgen in ihrem Bett oder der Hölle aufwachen werden?[4]

Die Ansprache wurde vom staatlichen Rundfunk übertragen, der damals noch das Monopol hatte. Sie wurde in der Öffentlichkeit und auch von einigen Kirchenleitenden heftig kritisiert. Hallesby wies dies zurück, indem er darauf hinwies, dass „allein im Matthäusevangelium Jesu achtzehn Mal von der ewigen Verdammnis spricht. Und in neun von diesen Beispielen schildert er lebhaft die verschiedenen Qualen." Hier nur eines der von Hallesby erwähnten Beispiele aus der Deutung des Gleichnisses vom Unkraut (Mt 13,40–43):

> Wie man nun das Unkraut ausjätet und mit Feuer verbrennt, so wird's auch am Ende der Welt gehen. Der Menschensohn wird seine Engel senden, und sie werden sammeln aus seinem Reich alle Ärgernisse und die, die da Unrecht tun, und werden sie in den Feuerofen werfen; da wird sein Heulen und Zähneklappern. Dann werden die Gerechten leuchten wie die Sonne in ihres Vaters Reich. Wer Ohren hat, der höre![5]

Oder in Matthäus 10,28: „Und fürchtet euch nicht vor denen, die den Leib töten, doch die Seele nicht töten können; fürchtet viel mehr den, der Leib und Seele verderben kann in der Hölle."

Hallesbys Hauptgegner, der liberale Bischof Kristian Schjelderup, erklärte, für ihn sei die Lehre von der ewigen Strafe in der Hölle nicht vereinbar mit dem, was er als das „Evangelium der Liebe" bezeichnete:

> Ganz gewiss sind die göttliche Liebe und Barmherzigkeit größer als das, was durch die Lehre von der ewigen Höllenqual ausgedrückt wird. Das Evangelium Christi ist das Evangelium der Liebe ... Für mich gehört die Lehre von der ewigen Höllenqual nicht zur Religion der Liebe.[6]

Natürlich leugnete der Bischof nicht, dass Jesus in den Evangelien von Erlösung und Verdammnis spricht. Aber Schjelderup konnte sich nicht vorstellen, dass Verdammnis ewige Pein bedeutet – dies würde seinem Verständnis nach „im Widerspruch stehen zu dem eigentlichen Geist der göttlichen Offenbarung, die wir durch Christus empfangen haben"[7].

---

[4] Ole Hallesby, „Omvend deg – nå! (Helvetestalen)", Virksomme ord, n.d., online abrufbar unter: http://virksommeord.uib.no/taler?id=3982, Übersetzung durch den Verfasser für die englische Ausgabe dieses Buches.
[5] Übersetzung der Lutherbibel 2017.
[6] Kristian Schjelderup, De evige helvetesstraffer og bekjennelsen (Oslo: Forlaget Land og Kirke, 1954), 15, Übersetzung durch den Verfasser für die englische Ausgabe dieses Buches.
[7] A.a.O., 21.

Eigentümlicherweise befasste sich schließlich sogar das Ministerium für kirchliche Angelegenheiten (es war noch die Zeit der Staatskirche) mit der Frage und entschied, die Position Bischof Schjelderups widerspreche nicht der lutherischen Lehre, womit das Höllenfeuer sozusagen durch einen politischen Beschluss abgeschafft wurde.[8]

Die Herangehensweise Bischof Schjelderups war die hermeneutische Hauptstrategie der liberalen Theologen und Theologinnen mit einem „humanisierenden" Programm: problematische Passagen in der Bibel zu entschärfen, indem man sie einer höheren Botschaft der Liebe unterordnet, die als der eigentliche Kern des Evangeliums postuliert wird. Die Lektüre der Schrift im Lichte einer postulierten Mitte derselben – dem gekreuzigten Christus – ist ebenso ein zentrales Element lutherischer Hermeneutik. Wie Anne Hege Grung in ihrer Analyse einer Gruppe von gemeinsam problematische Texte lesenden christlichen und muslimischen Frauen aufzeigt, wird der hermeneutische Grundsatz des „allein Christus" oft dahingehend popularisiert, dass alles im Neuen Testament, das nicht mit dem Jesusbild des oder der betreffenden Gläubigen konform geht, ohne Weiteres beiseitegeschoben werden kann.[9]

Aber wie genau, wenn wir die Bibel durchforschen, kommen wir zu dem Schluss, dass Jesus und die Evangelien eine „Religion der Liebe" repräsentieren? Müssen wir nicht zugeben, dass wichtige Teile des Neuen Testaments (und auch der Lehrtradition) Gott tatsächlich als rachsüchtig und als einen Folterer darstellen? Wenn das so ist, dann führt kein Weg an einer fundamentalen ethischen Kritik der Evangelien vorbei. Um unserer eigenen moralischen Integrität willen können wir einfach nicht Gottesbilder akzeptieren, die mit ewiger Qual im Namen Gottes verbunden sind. Die Lehre von der Hölle ist moralisch nicht annehmbar.

Nebenbei sei erwähnt, dass die Vorstellung vom ewigen Höllenfeuer auch im Koran sehr präsent ist, oft ist darin von den „Bewohnern des Höllenfeuers" (aṣḥāb al-nār) die Rede: „Die aber ungläubig sind und unsere Zeichen Lüge nennen, die werden Bewohner des Höllenfeuers sein, ewig bleiben sie dort" (Koran 2:39).[10] Der Koran zeichnet ein ausführliches und schreckenerregendes Bild von der Hölle, und die Vorstellung von dem göttlich angeordneten Höllenfeuer ist eine gemeinsame hermeneutische Herausforderung für den Islam und das Christentum. Wie können die Bilder von

---

[8] A.a.O.
[9] Anne Hege Grung, Gender Justice in Muslim-Christian Readings. Christian and Muslim Women in Norway: Making Meaning of Texts from the Bible, the Koran, and the Hadith (Amsterdam: Brill Rodopi, 2015), 41–44.
[10] Zum Thema in der allgemeineren islamischen Tradition siehe Christian Lange, Paradise and Hell in Islamic Traditions (New York: Cambridge University Press, 2016).

der Hölle in Einklang gebracht werden mit dem Glauben an die göttliche Barmherzigkeit? Müssen wir sie nicht aus ethischen Gründen aufgeben?

## Ethische Kritik der heiligen Schriften

Was das Christentum anbelangt, so geht die ethische Kritik an den heiligen Schriften mindestens bis Kant zurück, der in seiner Schrift *Die Religion in den Grenzen der bloßen Vernunft* die Geschichte von Abrahams Bereitschaft zur Opferung Isaaks im Lichte des universalen moralischen Gesetzes kritisiert.[11] Die Geschichten von Abrahams Opfer sind eine weitere hermeneutische Herausforderung für Juden, Christen und Muslime, und die Idee von einem Menschenopfer als Beweis für den Gehorsam Gott gegenüber ist natürlich aus einer ethischen Perspektive zutiefst verstörend. In diesem Zusammenhang forderte die feministische Theologin Elisabeth Schüssler Fiorenza 1987 in einer Rede auf einer Versammlung der Society of Biblical Literature die Bibelwissenschaftler und -wissenschaftlerinnen auf, nicht nur die öffentliche Verantwortung für ihre Wahl der Interpretationsmethoden zu übernehmen, sondern auch gleichermaßen „für die ethischen Folgen der biblischen Texte und ihrer Bedeutungen".[12] Im Zuge ihrer Argumentation verortete sie das ethische Problem nicht nur in der Interpretation, sondern in der auktorialen Konstruktion der Texte selbst:

> Wenn biblische Texte nicht nur edlen Zielen gedient haben, sondern auch dazu, Kriege zu rechtfertigen, Antijudaismus und Frauenfeindlichkeit zu fördern, die Ausbeutung durch Sklaverei zu rechtfertigen und die koloniale Entmenschlichung zu fördern, dann muss die Bibelwissenschaft nicht nur die Verantwortung für die Interpretation biblischer Texte in ihrem historischen Kontext übernehmen, sondern auch für die Bewertung der Konstruktion ihrer historischen Welten und symbolischen Universen im Sinne eines religiösen Wertemaßstabs.[13]

Heutige christliche Theologen und Theologinnen sehen zunehmend eine ethische Kritik der heiligen Schriften als eine unvermeidbare Form der

---

[11] Nils Gilje, „Filosofisk teologi og religiøs erfaring, et kantiansk perspektiv", in: Arve Brunvoll, Hans Bringeland, Nils Gilje und Gunnar Skirbekk (eds.), Religion og kultur. Ein fleirfagleg samtale (Oslo: Universitetsforlaget, 2009), 60–75.
[12] Elisabeth Schüssler Fiorenza, „The Ethics of Biblical Interpretation", in: Journal of Biblical Literature (107), 15.
[13] A.a.O.

Ausübung theologischer Hermeneutik an.[14] Wie können wir aber mit dem Unbehagen umgehen, das wir empfinden, wenn wir uns moralisch beunruhigenden Texten gegenübersehen? Sollten wir sie im Namen eines höheren interpretatorischen Prinzips aufgeben oder die heiligen Texte aus moralischen Gründen infrage stellen?

Für mich ist eine moralische oder ethische Kritik eine überzeugendere hermeneutische Strategie als einfach zu erklären, dass irgendetwas Problematisches in der Bibel durch eine postulierte „Religion der Liebe" oder das „Evangelium Christi" getilgt werden kann. Aber wir müssen klarstellen, welche ethischen Grundsätze wir in unserer Kritik anwenden, und erklären, warum wir der Ansicht sind, dass gerade diese Grundsätze (oder Werte) alles andere in den heiligen Traditionen übertrumpfen.

## ISLAM UND GEWALT

Während das Christentum (zumindest im Westen) auf eine lange Geschichte des Infragestellens seines Glaubens an die Hölle zurückblickt, sehen sich Muslime anderen Herausforderungen in den öffentlichen Diskussionen gegenüber. Es ist kaum zu bestreiten, dass viele Muslime die traditionellen christlichen Anschauungen hinsichtlich Himmel und Hölle teilen, wie zahlreiche islamische Websites mit plastischen Schilderungen des Höllenfeuers zeigen. Aber es ist nicht die symbolische Gewalt in diesen Bildern, die die kritische Aufmerksamkeit des allgemeinen Publikums gefangen nehmen. Es ist vielmehr die Frage von wirklicher und religiös legitimierter Gewalt, die die Diskussion bestimmt.

In heutigen Diskussionen über Religion und Gewalt werden Muslime und Musliminnen dauernd mit vereinzelten Versen aus dem Koran konfrontiert, wie etwa dem berühmt-berüchtigten „Schwertvers" in Koran 9:5 („tötet die Beigeseller, wo immer ihr sie findet") oder Koran 8:60, der auch das Motto der Muslimbruderschaft ist: „Macht bereit, was ihr an Streitmacht und Kriegsreiterei aufbringen könnt, um damit Gottes Feind und damit euren Feind zu erschrecken."[15]

Gläubige können diese Verse ohne allzu große Schwierigkeiten kontextualisieren, indem sie auf die besonderen Umstände verweisen, die sie ver-

---

[14] Siehe Michael Prior, The Bible and Colonialism. A Moral Critique (Sheffield: Sheffield Academic Press, 1997); Heikki Räisänen, „På väg mot en etisk bibelkritik", in: Svensk Exegetisk Årsbok 65 (2000), 227–42; und Oddbjørn Leirvik, „Interreligious Hermeneutics and the Ethical Critique of the Scriptures", in: Oddbjørn Leirvik, Interreligious Studies. A Relational Approach to Religious Activism and the Study of Religion (London: Bloomsbury, 2014), 105ff.

[15] Der Koran wird hier zitiert nach folgender Übersetzung: Der Koran. Aus dem Arabischen neu übertragen und erläutert von Hartmut Bobzin unter Mitarbeit von Katharina Bobzin (München: Verlag C.H. Beck, 2. Aufl. 2017).

anlasst haben, insbesondere auf die gewalttätige Feindseligkeit gegenüber den ersten Muslimen und ihre immer noch prekäre Lage nach der Auswanderung nach Medina. Als Gegengewicht zu den erwähnten Versen können Muslime und Musliminnen auch friedfertige Stellen anführen, wie die stets zitierte Stelle „Kein Zwang ist in der Religion" (Koran 2:256) und nicht zuletzt die folgende Stelle aus Koran 5:32: „Wenn jemand einen Menschen tötet, ... so ist's, als töte er die Menschen allesamt. Wenn aber jemand *einem* Menschen das Leben bewahrt, so ist's, als würde er das Leben *aller* Menschen bewahren."

Wenn wir uns den vorausgehenden schriftlichen Kontext des letzten Verses ansehen, werden wir die koranische Version der Geschichte von Kain und Abel finden, die auf eine Weise neu erzählt wird, die das offensichtlich gewaltfreie Ethos des Verses bestätigt: „Wenn du nun nach mir deine Hand ausstreckst, um mich zu töten, so will ich meine Hand doch nicht nach dir ausstrecken, um dich zu töten. Siehe, ich fürchte Gott, den Herrn der Weltbewohner" (5:28).

Das Problem mit dem folgenden Vers 32 ist die eingeschobene Einschränkung: „Wenn jemand einen Menschen tötet, der keinen anderen getötet, auch sonst kein Unheil auf Erden gestiftet hat, so ist's, als töte er die Menschen allesamt." Nach meiner Erfahrung wird diese Einschränkung in der Regel übergangen (oder verschwiegen), wenn Muslime diesen Vers in heutigen Diskussionen über Religion und Gewalt zitieren.

Wenn man den darauf folgenden Vers 33 betrachtet, scheint aber die nicht erwähnte Einschränkung (die das Töten von Menschen unter bestimmten Umständen legitimiert) hier gerade der entscheidende Punkt zu sein:

> Doch die Vergeltung derer, die gegen Gott und seinen Gesandten kämpfen und im Lande auf Unheil aus sind, die ist, dass sie getötet oder gekreuzigt werden oder ihnen die Hände und Füße abgehauen werden, wechselweise rechts und links, oder sie aus dem Land vertrieben werden. Das ist Erniedrigung für sie hier in diesem Leben. Im Jenseits aber ist ihnen harte Strafe bestimmt ...

Ein anderer Vers im unmittelbaren Kontext (Vers 38) legitimiert das Abschlagen der Hände wegen Diebstahls.

Was geschieht hier also, wenn der Mittelteil des Verses in Koran 5:32 einfach ausgeschnitten wird und die problematischen Teile des literarischen Kontexts völlig ignoriert werden? Es sieht so aus, als würde der Koran durch wohlmeinende Gläubige zensiert, die dazu neigen, das ganze Buch Gottes als eine göttliche Botschaft der Barmherzigkeit neu zu interpretieren. Ganz ähnlich wie bei dem von Bischof Schjelderup beschworenen „Evangelium Christi" bzw. der „Religion der Liebe" übertrumpft ein postuliertes Prinzip der Barmherzigkeit alles in der heiligen Schrift, das moralisch problematisch für das modern gesinnte Bewusstsein ist (bzw. einen muslimischen

Befürworter der Menschenrechte). In seinem Buch *Islam ist Barmherzigkeit. Grundzüge einer modernen Religion*[16] verwendet Mouhanad Khorchide sehr eloquent diesen hermeneutischen Schlüssel der göttlichen Barmherzigkeit.

Aber wie sollte mit der komplexen Beziehung zwischen nicht gewaltsamen Ermahnungen und göttlich sanktionierter Gewalt – sei es die symbolische Gewalt des Höllenfeuers oder die erschreckende Realität von *Hudud*-Strafen – hermeneutisch umgegangen werden? Muss man im Namen der Liebe auf eine Art Ausschneiden-und-Einfügen-Strategie zurückgreifen?

Die Ausschneiden-und-Einfügen-Strategie ist natürlich keine in gelehrten Kreisen akzeptable hermeneutische Vorgehensweise. Einige muslimische Wissenschaftler und Wissenschaftlerinnen haben auf die Notwendigkeit einer ethischen Diskussion über die heilige Schrift mit der Entwicklung von eigenen kongenialen hermeneutischen Ansätzen reagiert. Ein auslösender Faktor war dabei die geschlechtsbezogene Gewalt.

## „Nein" sagen zum Text?

Interessant ist die hermeneutische Entwicklung bei Amina Wadud in ihrer Auseinandersetzung mit koranischen Texten, die als problematisch im Blick auf geschlechtsbezogene Gewalt empfunden werden (insbesondere der berüchtigte Vers 4:34, der anscheinend einem Ehemann erlaubt, eine ungehorsame Ehefrau zu schlagen). Während sie in ihrem 1992 erschienenen Buch *Qur'an and Women* dazu tendiert, den Text zu „retten", indem sie alternative Übersetzungen von ḍaraba[17] vorschlägt, sagt sie in ihrem späteren, 2006 erschienenen Buch (*Inside the Gender Jihad*) nachdrücklich „nein" zum Text (oder wenigstens zu seiner wörtlichen Bedeutung):

> Es führt kein Weg daran vorbei, auch wenn ich es mit verschiedenen Methoden zwei Jahrzehnte lang versucht habe. Ich werde und kann einfach nicht zustimmen, dass ein Mann eine Frau „auspeitscht" oder so sie sonst wie schlägt ... Ich muss deshalb klarstellen, wie ich schließlich dazu kam, rundweg „nein" zu der wörtlichen Bedeutung dieser Textstelle zu sagen.[18]

---

[16] Mouhanad Khorchide, Islam ist Barmherzigkeit. Grundzüge einer modernen Religion (Freiburg: Herder, 2012).
[17] Amina Wadud, Qur'an and Woman. Rereading the Sacred Text from a Woman's Perspective (Oxford: Oneworld, 1999), 76.
[18] Amina Wadud, Inside the Gender Jihad. Women's Reform in Islam (Oxford: Oneworld, 2006), 200. Vgl. Aysha A. Hidayatullah, Feminist Edges of the Qur'an (Oxford: Oxford University Press, 2014), 138–41.

Dies hat auch Auswirkungen auf die Überlegungen Waduds zu den *hudud* (Strafbestimmungen):

> Dieser Vers (4:34) und die wörtlich verstandene Anwendung der *hudud* beinhalten beide einen ethischen Standard menschlichen Handelns, der zum jetzigen geschichtlichen Moment archaisch und barbarisch ist. Sie sind beide ungerecht im Blick auf die Erfahrung und das Verständnis von Gerechtigkeit, zu dem die Menschen heute gelangt sind, und sind deshalb unvereinbar mit den allgemeingültigen Vorstellungen der Menschenrechte.[19]

Eine ethische Kritik heiliger Texte könnte kaum deutlicher formuliert werden, und das von einer Gläubigen. Wadud stellt auch fest, dass die empfundene Notwendigkeit, „nein" zu Koran 4:34 zu sagen, auch bedeutet, dass „wir schließlich dahin kommen zuzugeben, dass wir in den Text eingreifen". Zu Verteidigung ihrer hermeneutischen Strategie führt Wadud an, dass „die kollektive Gemeinschaft immer schon den Text mit der zivilisatorischen und besser noch menschlichen Entwicklung manipuliert hat ... Wir stellen die Bedeutung des Textes her."[20]

## MORALISCHE ANREICHERUNG DES TEXTES: TEIL DES PROZESSES DER OFFENBARUNG?

In ihrer Argumentation stützt sich Wadud teilweise auf die Überlegungen des ägyptisch-amerikanischen Denkers Khaled Abou El Fadl. In seiner Kritik an Gewalt und anderen problematischen Sachverhalten, wie etwa autoritären Strukturen, Geschlechterungerechtigkeit und Intoleranz anderen Religionen gegenüber, macht Abou El Fadl (wie Wadud) nicht bei der Kritik der Interpretationstradition halt, sondern eröffnet auch den Weg einer kritischen, dialogischen Hermeneutik des Korans. Abou El Fadl spricht jedoch nicht (wie manche christliche Theologen und Theologinnen) von einer ethischen Kritik des heiligen Textes, sondern führt hier den Begriff der moralischen Anreicherung ein. Mit Verweis darauf, dass der Koran wiederholt mit allgemeinen Begriffen wie „Gerechtigkeit" (*'adl*) und „das Rechte" (*al-ma'rūf*) an das moralische Empfinden seiner Leser und Leserinnen appelliert, meint er:

> ... der koranische Text geht davon aus, dass die Leser ein bereits bestehendes inneres moralisches Empfinden zum Text mitbringen. Daher wird der Text die Leser moralisch bereichern, aber nur, wenn die Leser den Text moralisch anreichern. Die Bedeutung des

---

[19] Wadud, a.a.O. (Fußn. 17), 200.
[20] A.a.O., 204.

religiösen Textes ist nicht einfach durch die wörtliche Bedeutung seiner Worte festgelegt, sondern hängt auch von der moralischen Konstruktion ab, dem ihm seine Leser beifügen.[21]

Einen ähnlichen Ansatz vertritt Ebrahim Moosa in einem Kapitel über „The Debts and Burdens of Critical Islam" (Die Verpflichtungen und Lasten eines kritischen Islams) in der 2003 veröffentlichten Anthologie *Progressive Muslims*. Moosa verweist darauf, dass eine Reihe von anscheinend durch normative Quellen gerechtfertigten Praktiken tatsächlich aufgrund einer modernen muslimischen Einstellung aufgegeben worden sind: „Aus einer ganzen Reihe von Gründen sehen wir die Verheiratung von in unserer modernen Kultur als minderjährig Geltenden und die Prügelstrafe und Todesstrafe nicht mehr als akzeptable Praktiken an."[22] Wie Abou El Fadl geht Moosa einen Schritt weiter – von der historischen Kontextualisierung zu einem kritischen Gespräch mit dem Text selbst, indem er dafür plädiert, dass jeglicher „Textfundamentalismus" vermieden und die kritische Reaktion der Leser ernst genommen wird – als Teil eines „Prozesses der Offenbarung". Mit Blick auf die unzweifelhaften patriarchalischen Züge des Korans schreibt er:

> Es wäre zu wünschen, dass der Koran mit seiner patriarchalischen Stimme zwar gehört, aber verstanden wird mit der Sensibilität von Akteuren/Lesenden/Hörenden/Rezitierenden, die in den Prozess der Offenbarung eingetaucht sind. Diese Hörenden/Rezitierenden sind es, die durch ihre Geschichte, Erfahrung und verwandelte innere Sensibilität entdecken, dass Geschlechtergerechtigkeit, Gleichheit und Fairness eine Norm für unsere Zeit darstellen und nicht das Patriarchat.[23]

In den Überlegungen Moosas zeigt sich eine ethische Hermeneutik, die auf die Reaktion der Leser ausgerichtet ist. Indem er die heutigen Leser in den Prozess der Offenbarung einbindet, formuliert er eine durch Interaktivität gekennzeichnete theologische Hermeneutik. Er kritisiert diejenigen, die in grundlegenden Texten nach Autorität suchen, für ihre Unfähigkeit, „sich mit dem Text auf interaktive Weise auseinanderzusetzen", und stellt fest:

> Es ist genau diese Interaktivität, die den Menschen transformiert, der letztlich die Zielperson der Offenbarung ist und die Eigenschaften verkörpern muss, die

---

[21] Khaled Abou El Fadl et al., The Place of Tolerance in Islam (Boston: Beacon Press, 2002), 15.
[22] Ebrahim Moosa, „The Debts and Burdens of Critical Islam", in: Omid Safi (ed.), Progressive Muslims. On Justice, Gender, and Pluralism (Oxford: Oneworld, 2003), 122.
[23] A.a.O., 125.

das Patriarchat bekämpfen und Gerechtigkeit und Gleichheit fördern. ... Die Wahrheit ist, dass wir die Normen im Gespräch mit dem Offenbarungstext „machen".[24]

Im islamischen Kontext sind die Ansätze von Wadud, Abou El Fadl und Moosa bahnbrechend für die theologische Hermeneutik. Ihre Art der Reflexion kann von christlichen Theologen und Theologinnen ohne Weiteres ebenfalls angewendet werden. Ihre Vorstellungen von einer moralischen Anreicherung des Textes und einer Einbeziehung der Leser in den Prozess der Offenbarung könnte man in der Tat als dialogischer ansehen als die vielleicht monologischeren Konzepte der ethischen Kritik. Aus einer feministischen theologischen Perspektive (siehe Wadud) ist es jedoch entscheidend, dass das Recht, „nein" zu einem Text zu sagen, bestehen bleiben.

## DIE HUMANISIERUNG THEOLOGISCHER ETHIK

Wie auch immer wir diese hermeneutischen Strategien nennen, ihr gemeinsamer Horizont scheint jedenfalls die Humanisierung der theologischen Ethik zu sein.[25] Als christliche und muslimische Interpreten und Interpretinnen können wir jedoch nicht umhin, unsere normativen Positionen offenzulegen. Wo finden wir jene ethischen Prinzipien, mit denen wir die heiligen Schriften moralisch kritisieren oder anreichern? Wenn unsere Lektüre auf einer gewaltfreien und humanistischen Prämisse basiert, fragt sich, wie wir zu diesem kritischen Punkt gekommen sind, ab dem es keine Rückkehr mehr zu göttlich sanktionierter Ungerechtigkeit und Gewalt gibt?

Zum Abschluss werde ich einige Anmerkungen dazu machen, wie Tariq Ramadans Aufruf von 2005 zu einem Moratorium in diesem Zusammenhang zu verstehen ist.[26] In seiner viel diskutierten Einlassung rief Ramadan zu einem sofortigen Moratorium für die Todesstrafe und *hudud*-Strafen in der muslimischen Welt auf. Damit vergleichbar hatte Abou El Fadl 2001 zu einer „verantwortungsbewussten Pause" bei der Anwendung von *hudud*-Strafen aufgerufen, in dem Bewusstsein, dass eine solche Pause „zu einem auf den Glauben gegründeten Widerspruch gegen die textliche Evidenz

---

[24] A.a.O.
[25] Leirvik, a.a.O. (Fußn. 14), 134–37.
[26] Tariq Ramadan, „An International Call for Moratorium on Corporal Punishment, Stoning and the Death Penalty in the Islamic World", 5. April 2005, online abrufbar unter: http://www.tariqramadan.com/spip.php?article264.

führen könnte".[27] Ramadan seinerseits erklärte, seine Absicht bei diesem verantwortungsbewussten Moratorium sei es,

> ... das Gewissen aller Menschen (anzusprechen) und die Allgemeinheit der Muslime dazu zu bewegen, ihre Regierungen aufzurufen, ein sofortiges Moratorium für die Anwendung dieser Strafen zu verfügen, und die muslimischen Gelehrten aufzurufen, eine umfassende Diskussion über diese Frage innerhalb der Gemeinschaft zu eröffnen."[28]

Beim Lesen von Ramadans Aufruf fiel mir auf, dass der Leitgedanke hinter diesem geforderten Moratorium in der Tat die theologisch motivierte Sorge um schutzbedürftige Menschen ist. Ramadan erkennt, dass in einer unvollkommenen Welt mit nicht-symmetrischen Machtverhältnissen schwere Strafen regelmäßig mehr Frauen als Männer und mehr Arme und Schwache in der Gesellschaft als Reiche und Mächtige treffen werden. „Wenn wir diese düstere Realität erkennen", so Ramadan, „ist es für uns Muslime unmöglich, weiterhin zu schweigen, während nicht wieder gutzumachende Ungerechtigkeit den Ärmsten und Schwächsten in der Gesellschaft im Namen unserer Religion zugefügt wird."[29]

Muslimische und auch säkulare westliche Reaktionen auf das vorgeschlagene Moratorium zeigten, wie kontrovers es aufgenommen wurde. In einigen Kritiken hieß es, Ramadan hätte eine vollständige Abschaffung der *hudud*-Strafen fordern sollen, nicht nur ein „Moratorium". Die Art und Weise, in der Ramadan allerdings für sein vorgeschlagenes Moratorium argumentiert, vermittelt den deutlichen Eindruck, dass dieser Aufruf in Wahrheit auf einen unbestimmten Zeitraum abzielt, wahrscheinlich einen ohne Ende. Denn wie können in Ramadans Perspektive solche Strafen jemals gerechtfertigt werden, wenn wir wissen, wie es in der Welt zugeht?

Meiner Ansicht nach ist die ethische Sorge um schutzlose Menschen die ganz klar dem von Ramadan vorgeschlagenen Moratorium zugrunde liegende Prämisse. Für mich ist dieser Aufruf deshalb ein Beispiel für ein humanisierendes theologisches Denken im Islam. Im Falle Ramadans führt dessen Anwendung eines humanen Kriteriums auf das theologische Denken dazu, dass er wichtige Aspekte der klassischen Scharia beiseiteschiebt

---

[27] Khaled Abou El Fadl, Speaking in God's Name. Islamic Law, Authority, and Women (Oxford: Oneworld, 2001), 93; vgl. Wadud, a.a.O. (Fußn. 17), 200.

[28] Tariq Ramadan, „A Call for a Moratorium on Corporeal Punishment – The Debate in Review", in: Kari Vogt, Lena Larsen und Christian Moe (eds.), New Directions in Islamic Thought. Exploring Reform and Muslim Tradition (London: I.B. Tauris, 2009), 165.

[29] A.a.O., 163.

– um der Schutzlosen willen. Im Einklang mit der philosophischen Ethik des Von-Angesicht-zu-Angesicht von Emmanuel Levinas denke ich, dass die Sorge um die schutzbedürftigen Menschen die gemeinsame Grundlage für jeden Aufruf zu einer ethischen Kritik oder moralischen Anreicherung der heiligen Schriften ist.

Ein Thema für weitere Dialoge bleibt, ob wir Gott als eine verletzliche Gottheit sehen oder ob wir – aus moralischen Gründen – Gottes allzu mächtiger Autorität einfach Widerstand leisten müssen.

# Das Entstehen einer transformativen Hermeneutik durch das gemeinsame Lesen biblischer und koranischer Texte von muslimischen und christlichen Frauen

*Anne Hege Grung*

## Einleitung

Was geschieht, wenn muslimische und christliche Frauen zusammenkommen, um gemeinsam die Bibel und den Koran zu lesen? Können aus solchen Interpretationsgemeinschaften neue Formen der Verständigung und des Umgangs mit kanonischen Schriften erwachsen? Ich werde in diesem Beitrag die komplexe hermeneutische Situation erkunden, die entstehen kann, wenn muslimische und christliche Frauen gemeinsam biblische und koranische Texte lesen und diskutieren. Auf der Grundlage von in Norwegen von einer derartigen Interpretationsgemeinschaft gewonnenen empirischen Ergebnissen werde ich weiterhin untersuchen, wie sich die Lesestrategien und Interpretationen der Teilnehmerinnen zwischen interpretatorischer Autorität, ethischer Kritik und moralischer Anreicherung der Texte verorten und wie die interpretatorischen Begegnungen der Leserinnen aus zwei Traditionen ihr Verständnis prägen. Dieses Verständnis bewegt sich zwischen Verstehen und Studieren der Texte und der Erforschung der durch die Gruppe repräsentierten Kontexte. Die Frauen in der von mir untersuchten Auslegungsgemeinschaft stimmten darin überein, dass einige

Texte aus ihrer jeweiligen Tradition das gefährliche Potenzial haben, auf destruktive Weise benutzt zu werden. Die Notwendigkeit und Möglichkeit, Formen einer transformativen Hermeneutik durch gemeinsame Lektüre zu schaffen, erwuchs im Verlauf der Arbeit der Gruppe selbst. Aber aus was besteht diese Transformation, und wer und was wird möglicherweise transformiert? Sind die Lesenden, die Texte, die Interpretationsmittel oder Gemeinschaften im weiteren Sinne die Gegenstände der Transformation?

## Die Texte und die Gruppe der Leserinnen

Die Texte, mit denen wir in der Gruppe arbeiteten, waren die Hagar-Erzählungen aus beiden Traditionen, so wie sie in Bibel und Hadith vorkommen, und zwei Verordnungen enthaltende Texte aus dem Neuen Testament und dem Koran: 1. Timotheus 2,8–15 und Sure 4:34. Ich werde hier nicht auf die Interpretationen der Hagartexte eingehen, sondern mich auf die präskriptiven Texte und den gemeinsamen Umgang der Leserinnen mit ihnen konzentrieren. Hier zunächst die beiden Texte im Wortlaut:

1. Timotheus 2,8–15[1]

> So will ich nun, dass die Männer beten an allen Orten und aufheben heilige Hände ohne Zorn und Zweifel. Desgleichen, dass die Frauen in schicklicher Kleidung sich schmücken mit Anstand und Besonnenheit, nicht mit Haarflechten und Gold oder Perlen oder kostbarem Gewand, sondern, wie sich's ziemt für Frauen, die ihre Frömmigkeit bekunden wollen, mit guten Werken. Eine Frau lerne in der Stille mit aller Unterordnung. Einer Frau gestatte ich nicht, dass sie lehre, auch nicht, dass sie über den Mann herrsche, sondern sie sei still. Denn Adam wurde zuerst gemacht, danach Eva. Und Adam wurde nicht verführt, die Frau aber wurde verführt und übertrat das Gebot. Sie wird aber gerettet werden dadurch, dass sie Kinder zur Welt bringt, wenn sie bleiben mit Besonnenheit im Glauben und in der Liebe und in der Heiligung.

---

[1] Die Gruppe las diesen Text in der Übersetzung der Norwegian Bibelen, 1978, herausgegeben in Bokmål, Norwegische Bibelgesellschaft (hier zitiert nach der Lutherbibel 2017).

## Sure 4:34[2]

Die Männer stehen für die Frauen ein[3], deshalb, weil Gott den einen von ihnen den Vorzug vor den anderen gewährte und weil sie etwas von ihrem Vermögen aufgewendet haben. Die frommen Frauen sind demütig ergeben, hüten das Verborgene, weil auch Gott es hütet. Die aber, deren Widerspenstigkeit ihr befürchtet, die ermahnt, haltet euch fern von ihnen auf dem Lager, und schlagt sie. Wenn sie euch gehorchen, dann unternehmt nichts weiter gegen sie. Gott ist hoch erhaben, groß.

Beide Texte waren der Gegenstand gründlicher Exegese unter Einbeziehung historischer Kontexte, linguistischer und semiotischer Analysen und all der anderen Instrumente biblischer und koranischer Exegese. Darüber hinaus gab es vergleichende Arbeiten auf der textlichen und theoretischen Ebene. Seltener dagegen sind Untersuchungen, wie mit dem christlichen oder islamischen Glauben und deren religiöser Praxis verbundene Leser und Leserinnen mit diesen Texten umgehen, und dazu gehört das gemeinsame Lesen christlicher und islamischer kanonischer Texte. Projekte im Zusammenhang mit der Praxis des *Scriptural Reasoning* (schriftgeleitete Reflexion) sowie die Studie von Lissi Rasmussen „Diapraxis und Dialog zwischen Christen und Muslimen" sind bemerkenswerte Ausnahmen.[4] Eine Untersuchung, wie Insider und Gläubige ihre kanonischen Schriften als Teil ihrer religiösen Praxis interpretieren und lesen, könnte wertvolle Erkenntnisse sowohl aus einer gelebten religiösen Perspektive als auch aus einer traditionelleren theologischen Perspektive liefern. Die Untersuchung der Dynamik des gemeinsamen Lesens kanonischer Schriften mit Menschen aus zwei oder mehr religiösen Traditionen kann zu Erkenntnissen

---

[2] Hier zitiert nach: Der Koran. Aus dem Arabischen neu übertragen und erläutert von Hartmut Bobzin unter Mitarbeit von Katharina Bobzin (München: Verlag C. H. Beck, 2. Aufl. 2017).

[3] In der norwegischen Übersetzung des Korans, die in der Gruppe gelesen wurde, wird „stehen ein" mit dem norwegischen Wort *bestyrelses autoritet* übersetzt. Man könnte dies mit „exekutiver Autorität" übersetzen und es hat im Norwegischen andere Konnotationen als das englische „supporter" bzw. das deutsche „Unterstützer". [Im englischen Originaltext der Autorin heißt es in der von ihr zitierten englischen Koranübersetzung erläuternd „.... and because they spend of their property (for the support of women)". Darauf bezieht sich die Anmerkung bezüglich „supporter".] Im späteren Verlauf der Diskussion wurde auf das ursprüngliche arabische Wort im Koran, *qiwama*, zurückgegriffen.

[4] David Ford und C.C. Pecknold, The Promise of Scriptural Reasoning (Oxford: Blackwell, 2006), und Lissi Rasmussen, Diapraksis og dialog mellem kristne og muslimer: i lyset af den afrikanske erfaring (Diapraxis und Dialog zwischen Christen und Muslimen: Im Lichte afrikanischer Erfahrung) (Århus: Aarhus Universitetsforlag, 1997).

über interreligiöse Koexistenz und das Aushandeln von gemeinsamen Interpretationen textlicher Kontexte führen, die die Lesenden miteinander teilen können.

Ich betrachte die oben angeführten Texte durch die Kommentare der Leserinnen dieser Texte und durch die Interaktion zwischen Leserinnen aus verschiedenen religiösen und kulturellen Traditionen. Die Teilnehmerinnen an diesem gemeinsamen Lesen hatten einen unterschiedlichen kulturellen Hintergrund, so gehörten dazu auch Frauen mit teilweise ostafrikanischen und nahöstlichen Wurzeln, um eine völlige Übereinstimmung von norwegischem und christlichem Hintergrund zu vermeiden. Bei den Musliminnen hatte die Mehrheit einen pakistanisch-norwegischen Hintergrund, bis auf eine Frau mit einem iranisch-norwegischen Hintergrund. Die religiöse Zugehörigkeit der Leserinnen umfasste den sunnitischen und den schiitischen Islam und das lutherische und römisch-katholische Christentum. Die sehr unterschiedlichen religiösen und kulturellen Hintergründe der Leserinnen trugen zu verschiedenen wichtigen interpretatorischen oder hermeneutischen Erkenntnissen darüber bei, wie die Texte in verschiedenen Kontexten benutzt und gelesen werden und wie sie im Lichte kultureller und geopolitischer Umfelder interpretiert werden können, wenn Lesende die Bedeutung der Texte im Gespräch zu Tage bringen. Die Unterschiede trugen auch dazu bei, wie die Leserinnen ihre Begegnungen interpretierten, insbesondere im Hinblick auf die Formulierung bestimmter Herausforderungen aus verschiedenen Perspektiven. Ich gehe zwei Fragen nach: 1. Welche Herausforderungen stellen die Texte für die in dieser Studie betrachteten Leserinnen dar? 2. Was sind die Herausforderungen für muslimisch-christliche kulturelle Begegnungen, bei denen die Texte im Hinblick auf die jeweiligen Kontexte gelesen und diskutiert werden? Bevor ich diesen Fragen nachgehe, möchte ich darstellen, wie die Leserinnen selbst ihre Stellung als Lesende sahen, welche interpretatorische Autorität sie sich selbst als Einzelpersonen und als Gruppe zuschrieben. Nach der Erörterung dieser Fragen werde ich mich der Frage der Erarbeitung einer transformativen Hermeneutik zuwenden: Warum, wie und wo, mit was und mit wem verbunden?[5]

Die Gruppe bestand ursprünglich aus zehn Personen, aber an unseren sechs jeweils drei bis vier Stunden dauernden Treffen nahmen meist fünf bis acht Personen teil. Die Arbeit in der Gruppe begann damit, dass

---

[5] Eine gründlichere und substanziellere Darstellung der Methodik der Studie, einschließlich einer Vorstellung der Leserinnen, der Arbeitsmethoden der Gruppe und der Gespräche, findet sich in: Anne Hege Grung, Gender Justice in Muslim-Christian Readings. Christian and Muslim Women in Norway Making Meaning of Texts from the Bible, the Qur'an, and the Hadith (Amsterdam: Brill Rodopi, 2015).

jemand die Texte laut vorlas. Gewöhnlich las eine Christin den biblischen Text und eine Muslimin den Text aus dem Koran oder dem Hadith. Von Anfang an sprachen sich die Leserinnen das Recht zu, die Texte zu lesen und zu interpretieren. Die Herausforderung bestand darin, inwieweit sie ihre Interpretationen als maßgeblich für ihre Mitglaubenden und ihre Gemeinschaften ansahen. Die Frauen in der Gruppe betrachteten sich selbst nicht als religiöse Führungspersönlichkeiten, und keine unter ihnen hatte eine offizielle Führungsposition in ihrer jeweiligen Religionsgemeinschaft inne. Aber sie hatten Kenntnisse und Erfahrungen in der Auseinandersetzung mit ihren jeweiligen Texten und dem Bemühen um die Bedeutung der Texte. Einige hatte eine Schulbildung in ihrer religiösen Tradition erhalten, und alle hatten verantwortliche Rollen in ihren Glaubensgemeinschaften oder in interreligiösen oder interkulturellen Dialogen gespielt.

## ETHISCHE KRITIK UND MORALISCHE ANREICHERUNG DER TEXTE

Die christlichen Frauen waren überzeugt davon, dass die Tradition selbst ihnen Autorität verlieh. Das war insbesondere bei den lutherischen Frauen der Fall, was mit Blick auf die lutherische biblische Hermeneutik zu erwarten war. Sie interpretierten diese Autorität - in Übereinstimmung mit der Auffassung Elisabeth Schüssler Fiorenzas - als Verpflichtung, die christlichen kanonischen Schriften aus einer ethischen Perspektive zu lesen und zu interpretieren und eine „ethischen Kritik der Texte" zu praktizieren.[6] Schüssler Fiorenza sah diese Verpflichtung eher bei den Bibelwissenschaftlern als bei den „normalen" Lesern und Leserinnen der Bibel. Sie vertritt die Ansicht, dass Wissenschaftler eine Verantwortung dafür haben, was sie legitimieren und an die nachfolgenden Generationen und die Gläubigen weitergeben, und dass Texte, deren Inhalte als unethisch beurteilt wurden, offen kritisiert werden sollten. Als die Gruppe den Text aus 1. Timotheus kritisch betrachtete, waren es die christlichen Leserinnen, die den Text als „unchristlich" ablehnten. Sie waren zutiefst besorgt darüber, dass der Text (auch aufgrund seiner paulinischen Autorität) ermöglicht, die Unterdrückung von Frauen zu rechtfertigen. Sie bestanden darauf, dass alle Christen, die Frauen eingeschlossen, durch die göttliche Gnade gerettet werden und nicht dadurch, Kinder zur Welt zu bringen. Sie beriefen sich dabei auf die ihrer Ansicht nach ursprüngliche Botschaft Jesu,

---

[6] Elisabeth Schüssler Fiorenza, „The Ethics of Biblical Interpretation", in: Journal of Biblical Literature 107 (1988), 3-17.

um ihre Beurteilung von 1. Timotheus zu begründen, und erklärten, der Text widerspreche den Lehren Jesu.

Den muslimischen Frauen ging es mehr um die Notwendigkeit, für eine bessere Kenntnis des Textes und seines Kontextes bei ihren muslimischen Mitgläubigen und vor allem bei muslimischen Führungspersonen und den *Ulama* zu sorgen. Sie erwähnten bei verschiedenen Gelegenheiten, dass Frauen und ihre Erfahrungen an der Interpretationsarbeit auf allen organisatorischen und wissenschaftlichen Ebenen beteiligt sein sollten. Auch wenn sie ihre Autorität nicht ausdrücklich thematisierten, nahmen sie doch aktiv an der Gruppe teil. In ihrer Interpretation von Sure 4:34 zeigten sie auf, wie alternative Interpretationen des Konzeptes der *qiwama* möglich sind. Statt es mit männlicher Autorität in Verbindung zu bringen, zitierten sie islamische wissenschaftliche Gelehrte wie die verstorbene Fatima Mernissi, um zu zeigen, dass dieses Konzept sehr gut als Prinzip der Hilfe der Starken für die Schwachen verstanden werden könnte – unabhängig vom Geschlecht. Sie diskutierten auch den Teil der Sure, in dem es um die Abkehr und die körperliche Bestrafung von ungehorsamen Frauen geht. Sie waren nicht bereit, die Autorität des Korans als Gottes Offenbarung einzuschränken, und hatten keine alternative Auslegung zum Inhalt dieses Teils. Stattdessen formulierten sie ihre eigene moralische Einschätzung des kontextuellen Verständnisses dieses Verses und erweiterten die Perspektive. Erstens stimmten sie darin überein, dass psychischer Druck und körperliche Strafe beide gleich schädlich und verletzend sind und eine Überschreitung der persönlichen Grenzen darstellen, die geschützt werden sollten. Zweitens argumentierten sie, die Sure sollte als Begrenzung der in einer Ehe erlaubten Gewalt verstanden werden: schädigende Gewalt und Tötung sind nach dem Text ganz klar nicht erlaubt, ja verboten. Und schließlich empfahlen sie die Scheidung, bevor es dazu kommt, dass Gewalt, sei sie groß oder klein, ausgeübt oder akzeptiert wird. Anders als die christlichen Frauen kritisierten sie nicht den Text selbst, sondern seine Interpretationen und eröffneten neue Perspektiven und kontextuelle Erkenntnisse. Abou El Fadls Konzept der „moralischen Anreicherung des Textes" scheint hier sehr angemessen: die Idee – als ein im Koran selbst begründetes Prinzip –, dass eine Leserin des Korans nicht nur die Möglichkeit, sondern auch die Verantwortung hat, den koranischen Text mit ihrem eigenen moralischen Universum anzureichern.[7]

Nachdem ich die Hauptpunkte der interpretatorischen Arbeit in der Gruppe zu diesen beiden Texten im Zusammenhang mit den beiden hermeneutischen Konzepten der „ethischen Kritik" und der „moralischen Anreicherung" der Texte vorgestellt habe, die Oddbjørn Leirvik in seinem

---

[7] Khaled Abou El Fadl et al. (eds.), The Place of Tolerance in Islam (Boston: Beacon Press, 2002).

Beitrag in diesem Band tiefergehend untersucht, werde ich mich nun anderen hermeneutischen Konzepten zuwenden, die Beispiele für transformative hermeneutische Instrumente darstellen und dazu dienen können, die Arbeit der Gruppe an den beiden Texten zu analysieren.

## WARNUNG: „DIE TEXTE KÖNNTEN GEFÄHRLICH SEIN – MIT VORSICHT ZU BEHANDELN"

Nachdem die Texte zunächst einmal laut vorgelesen worden waren, teilten die Lesenden unmittelbar darauf ihre ersten allgemeinen Eindrücke mit. Eine muslimische Teilnehmerin hielt die Texte für „gefährlich", wenn sie dazu benutzt würden, die Unterdrückung von Frauen zu rechtfertigen. Eine der christlichen Teilnehmerinnen sagte, sie seien gefährlich, wenn sie nicht kompetent interpretiert würden. Indirekt wurden auch andere Aspekte des destruktiven Potenzials der Texte erwähnt: Sie könnten potenziell ein entstelltes Bild der Religionen liefern, wenn sie „missbraucht" würden, d.h., wenn sie ein Bild von Frauen oder den Beziehungen zwischen Frauen und Männern vermittelten, das dem widerspreche, was die Leserinnen als die zentrale oder ursprüngliche Botschaft der christlichen und islamischen Traditionen ansahen. Sie waren sich alle auch sicher, dass die ursprüngliche Botschaft ihrer Traditionen eine der Geschlechtergerechtigkeit sei. In vielerlei Hinsicht war das die zentrale hermeneutische Position, die allen prinzipiell gemeinsam war, bei aller praktischen Unterschiedlichkeit.

## INTERSUBJEKTIVE ZEIT ZWISCHEN DIE LESERINNEN UND ZWISCHEN LESERINNEN UND TEXTE SETZEN

Einige Reaktionen auf die Texte können als Versuche bezeichnet werden, sie in einen anderen Zeitraum zu versetzen und auf diese Weise einen Abstand zu ihnen zu etablieren. Die Sichtweise, wonach die Texte eine andere Zeit mit einer anderen kulturellen und gesellschaftlichen Sicht von Frauen widerspiegeln, war besonders unter den christlichen Leserinnen mit einem norwegischen Hintergrund präsent. Andere in der Gruppe wiesen darauf hin, dass der Abstand zwischen den verschiedenen Lebenswelten von Frauen nicht nur eine Sache unterschiedlicher Zeiten, sondern auch unterschiedlicher Räume/Orte sei, in Bezug auf unterschiedliche kulturelle und geopolitische Kontexte. Erfahrungen mit heutigen Orten außerhalb des norwegischen Kontextes und Wissen darüber wurden in das Gespräch eingebracht und erweiterten so den als relevant angesehenen Kontext, in dem die Texte in der hermeneutischen Arbeit bedacht werden sollten.

Die Anwendung des Konzepts der Zeit – genauer des historischen Evolutionismus –, um eine Distanz zu anderen Menschen herzustellen, ist von dem Ethnologen Johannes Fabian untersucht und kritisiert worden.[8] Ursprünglich war dies eine Kritik an der Tendenz seiner eigenen Disziplin, ihre Forschung durch die kolonialistische Vergangenheit der Ethnologie bestimmen zu lassen, aber seine Überlegungen sind auch in diesem Zusammenhang nützlich. Fabian postuliert die Notwendigkeit, eine von ihm sogenannte „intersubjektive Zeit" aufzubauen – in seinem Fall zwischen Forscher und Forschungsobjekt –, um „Gleichzeitigkeit" herzustellen. Nach Fabian ist eine solche geschaffene und wechselseitig anerkannte „Gleichzeitigkeit", d.h. eine gemeinsame Zeit, notwendig, um einen Raum „intersubjektiver Zeit" zu schaffen, in dem Kommunikation möglich ist.[9] Ohne eine gemeinsam anerkannte „Gleichzeitigkeit" wird keine Kommunikation stattfinden, weil sich ein Subjekt von dem anderen durch zeitliche Kategorisierung distanziert (oder auch beide). Intersubjektive Zeit, die Kommunikation ermöglicht und der Errichtung von Hierarchien zwischen Kulturen und Menschengruppen – und ich würde hinzufügen: religiösen Gruppen – entgegenwirkt, muss also hergestellt werden und erscheint automatisch als Resultat eines entschiedenen Handelns, in dem eine gemeinsame Gegenwart anerkannt wird. Wir können von einer intersubjektiven Zeit zwischen Menschen sprechen, aber können wir auch von einer intersubjektiven Zeit zwischen einem Text und Lesern sprechen? Wenn wir darauf abzielen, Texte oder ihre Bedeutung zu transformieren, gibt es keinen Zugang zu dem Text als von der Gegenwart des oder der Lesenden aus. In einen Prozess der Transformation einzutreten, erfordert Engagement, nicht Distanz. Dies gilt für Begegnungen mit Menschen wie mit Texten gleichermaßen.

Wie steht es um den realen zeitlichen Abstand zwischen biblischen und koranischen Texten und ihren Lesern? Können wir unsere Zeit den Texten auferlegen? Die Kulturwissenschaftlerin Mieke Bal hat das Konzept des „kühnen Anachronismus" eingeführt mit dem Argument, dass unser einziger Zugang zur Geschichte (historische Texte eingeschlossen) von der Gegenwart her erfolgt.[10] Sie warnt vor der Annahme, dass wir einen vollständigen Überblick über andere Kulturen, Religionen oder geschichtliche Zeiträume haben könnten. Das bedeutet, dass unsere Lesarten immer anachronistisch sein werden. Statt zu versuchen, dies zu vermeiden (was

---

[8] Johannes Fabian, Time and the Other: How Anthropology Makes its Object (New York: Columbia University Press, 1983).
[9] A.a.O., 30.
[10] Mieke Bal, Loving Yusuf: Conceptual Travels from Present to Past (Chicago: The University of Chicago Press, 2008).

ihrer Ansicht nach sowieso unmöglich ist), sollten wir vielmehr auf eine kompetente Art und Weise vorgehen, mit dem Wissen, welche Interpretationselemente wir benutzen und wo wir uns selbst positionieren. Für Bal ist ein „kühner Anachronismus" die einzige Möglichkeit, die Vergangenheit ernst zu nehmen. Wenn also unsere Leserinnen in der Gruppe die Texte aus 1. Timotheus und Sure 4 kritisieren, ablehnen, neu interpretieren oder neue Perspektiven aufzeigen, nehmen sie damit die Texte ernst.

Die Diskussionen über die präskriptiven Texte im Verlauf dieser gemeinsamen muslimisch-christlichen Lektüre eröffnen einen Raum für Diskussionen über aktuelle Herausforderungen aufgrund der intersubjektiven Zeit, die zwischen den Leserinnen und zwischen den Leserinnen und den Texten hergestellt wurde. Die Leserinnen nahmen dabei auch eine Haltung ein, die die postkoloniale feministische Theologin Kwok Pui-Lan als ein „Diaspora-Bewusstsein" bezeichnet, indem sie Bedeutungen zwischen unterschiedlichen Kontexten, Kulturen und religiösen Traditionen, zwischen Vergangenheit und Gegenwart, aushandelten.[11] Kwok vertritt die Ansicht, dass es notwendig ist, Nachdruck auf die Interpretationsarbeit der „gewöhnlichen Leser und Leserinnen" der Bibel zu legen, um eine umfassendere Auslegungsgemeinschaft und Wissensgrundlage zu schaffen.

## QUELLEN EINER TRANSFORMATIVEN HERMENEUTIK

In der Gruppenarbeit über 1. Timotheus und Sure 4:34 dienten die von mir beschriebenen Strategien dazu, mindestens zwei direkte Transformationsziele zu formulieren: 1. diese Texte weniger gefährlich für Frauen zu machen; und 2. eine interpretative Beziehung aufzubauen, die den Wissensaustausch zwischen den Leserinnen über deren religiöse und kulturelle Bindungen hinweg beinhaltete (mit der Möglichkeit, die Erkenntnisse auch außerhalb der Gruppe weiterzugeben), um eine gemeinsame Gegenwart herzustellen. Dieses letztere Ziel wurde deutlich erkennbar, als die muslimischen Leserinnen ihre alternative Interpretation von *qiwama* vorstellten. Als der Begriff dahingehend interpretiert wurde, er beziehe sich eigentlich auf die Pflicht der Stärkeren, die Schwächeren zu unterstützen, anstatt auf die Rechtfertigung der Autorität des Ehemannes über seine Frau, stand das Erstaunen und die Erleichterung den christlichen Leserinnen ins Gesicht geschrieben. Dies veränderte, d.h. transformierte, nicht nur ihre Sicht der betreffenden Koranstelle, sondern bestärkte sie in der Erwartung, dass

---

[11] Kwok Pui-Lan, Postcolonial Imagination and Feminist Theology (London: SCM Press, 2005).

ihre muslimischen Mitleserinnen notwendige und wertvolle Erkenntnisse zum Koran beitragen könnten.

Auf was zielt Transformation ab und wer ist daran beteiligt? Ein Aspekt der transformatorischen Hermeneutik ist es, die Interpretationsautorität zu hinterfragen. Indem man Fragen stellt zu der Autorität, kanonische Texte zu interpretieren, verhandelt man tatsächlich über die Interpretationsmacht, d.h. darüber, wer über die Bedeutung eines Textes und unter welchen Umständen entscheiden kann. In den christlichen und islamischen Traditionen, in denen die kanonischen Texte traditionell eine wichtige Stellung einnehmen, ist diese Autorität von herausragender Bedeutung dafür, wie Religion gelebt wird. Der Koran hat im Islam einen anderen Status als die Bibel im Christentum. Dies zeigt sich in den Lehren und maßgeblichen religiösen Praktiken beider Religionen. Eine andere Frage ist, inwieweit dies bei den „gewöhnlichen" nicht-gelehrten Lesern und Leserinnen zum Tragen kommt. Die Leserinnen der von mir untersuchten Gruppe und insbesondere die ihr angehörenden Musliminnen waren sehr eindeutig in ihrer Forderung nach einer Transformation von interpretatorischer Autorität. Dabei richtete sich ihre Kritik eher an andere Leser und Leserinnen und nicht so sehr auf die koranischen Texte selbst. Sie forderten, dass „Frauen beteiligt werden müssen" an der fortlaufenden Interpretation der Texte und an der Praxis, und zwar auf allen Ebenen.

Bei der gemeinsamen muslimisch-christlichen Lektüre wird dein eigener Text von jemandem gelesen, der einer anderen religiösen Tradition angehört, und du liest den Text dieser anderen Person. Der dabei stattfindende Austausch von Fragen und Wissen kann die persönlichen Beziehungen zwischen den Teilnehmenden verändern und gemeinsame Herausforderungen aufzeigen. Die größte Herausforderung für die christlichen Leserinnen in der Gruppe bestand darin, die Kontexte anderer Christinnen zu verstehen, die unter anderen religiösen und kulturellen Bedingungen als sie selbst leben, und dann auch, ihre muslimischen Mitleserinnen besser kennenzulernen und den Koran als lebendigen Text wahrzunehmen. Auf diese Weise transformierten die Texte die menschlichen Begegnungen und initiierten eine intensive und engagierte hermeneutische Arbeit. Das Offenwerden für gegenseitige Kritik, die Selbstkritik und Selbstreflexion im Prozess des Lesens und Diskutierens der Texte trugen mit dazu bei, intersubjektive Zeit herzustellen und Kommunikation zu ermöglichen. Das war vielleicht das vielversprechendste Zeichen von Transformation.

# Die Wechselbeziehung der Heiligen Schriften: Der Koran als eine Interpretation der Bibel

*Stefan Schreiner*

Wer immer den Koran studiert, wird auf fast jeder Seite auf Stellen stoßen, die sich auf biblische und/oder nach-biblische, jüdische und/oder christliche Traditionen beziehen oder ihnen gar ähnlich sind.

Als vor fast zwei Jahrhunderten Abraham Geiger (1810–1874) in seiner Dissertation[1] die Frage aufwarf: *Was hat Mohammed aus dem Judentume aufgenommen?*, eröffnete er eine neue Disziplin im Studiengebiet des Korans und des Islams, deren Ziele es waren, und noch heute sind, alle möglichen jüdischen und christlichen „Quellen" des Korans zu identifizieren. Seither ist eine ganze Bibliothek mit Werken gefüllt worden; den Höhepunkt bildete

---

[1] Abraham Geiger, Was hat Mohammed aus dem Judentume aufgenommen? (Bonn, 1833; Leipzig: Kaufmann, ²1902; letzte Nachdrucke: Berlin: Parerga Verlag, 2004; Piscataway, N.J.: Gorgias Press, 2010 [= Gorgias Theological Library, Vol. 40]); Englisch, Judaism and Islam: A Prize Essay, übers. von F.M. Young (Bangalore, 1896; Madras: M.D.C.S.P.C.K. Press, ²1898; letzter Nachdruck: London: Forgotten Books, 2012). Vgl. Johann Fück, Die arabischen Studien in Europa (Leipzig: Otto Harrassowitz, 1955), 174f., und die Aufsätze in: Dirk Hartwig, Walter Homolka, Michael J. Marx und Angelika Neuwirth (Hrsg.), „Im vollen Licht der Geschichte." Die Wissenschaft des Judentums und die Anfänge der kritischen Koranforschung, Ex Oriente Lux - Rezeptionen und Exegesen als Traditionskritik, Vol. 8 (Würzburg: Ergon Verlag, 2008), insb. Aaron W. Hughes, „Contextualizing Contexts - Orientalism and Geiger's Was hat Mohammed aus dem Judentume aufgenommen Reconsidered", a.a.O., 87–98.

das Buch von Heinrich Speyer (1897-1935), *Die Biblischen Erzählungen im Qoran*.[2]

Ohne weiter ins Detail zu gehen[3], ist es doch bemerkenswert, dass, während jüdische Gelehrte vor allem bestrebt waren zu beweisen, dass das Judentum und seine biblischen und nach-biblischen Schriften die ersten und hauptsächlichen „Quellen" für Muhammads Inspiration waren, die christlichen Gelehrten das genaue Gegenteil beweisen wollten, dass nämlich Muhammad tief im Erbe des orientalischen Christentums verwurzelt und diesem verpflichtet war; demgemäß scheuten sie keine Anstrengungen, um die christlichen „Quellen" des Korans zu identifizieren. Seit den fast zweihundert Jahren seit dem Erscheinen von Geigers Buch waren, und sind es manchmal bis heute, jüdische und christliche Wissenschaftler gleichermaßen davon überzeugt, dass sie fast jeden Vers des Korans auf eine jüdische oder christliche „Quelle" zurückführen können.[4] Heute ist weniger die Suche nach vorgeblichen oder wirklichen „Quellen" des Korans Thema der Wissenschaft als vielmehr die Suche nach einer Antwort auf die Frage nach der Eigenart und der Bedeutung der Beziehung zwischen Koran und Bibel, denn dass eine Beziehung zwischen ihnen besteht, ist offensichtlich und nicht zu übersehen.

Bis heute ist das Verhältnis von Koran und Bibel ein Diskussionsgegenstand in der Islamwissenschaft geblieben, aber die Agenda und die Forschungsziele haben sich verändert.[5] Heute geht es der Wissenschaft

---

[2] Heinrich Speyer, Die biblischen Erzählungen im Qoran (Gräfenhainichen: C. Schulze und Co., 1931; Nachdruck Hildesheim/Zürich/New York: Georg Olms Verlag, 1961; ³1988; zu diesem Buche siehe Franz Rosenthal (1914-2003), „The History of Heinrich Speyer's Die biblischen Erzählungen im Qoran", in: Hartwig et al., a.a.O. (Fußn. 1), 113-16.

[3] Vgl. die angegebene Literatur in Stefan Schreiner, „Der Koran als Auslegung der Bibel – die Bibel als Verstehenshilfe des Korans", in: Hansjörg Schmid, Andreas Renz, Bülent Ucar (Hrsg.), „Nahe ist dir das Wort ...". Schriftauslegung in Christentum und Islam, Theologisches Forum Christentum-Islam (Regensburg: Friedrich Pustet, 2010), 167-83, in: Stefan Schreiner, Die jüdische Bibel in islamischer Auslegung, hrsg. v. Friedmann Eißler und Matthias Morgenstern, Texts and Studies in Medieval and Early Modern Judaism, Vol. 27 (Tübingen: Mohr Siebeck, 2012), 1-18, Fußn. 1.

[4] Das kritische Resümee von Johann Fück, „Die Originalität des arabischen Propheten" in: Zeitschrift der Deutschen Morgenländischen Gesellschaft 90 (1936), 509-25, in: Johann Fück, Arabische Kultur und Islam im Mittelalter. Ausgewählte Schriften, hrsg. v. Manfred Fleischhammer (Weimar: Herman Böhlaus Nachf., 1981), 142-52, die hundert Jahre der Forschung nach Geigers Dissertation reflektiert, ist auch heute mehr als lesenswert.

[5] Siehe z.B. Schreiner, a.a.O. (Fußn. 3); weiterhin Gabriel Said Reynolds, The Qur'an and its Biblical Subtext, Routledge Studies in the Qur'an (London/New York:

nicht so sehr um die sogenannten wirklichen oder vorgeblichen „Quellen" des Korans, als um die Suche nach einer Antwort auf die Frage nach der Eigenart und Bedeutung der Beziehung zwischen dem Koran und der Bibel. Denn dass eine Beziehung zwischen ihnen besteht, ist offensichtlich und kann nicht übersehen werden. Der Koran und die Bibel sind miteinander verbunden, und diese Verbindung ist keine Einbahnstraße; im Gegenteil, die Verbindung zwischen den beiden Schriften scheint eine gegenseitige Beziehung zu sein, die als Wechselbeziehung bezeichnet werden kann. In der Tat, der Koran und die Bibel sind auf eine sehr besondere Weise miteinander verflochten.

Wiederholt wird der arabische Prophet angewiesen *wa-ḏkur fī l-kitābi*, „gedenke oder erinnere im Buch"[6], d.h. die Erinnerung ins Bewusstsein zu rufen von Menschen, Personen wie auch Völkern, die die Offenbarung vorher erhalten haben, und ihre Geschichte(n) zu erinnern und wieder zu erzählen. Der Prophet wird sogar angewiesen, seine Zuhörerschaft an das Schicksal und Geschick der Vorhergehenden „zu erinnern" (*ḏakkara*) und sie an das zu „mahnen" (*ḏakkara*), was diese Menschen erlebt haben, *fa-ḏakkir innamā anta muḏakkir*: „So mahne (sie), denn du bist ein Mahner" (Sure 88:21). Ebenso wird der Koran als „Buch der Erinnerung" (Sure 38:1, *ḏū ḏ-ḏikr*) beschrieben, als ein Buch, „mit allem ausgestattet, das man erinnern sollte", nach Muhammad Asads Interpretation (1900-1992)[7], und Substantive, die genau das bezeichnen[8], werden wiederholt auf die offenbarte Botschaft angewendet, die der Koran übermittelt, wie Montgomery Watt (1909-2006) bereits richtig beobachtet hat[9]: *ḏikr* (Sure 7:63.69; 12:104; 38:87; 68:52; 81:27), *ḏikrā* (Sure 6:69.90; 11:114.120; 74:31), *taḏkira* (Sure 69:48; 73:19; 76:29). Immer wieder verweist und stützt sich der Koran auf bereits bestehende Traditionen und Geschichte(n).

Der Koran enthüllt also ohne Weiteres die Präsenz biblischer und/oder nach-biblischer Traditionen, es sollte jedoch angemerkt werden, dass der

---

Routledge, 2010); Gabriel Said Reynolds (ed.), The Qur'an in Its Historical Context (London/New York: Routledge, 2008); Gabriel Said Reynolds, New Perspectives on the Qur'an = The Qur'an in Its Historical Context, Vol. 2, Routledge Studies in the Qur'an, Vol. 12 (London/New York: Routledge, 2011); Corrie Jonn Block, The Qur'an in Christian-Muslim Dialogue. Historical and Modern Interpretations, Culture and Civilization in the Middle East, Vol. 38 (London/New York: Routledge, 2013; ²2016).

[6] Siehe z.B. die Suren 19:16.41.51.54.56; 38:41.45.48; 46:21.

[7] Muhammad Asad, The Message of the Qur'ān (Gibraltar/Dublin: Dar al-Andalus, 1980; ²1992), 694.

[8] Mu'ğam alfāẓ al-Qur'an al-Karīm, 2 Bde. (Cairo: Mağma' al-luġa al-'arabīya, 1409/1989), I, 433 s.v. ḏ-k-r.

[9] W. Montgomery Watt, Bell's Introduction to the Qur'ān, Islamic Surveys, Vol. 8 (Edinburgh: Edinburgh University Press, 1970), 144f.

Koran kaum einen biblischen oder nach-biblischen Text wörtlich zitiert.[10] In den meisten Fällen präsentiert er die Texte und Geschichten, die Parallelen in den biblischen und/oder nach-biblischen jüdischen und/oder christlichen Traditionen haben in Versionen, die sich deutlich von ihren biblischen oder nach-biblischen Entsprechungen unterscheiden. Nirgendwo basiert die koranische Relektüre eines biblischen oder nach-biblischen Textes auf einem geschriebenen Dokument, einer geschriebenen arabischen Übersetzung der Bibel oder Ähnlichem. Und es kann auch nicht anders sein, weil zu der Zeit, als der Koran verfasst wurde, keine arabische Bibelübersetzung existierte. Wann immer der Koran biblische oder nach-biblische Texte und Geschichten „erinnert", stützt er sich auf das, was man „freischwebende orale Überlieferungen" nennen könnte, die unter Juden und Christen zirkulierten, die auf der arabischen Halbinsel lebten, wie Sidney H. Griffith sehr richtig aufgezeigt hat.[11]

Im Vergleich mit ihren biblischen und nach-biblischen Entsprechungen unterscheiden sich die koranischen Relektüren in dem Sinne, dass der Koran sie gewöhnlich in recht kurzen, abgekürzten Versionen präsentiert. Die einzige Ausnahme zu der Regel, d.h. die einzige biblische Geschichte, die im Koran in größerer Länge wiedererzählt wird, ist die Geschichte von Yūsuf/Josef in Sure 12, die seinen Namen im Titel trägt.

Meistens jedoch weist der Koran einfach auf die biblischen und nach-biblischen Geschichten hin, wie in dem Fall der Geschichte von Ayyūb/ Hiob, an den zweimal „erinnert" wird, aber beide Male sehr kurz: in Sure *al-Anbiyā'* (21:83–84) und in Sure *Ṣād* (38:40–44).

Darüber hinaus werden diese biblischen und nach-biblischen Geschichten in ihrer koranischen Gestalt nicht nur einmal, sondern mehrere Male präsentiert, und nicht nur in einer Version, sondern in Versionen, die sich untereinander nicht nur in ihrem Wortlaut, sondern auch in ihrer Perspektive je nach ihrem jeweiligen Kontext unterscheiden. Um hier nur zwei Beispiele zu geben:

Als eine Ausnahme von der Regel wiederum wird die Geschichte der ʿAqeda, der Bindung von Abrahams/Ibrāhīms Sohn (Gen 22) im Koran nur einmal wiedererzählt (Sure 37:99–113).[12] Andererseits kommt Jona/Yūnus,

---

[10] Siehe z.B. Angelika Neuwirth, „Psalmen – im Koran neu gelesen (Ps 104 und 136)", in: Hartwig et al., a.a.O. (Fußn. 1), 157–89.

[11] Sidney H. Griffith, The Bible in Arabic. The Scriptures of the "People of the Book" in the Language of Islam (Princeton/Oxford: Princeton University Press, 2013), bes. 7–96.

[12] Stefan Schreiner, „Die ‚Bindung Isaaks'. Die ʿAqeda in jüdischer und islamischer Überlieferung", in: Stefan Meißner und Georg Wenz (Hrsg.), Über den Umgang mit den Heiligen Schriften. Juden, Christen und Muslime zwischen Tuchfühlung und

der manchmal auch als *Ḏū n-Nūn*, „der mit dem großen Fisch" (Sure 21:87), und manchmal als *Ṣāḥib al-ḥūt*, „der Begleiter des großen Fisches" (Sure 68:48), bezeichnet wird, nicht weniger als zehnmal im Koran vor, und seine Geschichte kommt nicht nur in vier verschiedenen Suren vor, sondern zugleich auch in vier verschiedenen Versionen, die sich in Inhalt, Form und Perspektive je nach ihrem jeweiligen Kontext unterscheiden (Suren 10:96-98; 21:87-88; 37:139-148; 68:48-50).[13]

Insgesamt vermittelt der Koran den Eindruck, dass bei der Zuhörerschaft des Propheten selbstverständlich von einer umfassenden Kenntnis des Inhaltes der früher offenbarten Bücher ausgegangen wird, sodass keine Notwendigkeit besteht, die Geschichten des Längeren wiederzuerzählen; es genügt, die Hörenden an sie „zu erinnern" und das Übrige auf das Neue daran zu beschränken oder darauf, wie sie interpretiert und verstanden werden sollten.

Die bloße Tatsache, dass biblische und nach-biblische Geschichten im Koran erzählt werden, kann nicht überraschen. Der Koran selbst bestätigt bei mehreren Gelegenheiten, dass die Bibel ein integraler und fester Bestandteil der islamischen Tradition ist, ein Teil der Vorgeschichte des Korans als auch des Korans selbst.

In einem *Ḥadīṯ* des Propheten, das von Abū Huraira (ca. 600-678) berichtet wird, steht, wie der Prophet auf die Frage, was *īmān* (Glaube) sei, antwortete: „Der Gesandte Gottes (Friede auf ihm) [...] entgegnete: [īmān (Glaube) bedeutet] dass du an Gott glaubst, Seine Engel, Seine [Heiligen] Bücher (*bi-kutubihī*), Seine Gesandten, daran Ihn zu treffen [am Tag des Gerichts], und dass du an die Auferstehung im Jenseits glaubst."[14]

Mit dieser Aussage erinnerte Muhammad daran und bekräftigte es, was er bereits vorher gelehrt hatte und was ihm aufgetragen worden war, seinen treuen Anhängern und Gläubigen mitzuteilen:

> Der Gesandte [Gottes] glaubt an das, was ihm von seinem Herrn herabgesandt, und auch die Gläubigen: Ein jeder glaubt an Gott und Seine Engel, Seine [Heiligen] Bücher (*bi-kutubihī*), und seine Gesandten - wir unterscheiden zwischen keinem seiner Gesandten! Sie sprechen: „Wir hören und gehorchen! Vergib uns, unser Herr!" Und: „Zu Dir hin ist das Ziel." (Sure 2:285)

---

Kluft, Interreligiöse Begegnungen - Studien und Projekte, Vol. 4 (Münster/Berlin: LIT-Verlag, 2007), 140-157, in: Schreiner, a.a.O. (Fußn. 3b), 46-74.

[13] Stefan Schreiner, „Muhammads Rezeption der biblischen Jonaerzählung" in: Judaica 34 (1978), 148, 70, in: Schreiner, a.a.O. (Fußn. 3b), 173-95.

[14] Überliefert bei Muslim b. *al-Ḥaǧǧāǧ* (817/21-875), *al-ǧāmiʿ aṣ-ṣaḥīḥ*, Buch I: *k. al-īmān*, Nr. 4 und 6; und *Muḥammad b. Ismāʿīl b. Ibrāhīm al-Buḫārī* (810-870), *al-ǧāmiʿ aṣ-ṣaḥīḥ*, Buch II: *k. al-īmān*, Nr. 47 und Buch LX: *k. tafsīr al-Qurʾān*, Nr. 300.

Und ebenso lesen wir in derselben Sure:

> Sprecht: „Wir glauben an Gott und was auf uns herabgesandt ward und was auf Ibrāhīm/Abraham und Ismā'īl/Ismael, auf *Isḥāq*/Isaak und *Ya'qūb*/Jakob und auf die Stämme [Israels] herabgesandt ward. Und an das, was *Mūsā*/Mose und was *'Īsā*/Jesus überbracht ward und was überbracht ward den Propheten von ihrem Herrn. Wir machen zwischen keinem von ihnen einen Unterschied. Wir sind ihm ergeben!" (Sure 2:136)

Jedoch liefern weder das oben erwähnte Ḥadīṯ noch die aus dem Koran zitierten Verse irgendwelche weiteren Einzelheiten hinsichtlich der erwähnten Bücher, noch präzisieren sie deren Charakter. Auch über ihren Inhalt erfahren wir nichts. Nichtsdestotrotz sollte festgehalten werden, dass es sowohl nach dem Text des Korans als auch dieses Ḥadīṯ nicht nur ein einziges Buch ist, an das die Gläubigen (die Muslime) glauben sollen, sondern Bücher (im Plural: *bi-kutubihī*). Darum ist hier also sicher nicht nur der Koran gemeint, sondern es wird auf andere Bücher verwiesen, etwas, das verdient, hervorgehoben zu werden, insbesondere, da heutzutage dieses Ḥadīṯ sehr oft im Singular zitiert wird: „sie glauben alle an Gott, Seine Engel, Sein [Heiliges] Buch (*bi-kitābihī*, d.h. den Koran) usw."

Mehr Informationen über diese Bücher lassen sich aus dem Kontext des Korans gewinnen. Danach gehören dazu Schriften, die eine offenbarte Botschaft enthalten und als Bücher göttlichen Ursprungs angesehen werden, die durch die Gesandten Gottes, Propheten, übermittelt wurden.[15] Insgesamt nennt der Koran sechs solcher Bücher namentlich:

1. Den „Blättern (*ṣuḥuf*) von Ibrāhīm/Abraham und Mūsā/Mose" (Sure 87:18–19),

2. Der „Tora (*taurāt*) von Mose" (Sure 3:3.48.50.65.93; 7:157; 9:111; 61:6; 62:5), d.h. die „Mose offenbarte Schrift" (*kitāb Mūsā*), die von ihm überbracht wurde (Sure 2:53; 11:110 = 41:45; 11:17; 17:2; 23:49; 25:35; 46:12 etc.),

3. Die „Psalmen" (*zabūr*), die David gegeben wurden (Sure 4:163; 17:55; 21:105),

4. Die „Schrift" (*al-kitāb*), die Johannes dem Täufer gegeben wurde (Sure 19:12),

---

[15] Natürlich Propheten laut dem Koran.

5. Das „Evangelium" (inǧīl), d.h. die Schrift die Jesus gewährt wurde (Sure 5:46 etc.)[16],

6. Der „arabische Koran", der auf Muhammad herabgesandt wurde (Sure 12:2 etc.).

Mit anderen Worten, zu den im Koran erwähnten Büchern, an die zu glauben die Muslime angehalten sind, gehören Bücher, die, nach *Muḥammad ʿAbduh* (1849-1905) und anderen, eine Tradition der Offenbarung darstellen, eine Kette von offenbarten und prophetisch übermittelten Büchern, die anderweitig die Heilige Schrift oder Bibel genannt werden. Jedoch verweist die oben erwähnte Liste von Büchern zugleich darauf, dass der Koran, wenn er von biblischen Büchern spricht, offensichtlich etwas anderes damit meint als die Bibel, wie wir sie heute aus den jüdischen und christlichen Überlieferungen kennen. Und dies kann auch nicht anders sein, da wie oben erwähnt die Gestaltwerdung der koranischen Texte in einer Zeit und in einem Umfeld geschah, wo es noch keine arabische Bibel gab.

Nichtsdestotrotz ist festzuhalten, dass mit der „Tora (taurāt) des Moses" und den „Psalmen Davids (zabūr)" wenigstens zwei Teile des dreiteiligen Kanons der hebräischen Bibel ausdrücklich genannt werden[17] und dass das „Evangelium von ʿĪsā/Jesus" (inǧīl), als *pars pro toto* für das ganze Neue Testament oder sogar die christliche Bibel angesehen werden kann. Aber weder die jüdischen noch die christlichen Überlieferungen wissen irgendetwas von den „Blättern" (ṣuḥuf) von Ibrāhīm/Abraham und Mūsā/Mose, geschweige denn von einer „Schrift" (al-kitāb), die auf Johannes den Täufer herabgesandt wurde. Trotz alledem scheint die Annahme berechtigt, dass, wenn der Koran diese Bücher erwähnt, er die Bibel meint und sie zu einem Teil seiner eigenen Vorgeschichte macht und sich zugleich in die *Auslegungs- und Wirkungsgeschichte*, die Rezeptionsgeschichte der Bibel, eingliedert.

Der Grund, warum der Koran und die Bibel auf diese Weise verbunden werden, wird im Koran selbst erklärt: erstens mit der Bezugnahme auf sein Konzept der Einheit der Offenbarung und die Abfolge der Offenbarungen und offenbarten Bücher, die daraus folgen, und zweitens mit dem Bezug auf das – gleichfalls – koranische Konzept der Abfolge der Propheten.

---

[16] *Muʿǧam alfāẓ al-Qurʾān al-Karīm* (Kairo: Maǧmaʿ al-luġa al-ʿarabīya, 1409/1989), I, 93-94 s.v. *i-n-ǧ-ī-l*.
[17] Ebenso werden in Lukas 24,44 die „Psalmen" genannt, um damit den dritten Teil des Kanons der hebräischen Bibel zu bezeichnen (vgl. Sirach, Vorrede und 1.Makkabäer 12,9).

## Die Einheit der Offenbarung und die Abfolge geoffenbarter Bücher und Propheten

Wenn Gott nur Einer ist (vgl. Sure 112), dann muss Gottes Offenbarung, Gottes prophetisch übermittelte Botschaft, ebenfalls eine sein. Daher sagt der Koran:

> Herabgesandt (*nazzala*) hat er auf dich das Buch mit der Wahrheit (*al-kitāb bil-ḥaqq*), bestätigend (*muṣaddiqan*), was vor ihm war [an Offenbarungen]. Herabgesandt hat er Gesetz (*at-taurāt*) und Evangelium (*al-inǧīl*) schon vorher – für die Menschen als Geleit[18]. Und die Entscheidung (*al-furqān*) [den Maßstab zur Unterscheidung von wahr und falsch] hat er herabgesandt. (Sure 3:3-4)[19]

Ebenso:

> Siehe, wir offenbarten dir, so wie wir *Nūḥ*/Noah offenbarten und den Propheten nach ihm (*innā auḥainā ilaika kamā auḥainā ilā Nūḥ wan-nabīyīna min ba'dihī*). Wir offenbarten *Ibrāhīm*/Abraham und *Ismā'īl*/Ismael und *Isḥāq*/Isaak und *Ya'qūb*/Jakob; den Stämmen [Israels], *'Īsā*/Jesus, *Ayyūb*/Hiob, *Yūnus*/Jona, *Hārūn*/Aaron, *Sulaimān*/Salomo. *Dāwūd*/David gaben wir den Psalter (*zabūr*). (Sure 4:163)

Deshalb glauben alle, die diesen Propheten nachfolgen, ihre Botschaft hören und annehmen, *eo ipso* an den einen und selben Gott als die Quelle und den Ursprung aller Offenbarung und prophetisch übermittelten Botschaften, wie es der Koran bekräftigt:

> Wir glauben an das, was auf uns herabgesandt ward und auf euch. Unser Gott und euer Gott sind einer. Ihm sind wir ergeben. (Sure 29:46)

Dies bekräftigt der Koran und verbietet Muslimen, Christen und Juden einander als Ungläubige anzusehen, „weil sie alle dem Wort und dem Gebot des einen und selben Gottes gehorchen und folgen", wie es Ǧalāl ad-Dīn al-Maḥallī (gest. 1459) in seinem Kommentar zu dem zitierten Vers erklärte.[20]

Wenn Gott der Eine und Einzige ist und Gottes Botschaft gleichfalls nur eine Botschaft ist, dann bilden alle Propheten (vorausgesetzt sie sind alle Gesandte dieses Einen Gottes) eine *silsilat al-isnād*, eine einzige Kette von Übermittlern, und ihre jeweiligen Botschaften bilden gleichfalls eine Kette der Übermittlung, mit anderen Worten: eine „prophetische Sukzes-

---

[18] Das ist es, was das hebräische Wort *tora* wörtlich bedeutet (vgl. Sure 5:44-49).
[19] Vgl. die Interpretation Asads, a.a.O. (Fußn. 7), 65f.
[20] *Tafsir al-Ǧalālain*, ed. Ḫālid al-Ǧūǧā (Damaskus: n.d.), 531-32.

sion" oder „Sukzession von Propheten", wie aus der oben zitierten Sure 4:163 geschlossen werden kann.

Obwohl jedes Volk seinen eigenen Gesandten oder Propheten hat (Sure 10:47), sind diese doch alle Teil der einen und selben Abfolge von Gesandten, zwischen denen „kein Unterschied gemacht wird" (Sure 2:136 und 285). Daher lesen wir mit Bezug auf Muhammad im Koran: „Dir wird nur das gesagt, was den Gesandten vor dir schon gesagt ward" (Sure 41:43). Darum gilt, Muhammad „ist keine Neuerung unter den Gesandten" (*ma kuntu bid'an mina-r-rusul*), sondern verkündet, „was ist fürwahr schon in den Büchern der Altvorderen" (Sure 26:196).

Dieses Konzept einer „Sukzession der Propheten" – nach der koranischen Auffassung von Propheten und Prophetologie – beinhaltet die Vorgabe, dass jeder Prophet ausdrücklich das Kommen seines Nachfolgers ankündigt, so wie er sich wiederum auch ausdrücklich auf seinen Vorgänger bezieht: So ist von Muhammad die Rede als dem „Gesandten, dem schreibunkundigen Propheten (*an-nabīy al-ummī*)[21], von dem geschrieben sie finden bei sich in Gesetz und Evangelium" (Sure 7:157)[22], vorausgesetzt, sie verstehen die Tora und das Evangelium richtig (Sure 2:121).[23] Ein aufschlussreiches frühes Beispiel dieser Art der muslimischen Bibelinterpretation, in der Dutzende

---

[21] Aus theologischen Gründen muss jeder Prophet „schreibunkundig, analphabetisch" sein, um sicherzustellen, dass er nicht der *Autor* seiner Botschaft oder Schrift ist, sondern nur ihr Übermittler, wie es Philon von Alexandria (um 15/10 v.Chr. – 40 n.Chr.) bereits im Hinblick auf Mose erörtert hat; siehe Yehoschua Amir (1911–2002), „Mose als Verfasser der Tora bei Philon", in: Yehoschua Amir, Die hellenistische Gestalt des Judentums bei Philon von Alexandrien, Forschungen zum jüdisch-christlichen Dialog, Vol. 5 (Neukirchen-Vluyn: Neukirchener Verlag, 1983), 77–106. Deshalb diktierte Jeremia seine Botschaft seinem Sekretär Baruch (vgl. Jeremia 36,4f.). Und ebenso hatte Muhammad seinen persönlichen Schreiber in der Person des *Zaid b. Ṯābit al-Anṣārī* (gest. zwischen 662 und 676) der nach der islamischen Überlieferung die von Muhammad verkündete Botschaft niederschrieb. Die einzige Ausnahme zu dieser Regel scheint der persische Prophet Mani (216–276) zu sein, der, so wird uns mitgeteilt, seine Bücher selbst schrieb, die von den Manichäern als ihre Heiligen Schriften angesehen wurden.

[22] An diesem Punkt beziehen sich die muslimischen Korankommentatoren gewöhnlich auf biblische Stellen wie Dtn 18,18–20, Jes 5,26–30, Mt 21,33–46 etc. Siehe dazu auch Hava Lazarus-Yafeh (1930–1998), Intertwined Worlds. Medieval Islam and Bible Criticism (Princeton, N.J.: Princeton University Press, 1992), 75–110.

[23] Vgl. *Muḥammad 'Izzat Ismā'īl at-Tahtārī, Muḥammad – nabīy al-islām fī t-Taurāt wal-Inǧīl wal-Qur'ān* (Kairo, o.J.); David Benjamin, Muhammad in der Bibel (München: SKD Bavaria Verlag, 1992); Martin Accad, „Muhammad's Advent as the Final Criterion for the Authenticity of the Judeo-Christian Tradition: *Ibn Qayyim al-Jawziyya's Hidāyat al-ḥayārā fī aǧwibat al-yahūd wa-'l-naṣārā*", in: Barbara Roogema, Marcel Porthuis, Pim Valkenberg (eds.), The Three Rings – Textual Studies in the Historical Trialogue of Judaism, Christianity and Islam (Leuven: Peeters Publishers, 2005), 216–36.

von Ankündigungen und Anspielungen in der hebräischen Bibel und im Neuen Testament, Muhammad (und sein Kommen) betreffend, aufgeführt werden, stellt das *Kitāb ad-dīn wad-daula* des *Abū l-Ḥasan ʿAlī b. Sahl Rabban aṭ-Ṭabarī* (ca. 830/8 - ca. 870)[24] (der übrigens ein christlicher Arzt aus Persien war, der im fortgeschrittenen Alter zum Islam konvertierte) dar.[25]

Aus der Sure 2:129 erfahren wir, dass Ibrāhīm/Abraham bereits (Anspielung auf Dtn 18,18) betete: „Unser Herr! Lass unter ihnen einen Gesandten erstehen, aus ihrer Mitte, der ihnen deine Verse vorträgt, sie das Buch und die Weisheit lehrt und sie läutert!" Und in Sure 61:6 ist es ʿĪsā/Jesus, der das Kommen seines Nachfolgers ankündigt:

> ʿĪsā/Jesus, der Sohn Maryams/Marias, sprach: „Ihr Kinder Israels, siehe, ich bin von Gott zu euch gesandt, um zu bestätigen, was mir schon vorliegt vom Gesetz, und einen Gesandten anzukündigen, der nach mir kommt und dessen Name Aḥmad ist."

Da eine ganze Bibliothek voller Bücher über diesen viel diskutierten Vers[26] geschrieben worden ist, würde es den Rahmen dieses Aufsatzes sprengen, ihn aufs Neue zu diskutieren. Muslimische Kommentatoren sehen in ihm einen deutlichen Bezug zu Jesu Ankündigung des *Paráklētos* (Joh 14,16f.; 15,26; 16,4b-15 etc.), und *Rabban aṭ-Ṭabarī* war bereits der Ansicht, dass das Wort *paráklētos* im Johannesevangelium ein Schreibfehler des angenommen „ursprünglichen" Wortes *Períklytos* sei, das im Arabischen Aḥmad (der Gepriesene) bedeutet, gerade so, wie es ʿĪsā/Jesus in Sure 61:6 sagte.[27]

---

[24] Arabischer Text hrsg. v. Alphonse Mingana (1878/81-1937) (Manchester/London: Univ. Press, Longmans, Green, and Co/Bernard Quaritch Ltd, 1923); Englische Übersetzung: The Book of Religion and Empire, übers. v. Alphonse Mingana (Manchester [etc.]: University Press, 1922, neuester Nachdruck: LaVergne, TN: Kessinger Publishing LLC, 2010).

[25] Max Meyerhof (1874-1945), „Alī ibn Rabban aṭ-Ṭabarī, ein persischer Arzt des 9. Jahrhunderts n. Chr.", in: Zeitschrift der Deutschen Morgenländischen Gesellschaft 85 (1931), 38-68.

[26] Für eine Zusammenfassung siehe *Asad*, a.a.O. (Fußn. 7), 861 n. 6; und *Yūsuf Qazmā Khūrī* et al. (eds.), *ʿĪsā wa- Maryam fī l-Qurʾān wat-tafāsīr* (Amman: *Dār āš-Šurūq lin-našr wat-tauzīʿ*, 1996), 525a-532b. Die Manichäer haben in gleicher Weise und lange vor dem Aufkommen des Islams ebenfalls Jesu Ankündigung des Kommens des *Paráklētos* als Ankündigung ihres Propheten Mani (216-276/7) gedeutet; vgl. Alexander Böhlig (1912-1996), Die Gnosis - der Manichäismus (Düsseldorf/Zürich: Artemis Verlag, 1997), 23-24 etc.

[27] Unter den europäischen Orientalisten war es Ludovico Marraci (1612-1700), der als Erster dieselbe Idee äußerte, ohne irgendetwas über *Rabban aṭ-Ṭabarī* zu wissen; siehe E. Denison Ross, Ludovico Maracci, in: Bulletin of the School of Oriental Studies, University of London 2 (1921), 117-23.

Nach diesem Konzept der „Sukzession der Propheten" sind die „Unterschiede" zwischen den Propheten eher „formal". Sie unterscheiden sich voneinander nur in Bezug auf: 1. ihre Empfängergruppe, 2. die Zeit und 3. den Ort der Verkündigung ihrer Botschaft und 4. ihre Sprache. Somit übermittelt jeder Prophet seine Botschaft 1. an sein Volk, 2. in seiner Zeit, 3. an seinem Ort und 4. in seiner Sprache – Mose an die Juden seiner Zeit in Hebräisch (der Sprache der Tora), Jesus an die Christen in Griechisch (der Sprache der Evangelien) und Muhammad an die Araber seiner Zeit in Mekka und Medina in „klarem, reinen Arabisch" (Sure 12:2, 43:2 etc.).

## KEIN UNTERSCHIED ZWISCHEN DEN PROPHETEN UND IHREN BOTSCHAFTEN

Das Konzept der sukzessiven Offenbarung und der Sukzession von Propheten beweist auch, dass kein Unterschied zwischen ihnen gemacht werden kann, weil allen Offenbarungen, d.h. alle geoffenbarten und prophetisch übermittelten göttlichen Botschaften, derselben Quelle entspringen: Sie gehen alle zurück auf das eine „Buch Gottes" (Sure 35:29), die „Mutter des Buches" (Sure 13:39; 43:4; 47:20), das Buch, das niedergeschrieben ist auf der „wohlverwahrten Tafel" (lauḥ maḥfūẓ) im Himmel (Sure 85:22). Nichtsdestotrotz, auf die gleiche Weise, in der sich die Propheten voneinander dadurch unterscheiden, dass sie ihre Botschaft an die Menschen in ihrer Zeit, an ihrem Ort und in ihrer Sprache übermitteln, unterscheiden sich auch ihre (mündlich) verkündeten Botschaften und die Bücher, die ihre Botschaften in schriftlicher Form enthalten, voneinander, vor allem in Bezug auf ihre Empfänger und die Sprache. Aber sie alle (re)präsentieren dieselbe Offenbarung, die, niedergeschrieben, die Gestalt einer Schrift oder eines Buches (kitāb > k-t-b „schreiben") annahm.

Es sei hier angemerkt, dass eine bemerkenswerte Differenz im Verständnis von Offenbarung besteht. Im Christentum bedeutet Offenbarung Inkarnation. „Der (göttliche) *Logos* wurde Fleisch" (Joh 1,14: *ho logos sarx egeneto*), während im Islam der (göttliche) *Logos* (verkündetes) Wort wurde und schließlich ein Buch. Im Hinblick darauf haben deshalb Jacques Berque (1910–1995)[28], Stefan Wild[29] und andere vorgeschlagen, das islamische

---

[28] Jacques Berque, Relire le Coran (Paris: Albin Michel, 1993); Dt.: Der Koran neu gelesen, übers. v. Monika Gronke, mit einer Einleitung von Tilman Nagel und einem Vorwort von Mohamed Bennouna (Frankfurt a.M.: Lembeck Verlag, 1996), 118.
[29] Stefan Wild, Mensch, Prophet und Gott im Koran. Muslimische Exegeten des 20. Jahrhunderts und das Menschenbild der Moderne (Münster: Rhema-Verlag, 2001), 6.

Konzept der Offenbarung als *Inverbation* („der Logos wurde Wort") oder *Inlibration* („der Logos wurde Buch") zu beschreiben.

Obwohl diese Bücher Gottes Offenbarung enthalten, ist die prophetisch übermittelte geoffenbarte Botschaft auf je eigene Weise niedergeschrieben worden, d.h. in der je eigenen Sprache. Daher kann von keinem Buch behauptet werden, es enthalte die „wohlverwahrte Tafel" in ihrer Gänze, geschweige denn, es sei eine perfekte Kopie derselben. Jedes Buch präsentiert und repräsentiert nur einen Teil davon. Nur die Bücher in ihrer Abfolge, ihrer Sukzession, könnten als eine Präsentation und Repräsentation der ganzen „wohlverwahrten Tafel" betrachtet werden.

Trotz der Auffassung, dass zwischen den offenbarten Botschaften und ihren Überbringern (Gesandten oder Propheten) kein Unterschied zu machen sei, kann man nicht übersehen, dass sich der Koran und die Bibel, so wie wir sie kennen, deutlich voneinander unterscheiden.

Nach dem Konzept der prophetischen Sukzession und der Sukzession der offenbarten Botschaften und Bücher sollten sie identisch sein. Aber sie sind es nicht, wie sich leicht bestätigt, wenn man die beiden Bücher vergleicht. Bereits die jüdischen und christlichen Zeitgenossen Muhammads waren nicht fähig, ihre Heiligen Schriften im Koran zu erkennen, lehnten ihn deshalb ab und weigerten sich, dem arabischen Propheten zu folgen (Sure 2:145). Stattdessen bestanden sie darauf, nur an das zu glauben, was ihnen niedergesandt worden war (Sure 4:150). Aber

> die an Gott nicht glauben und nicht an seine Gesandten und die unterscheiden wollen zwischen Gott und seinen Gesandten und sprechen: „Wir glauben an das eine, doch an das andere glauben wir nicht!", und einen Weg dazwischen einschlagen wollen, das sind die wahrhaft Ungläubigen. Für die Ungläubigen halten wir eine erniedrigende Strafe bereit. (Sure 4:150-151)

Um die offensichtlichen Unterschiede zwischen dem Koran und der Bibel zu erklären, hat der Koran selbst die Idee vorgebracht (die dann von muslimischen Gelehrten weiterentwickelt wurde), die man später als „Abänderung oder Fälschung der Schriften" (*taḥrīf* oder *tabdīl*) durch Juden und Christen bezeichnete (Sure 2:75-79).[30]

---

[30] Vgl. z.B. Sure 5:13: *ḥarrafa l-kalima 'an mawāḍi'ihī*; Sure 2:58-59 = 7:161-162: *baddala qaulan*; Sure 3:78: *lawā alsinatahū bil-kitāb*; Sure 2:42; 3:71: *labisa l-ḥaqq bil-bāṭil*; Sure 6:92: *aḫfā kaṯīran*, und Sure 2:79: *kataba l-kitāba bi-aidaihī*. Für eine Analyse der verschiedenen Bezeichnungen im Koran, um zu beschreiben, was „Fälschung der Schriften" bedeutet, siehe W. Montgomery Watt, Muslim-Christian Encounters: Perceptions and Misperceptions (London/New York: Routledge, 1991). Über das Konzept der „Abänderung oder Fälschung der Schriften" und seine

Wären die Bibel, die Tora und das Evangelium nicht „gefälscht" worden, sondern in ihrer ursprünglichen Gestalt bewahrt worden, wie sie von Mose und Jesus jeweils übermittelt worden waren, wären sie mit dem Koran identisch, übereinstimmend. Die bloße Tatsache jedoch, dass dies nicht der Fall ist, beweist zur Genüge, dass sie abgeändert und gefälscht worden sein müssen, zu welchem Zweck auch immer.

Da sie eine offensichtliche Verschiedenheit des Korans von der Bibel sahen und sie ihre Heiligen Schriften im Koran nicht wiedererkennen konnten, begannen Juden und Christen, ihre Heiligen Schriften „in die Sprache des Islams", wie es Sidney Griffith[31] ausgedrückt hat, zu übersetzen. Christliche und jüdische Versionen der Bibel in arabischer Sprache erschienen als Antwort auf die Botschaft Muhammads, Vorwurf und Korrektur gleichermaßen gegenüber der verzerrten Darstellung ihrer Bibel im Koran, in Herausstellung der Unterschiede. Aber genau das Unterscheiden zwischen den Propheten und ihren Botschaften ist – nach dem Koran – ein Zeichen und Beweis von Unglauben (Sure 4:150-151).

## SUKZESSION VON PROPHETEN UND BÜCHERN ALS AUFEINANDERFOLGENDE BESTÄTIGUNGEN DER IN IHNEN ENTHALTENEN WAHRHEIT

Die „Sukzession von Schriften" auf der Grundlage der Idee von der Einheit der Offenbarung und der offenbarten Bücher bedeutet nach der koranischen Prophetologie nicht, dass alle geoffenbarten Bücher in Rang, Wert, Wichtigkeit und Gültigkeit gleich sind. Im Gegenteil, die Idee der Sukzession beinhaltet auch, dass es eine zeitliche Aufeinanderfolge von Propheten und Büchern gibt, die als *climax ascendens* zu verstehen ist und ihren Höhepunkt im letzten Propheten erreicht und in der Verkündigung des Korans kulminiert:

---

spätere Entwicklung siehe die Einleitung von Thomas F. Michel SJ zu A Muslim Theologian's Response to Christianity: *Ibn Taymiyya's Al-Jawab al-ṣaḥīḥ li-man baddala dīn al-Masīḥ* (Delmar, N.Y.: Caravan Books, 1984); Martin Accad, „Corruption and/or Misinterpretation of the Bible – The Story of Islamic Usage of *Taḥrîf*", in: Theological Review 24/2 (Beirut, 2003), 67-97; Hava Lazarus-Yafeh, Intertwined Worlds. Medieval Islam and Bible Criticism (Princeton, N.J.: Princeton University Press, 1992), 19-74; Camilla Adang, Muslim Writers on Judaism and the Hebrew Bible: From Ibn Rabban to Ibn Hazm, Islamic Philosophy, Theology, and Science, Vol. 22 (Leiden/New York/Köln: E.J. Brill Publ., 1996), 223-48. Schreiner, a.a.O. (Fußn. 3), bes. 175-77.

[31] Griffith, a.a.O. (Fußn. 11).

Daher gehen die „Blätter Abrahams" der „Tora des Mose" voraus, die „Tora des Mose" geht dem „Evangelium Jesu" voraus und das „Evangelium Jesu" geht dem Koran voraus (Sure 3:65). Ebenso ist dieser Auffassung nach jeder auf einen anderen folgenden Propheten für seine Zeit das „Siegel der Propheten", gesandt, um die Folge der ihm vorangehenden Gesandten zu „besiegeln". So wie also Mose und Jesus – und der manichäischen Tradition gemäß auch Mani – „Siegel der Propheten"[32] waren, jeder zu seiner Zeit, so ist auch Muhammad das „Siegel der Propheten", aber nicht nur zu seiner Zeit, sondern das aller Propheten aller Zeiten (Sure 33:40). Mit ihm endet die Abfolge der Propheten.

Dasselbe Konzept wird auf die geoffenbarten Bücher angewandt: Die „Tora des Mose" (taurāt) und das „Evangelium Jesu" (inğīl) waren einst, zu ihren Zeiten, „Leitung und Licht" (hudā wa-nūr), aber jetzt ist die von Muhammad überbrachte Offenbarung nicht nur die letzte in der Zeit, sondern auch die finale und abschließende, was Wert und Gültigkeit betrifft (Sure 3:3). Die zeitliche Abfolge der Propheten und Bücher spiegelt ihre Stellung und Rangfolge wider. So steht jeder nachfolgende Prophet über seinem Vorgänger.

Wir haben hier dasselbe Konzept des Prophetentums vor uns wie in der jüdischen Tradition, aber mit einem bedeutsamen Unterschied: Anstelle der *climax ascendens* des Korans (s.o.) hat die jüdische Tradition eine *climax descendens*. Nach der jüdischen Tradition ist es nicht der letzte, sondern der erste Prophet, Mose, der über allen anderen steht (siehe Talmud Bavli Yevamot 49b; Wayyiqra Rabba I,14).[33] Darum nennen die rabbinischen Quellen Mose „den Vater aller Propheten" (av kol ha-nevi'im):[34] Alle nach ihm folgenden Propheten wurden geringer als er eingestuft, und nicht nur das: Die Kette, die Abfolge der Propheten endet mit dem Tod des letzten biblischen Propheten, dem letzten in der hebräischen Bibel ausdrücklich

---

[32] Ibn Katīr (1301-1372) etwa nennt Jesus „das Siegel der Propheten der Kinder Israels"; siehe *Abū l-Fidā' Ismā̊ īl Ibn Katīr, Muhtasar tafsīr al-Qur'ān*, hrsg. v. Muḥammad A. aṣ-Ṣābūnī, 3 Bde. (Beirut/Mekka, ³1984), III, 493; weiterhin Carsten Colpe, Das Siegel der Propheten. Historische Beziehungen zwischen Judentum, Judenchristentum, Heidentum und frühem Islam, Abhandlungen zur neutestamentlichen Theologie und Zeitgeschichte, Vol. 3 (Berlin: Institut Kirche und Judentum, 1990), 15-37 und 227-43.

[33] Siehe Stefan Schreiner, „‚Der Vater aller Propheten'. Mose als Prophet und die Prophetie des Mose in jüdischer, christlicher und islamischer Tradition", in: Klaus von Stosch und Tuba Isik (Hrsg.), Prophetie in Islam und Christentum, Beiträge zur komparativen Theologie, Vol. 8 (Paderborn/München/Wien/Zürich: Verlag Ferdinand Schöningh, 2013), 13-34.

[34] Siehe z.B. die Midrashim Wayyiqra Rabba I,3; Ester Rabba I; Schemot Rabba XXI,4; Bereschit Rabba LXXVI,1.

namentlich erwähnten Propheten, d.h. Maleachi, denn „mit dem Tod Maleachis zog sich der Geist der Prophetie aus der Welt zurück" (Tosefta Sota II, 30). Folglich waren alle vorgeblichen Propheten nach dem Tod Maleachis ganz sicher keine Propheten; vielmehr gelten sie als falsche Propheten.

Nichtsdestotrotz sollte, um keine falschen Schlüsse zu ziehen, ein kleines Detail im biblischen Nekrolog auf Mose (Dtn 34,10-12)[35] nicht übersehen werden. Dieser Nekrolog beginnt mit den Worten: „Und es entstand hinfort kein Prophet in Israel wie Mose", was bedeutet, dass Mose der größte Prophet in Israel war/ist. Es ist aber nicht unmöglich, dass außerhalb Israels unter den Völkern der Welt ein Prophet wie Mose auftritt (Sifre Devarim § 357 Schluss; Yalqut Shim'oni II § 966).[36] Und so bezeichnete der jemenitische jüdische Philosoph *Netan'el ibn al-Fayyūmī* (ca. 12. Jh.) den arabischen Propheten als einen Propheten wie Mose unter den Völkern der Welt.[37]

Die oben erwähnte koranische *climax ascendens* sollte aber ebenfalls nicht falsch verstanden werden. Sie bedeutet nicht, dass alle aufeinanderfolgenden Propheten und ihre Bücher ihre jeweiligen Vorgänger bedeutungslos und unwichtig werden lassen. Im Gegenteil, wie aus der Zusammenfassung des koranischen Konzept der Sukzession in der Sure *al-Ma'ida*, 5:44-49, hervorgeht:

> 44. Siehe, wir haben das Gesetz (*taurāt*) herabgesandt, worin Rechtleitung ist und Licht (*hudā wa-nūr*). Danach richteten die Propheten, die sich ergeben hatten, für die Juden etc. [...] 46. In ihren Spuren ließen wir 'Īsā/Jesus folgen, Maryams/Marias Sohn; er bestätigte (*muṣaddiqan*), was ihm vorlag vom Gesetz. Ihm gaben wir das Evangelium (*inǧīl*). Darin ist Rechtleitung und Licht (*hudā wa-nūr*), und es bestätigt (*muṣaddiqan*), was ihm vorlag vom Gesetz, und ist Rechtleitung und Mahnung für die Gottesfürchtigen. [...] 48. Und auf dich sandten wir herab das Buch mit der Wahrheit (*al-kitāb bil-ḥaqq*); es bestätigt (*muṣaddiqan*), was von dem Buch schon vorher da war, und bekräftigt es [wörtlich: sagt dazu Amen] (*muhaiminan 'alaihi*). [...]

Folglich ist die Sukzession der Propheten und Bücher als „Bestätigung" (*taṣdīq*) und „Bekräftigung" (*haimana*) eines vorhergehenden Propheten

---

[35] Vgl. Sirach 44,23-45,5 und Philon von Alexandria, Vita Mosis II,189-191.
[36] Vgl. Bemidbar Rabba XIV, 20 und Talmud Bavli Bava Batra 15b.
[37] *Netan'el al-Fayyūmī, Bustan al-'uqūl*, hrsg. v. *Yosef D. Qafiḥ* (Jerusalem/Qiryat Ono: Agudat halakhot 'Am Yisrael, 1984), 103-110; Englisch: The Bustan al-Ukul by Nathanael ibn al-Fayyumi, transl. David Levine, Columbia University Oriental Studies, Vol. 6 (New York: Columbia University Press, 1908; Reprint New York, N.Y.: AMS Press, Inc., 1966), 103-108. Eine ähnliche Sicht vertrat auch *Zekharyah b. Shlomoh ha-Rofe', Midrash ha-ḥefeṣ*, ed. Meir Havatzelet, 2 Vols. (Jerusalem: Mosad ha-Rav Kook, 1990-1992), II, 482.

und seines Buches durch seinen/seine Nachfolger zu verstehen. Der Koran wiederholt also nicht nur die in der Tora und dem Evangelium enthaltene Botschaft in reinem und klar verständlichem Arabisch (Sure 41:43; 46:9), sondern bestätigt ihre Wahrheit und Bedeutung als Leitung und Licht (*hudā wa-nūr*). So wie das Evangelium die Tora und ihre Wahrheit bestätigte und bekräftigte, bestätigt und bekräftigt der Koran das Evangelium und seine Wahrheit (Sure 5:48; vgl. 2:91).

Mit Blick auf die Beziehung und die Wechselbeziehung von Bibel und Koran haben die Konzepte *taṣdīq* („Bestätigung") und *haimana* („Bekräftigung") eine vierfache Bedeutung:

Zunächst einmal bezieht sich *taṣdīq* auf die Tatsache, dass der Koran Vorläufer hat und deren Existenz nicht geleugnet, sondern vielmehr anerkannt und positiv bewertet wird.

Ungeachtet der sogenannten „Fälschung der Schriften", d.h. der Tora und der Evangelien, bleibt der Koran auf sie bezogen. Ein Verständnis des Korans erfordert deshalb eine gewisse Kenntnis der Bibel. Wie bereits erwähnt, werden viele biblische und nach-biblische Geschichten im Koran auf eine solch abgekürzte Art und Weise wiedererzählt, dass es manchmal schwierig, wenn nicht unmöglich ist, sie zu verstehen und ihre Botschaft zu erklären, ohne ihre biblischen und/oder nach-biblischen Entsprechungen oder Parallelen zu kennen.[38] Die Kenntnis der biblischen und nach-biblischen jüdischen und christlichen Überlieferungen ist also ein notwendiges, wenn nicht unverzichtbares Instrumentarium für das Verständnis des Korans. In der Sure *Yūnus* 10:94 wird Muhammad belehrt: „Bist du im Zweifel über das, was wir zu dir herniedersandten, dann frag doch die, die schon vor dir das Buch vorgetragen [*taurāt* und *inǧīl*] haben! Nun ist die Wahrheit von deinem Herrn zu dir gekommen – so sei nur ja kein Zweifler!" Ähnlich heißt es in Sure 16:43 = 21:7: „Vor dir sandten wir nur solche Männer, denen wir offenbarten. So fragt doch die Leute der Überlieferung[39] (*ahl aḏ-ḏikr*, d.h. Juden und Christen), wenn ihr kein Wissen habt."

Zweitens müssen die Konzepte und *haimana taṣdīq* verstanden werden als „Bestätigung" und „Bekräftigung" des a) göttlichen Ursprungs aller heiligen Schriften, auch derjenigen, die dem Koran vorausgingen, b) der

---

[38] Gabriel Said Reynolds spricht vom „biblischen Subtext" des Korans. Siehe sein Buch The Qur'an and its Biblical Subtext, Routledge Studies in the Qur'an (London/New York: Routledge, 2010).

[39] Zu diesem Begriff siehe Sure 21:7; 12:109; 17:101; 26.197. Ahl aḏ-ḏikr ist eine Parallele zu dem gewöhnlich gebrauchten Begriff *ahl al-kitāb* (Leute des Buches) und bezieht sich auf die Anhänger früherer Offenbarungen, wie *Ibn Katīr* schrieb (*Muḫtaṣar tafsīr*, hrsg. von aṣ-Ṣābūnī, II, 333). Ǧalāl ad-Dīn as-Suyūṭī jedoch sieht darin einen Hinweis auf die „Gelehrten der Tora und des Evangeliums" (*'ulamā' at-taurāt wal-inǧīl*) (*Tafsīr al- Ǧalālain*, hrsg. v. al-Ǧūǧā [Damaskus, o.J.], 357).

in ihnen enthaltenen Wahrheit, und folglich c) ebenso ihres Anspruchs auf Wahrheit. Die vorhergehenden Schriften sind nicht weniger „Leitung und Licht" als der Koran. Mit Blick auf den Koran dienen sie als Bezugsgrößen und Legitimationsinstanzen.

Demgemäß benutzten muslimische Korankommentatoren und Historiker biblische und nach-biblische Texte[40] jahrhundertelang als *dicta probantia* und *praefigurationes* für den Koran, wie schon Gustav E. von Gruenebaum vor Jahren richtig angemerkt hat[41] (vgl. in diesem Kontext auch die sogenannten *Isrāʾīlīyāt*, die einem vergleichbaren Zweck dienen).[42]

Im 15. Jahrhundert sah *Burhān ad-Dīn Ibrāhīm ibn ʿUmar al-Biqāʿī* (1406-1480) die Notwendigkeit, eine Verteidigung des Bibelgebrauchs in der muslimischen Exegese des Korans zu schreiben: *al-Aqwāl al-qawīma fī ḥukm an-naql min al-kutub al-qadīma* (die rechten Worte um das Verdikt über das Zitieren aus den alten Büchern zu tadeln).[43] Darüber hinaus stellte er einen umfassenden Kommentar zum Koran zusammen, in dem er wiederholt auf die hebräische Bibel und gleichermaßen auf das Neue Testament zurückgriff und sie als unverzichtbare Verstehenshilfe benutzte.

Drittens beinhalten *taṣdīq* („Bestätigung") und *haimana* („Bekräftigung") der vorausgehenden Schriften deren kritische Untersuchung und Prüfung.

Tatsächlich beansprucht der Koran, die durch die Leute des Buches (*ahl al-kitāb*) vorgenommenen Fälschungen der Schriften zu korrigieren. Er will darlegen, was die Leute des Buches weggelassen und richtigstellen, was sie entstellt hatten:

> Ihr Leute des Buches! Unser Gesandter ist zu euch gekommen, um euch viel von dem klarzumachen, was ihr vom Buch [der Bibel] verborgen hattet, und um viel zu tilgen. Licht und eine klares Buch sind zu euch von Gott gekommen. Gott führt

---

[40] Siehe David R. Thomas, „The Bible in Early Muslim Anti-Christian Polemics", in: Islam and Christian-Muslim Relations 7 (1996), 29-38; Jane D. McAuliffe, „The Qurʾanic Context of Muslim Biblical Scholarship", in: Islam and Christian-Muslim Relations 7 (1996), 141-58; Accad, a.a.O. (Fußn. 30), 72ff.

[41] Gustav E. von Grunebaum (1909-1972), Studien zum Kulturbild und Selbstverständnis des Islam (Zürich/Stuttgart: Artemis Verlag, 1969), 310.

[42] Georges Vajda (1908-1981), „Isrāʾīlīyāt", in: Encyclopedia of Islam (Leiden: E.J. Brill Publ., 1978), IV, 211f.; Meir Jacob Kister (1914-2010), „*ḥaddiṯū ʿan Banī Isrāʾīla wa-lā ḥaraja*' - A Study of an Early Tradition", in: Israel Oriental Studies 2 (1972), 215-39; Gordon Newby, „*Tafsīr Isrāʾīlīyāt* – The Development of Qurʾan Commentary in Early Islam and its Relationship to Judaeo-Christian Traditions of Scriptural Commentaries", in: Journal of the American Academy of Religion 47 (1979), 685-97.

[43] Walid A. Saleh (ed.), In Defense of the Bible. A Critical Edition and an Introduction to *al-Biqāʿī's* Bible Treatise, Islamic History and Civilization, vol. 73 (Leiden/Boston: Brill, 2008).

> damit, wer seinem Wohlgefallen Folge leistet, Wege des Heils, und führt sie aus den Finsternissen hinan zum Licht, mit seiner Erlaubnis, und leitet sie auf einen rechten Weg (Sure *al-Ma'ida*, 5:15-16).

In diesem Sinne bedeuten *taṣdīq* und *haimana* Interpretation und Kommentar der Bibel. Der Koran wird – und dient als – eine Relektüre der Bibel, wie an vielen Beispielen[44] aufgezeigt werden kann, wo, wie Wilhelm Bacher (1850-1913) vor über 140 Jahren schrieb, der Koran in Verbindung mit nachkoranischen Überlieferungen Interpretationen anbietet, die zu einem besseren und tieferen Verständnis biblischer Texte beitragen.[45]

Und schließlich: Jede nachfolgende Offenbarung übertrifft und „überbietet" die vorangehende und verweist sie auf einen niedrigeren Rang, wie aus Sure *al-Baqara*, 2:91 geschlossen werden kann:

> Wenn man ihnen sagt: „Glaubt an das, was Gott herabgesandt hat!", so sagen sie: „Wir glauben doch an das, was zu uns herabgesandt ist (*unzila 'alainā*)." Wobei sie aber nicht daran glauben, was danach war, obwohl es doch die Wahrheit ist, bestätigend, was sie schon hatten (*wa- huwa l-ḥaqq muṣaddiqan li-mā ma'ahum*).

Und ebenso heißt es in der Sure *al-Ma'ida*, 5:68:

> Sprich: „Ihr Leute des Buchs! Ihr gründet euch auf nichts, solange ihr euch an Gesetz und Evangelium nicht haltet und an das, was zu euch herabgesandt wurde von eurem Herrn."

Die einst Mose und Jesus gegebenen Schriften waren die göttliche Schrift zu ihrer Zeit, aber nun sind sie durch den Koran abgelöst und ersetzt worden.

---

[44] Vgl. die Untersuchungen in: Schreiner, a.a.O. (Fußn. 3b); John Kaltner, Ishmael Instructs Isaac: An Introduction to the Qur'an for Bible Readers (Collegeville, Mn: Liturgical Press, 1999); John C. Reeves (ed.), Bible and Qur'an. Essays in Scriptural Intertextuality, Society of Biblical Literature Symposium Series, Vol. 24 (Atlanta: Society of Biblical Literature, 2003 (Leiden/Boston: E.J. Brill Publ., 2004); Jane D. McAuliffe (ed.), With Reverence for the Word. Medieval Scriptural Exegesis in Judaism, Christianity, and Islam (New York: Oxford University Press, 2003; [2]2010).
[45] Wilhelm Bacher, „Bibel und biblische Geschichte in der muhammedanischen Literatur", in: Jeschurun - Zeitschrift für die Wissenschaft des Judenthums 8 (1871), 1-29; siehe auch Ignaz Goldziher (1850-1921), „Ueber Bibelcitate in muhammedanischen Schriften", in: Zeitschrift für die alttestamentliche Wissenschaft 13 (1893), 315-21, in: Ignaz Goldziher, Gesammelte Schriften, hrsg. von J. de Somogyi, 6 Bde. (Hildesheim: Georg Olms Verlag, 1967-1973), III, 309-15); Ignaz Goldziher, „Neutestamentliche Elemente in der Traditionsliteratur des Islams", in: Oriens Christianus 2 (1902), 390-97.

Nach der Offenbarung des Korans haben die früheren Schriften (*taurāt, zabūr, inğīl*) ihre Gültigkeit nicht verloren, sind aber auf eine niedrigere Ebene gesetzt worden. Und ein prophetischer Ḥadīṯ berichtet, dass, wenn Mose die Möglichkeit gehabt hätte, die vom arabischen Propheten verkündete Botschaft zu hören, er selbst diesem Propheten nachgefolgt wäre.[46]

Mit anderen Worten, dieselbe Frage, die hinsichtlich der Beziehung zwischen Christentum und Judentum gestellt wurde, d.h. der Beziehung zwischen dem Evangelium Jesu und der Tora des Mose und nach der Gültigkeit der Tora *post Christum natum*, stellt sich auch im Hinblick auf die Beziehung zwischen Koran und Bibel, Islam, Christentum und Judentum.

Einerseits schreibt Paulus in seinem Brief an die Römer, dass das Kommen des Messias (Christus) das Ende der Tora beinhaltet (Röm 10,4: *télos gar nómou Christós*); andererseits lesen wir im Evangelium des Matthäus (Mt 5,17), dass nicht ein Tüpfelchen von der Tora vergehen wird, sie bleibt, wie sie ist, und verliert nicht ihre Gültigkeit. So löst der Koran einerseits die Tora und das Evangelium ab, andererseits aber braucht er sie zur Legitimation und des Verständnisses halber und bleibt ihnen verpflichtet. Darum sah im Einklang damit der andalusische Rechtsgelehrte *Abū Isḥāq Ibrāhīm b. Mūsā aš-Šāṭibī* (1320–1388) die Beziehung zwischen den drei heiligen Schriften als eine Beziehung der Gegenseitigkeit und Wechselseitigkeit: Sie sind miteinander verflochten und dienen einander so gegenseitig als Koreferenz.

---

[46] Übermittelt von ʿAbd Allāh b. ʿAbd ar-Raḥmān b. al-Faḍl b. Bahrām b. aṣ-Ṣamad Muḥammad ad-Dārimī as-Samarqandī (797–869), Sunan al-Musnad, Nr. 436.

# Das Zurückstellen von Fachwissen beim Scriptural Reasoning

*Nicholas Adams*

In diesem kurzen Aufsatz möchte ich die Aufmerksamkeit auf zwei Merkmale der Praxis des „Scriptural Reasoning" lenken. Erstens ist das Scriptural Reasoning offen gegenüber religiösen Personen, die durchweg uninformiert hinsichtlich anderer religiöser Traditionen als ihrer eigenen sind. Zweitens nimmt es den Teilnehmenden aus dem akademischen Bereich ihr Wissen und damit in einer gewissen Weise ihren Status und fordert von ihnen, sich an der Diskussion als gleichwertige Partner mit Nicht-Fachleuten zu beteiligen.

Diese zwei Merkmale haben eine gewisse Bevorzugung des Nicht-Wissens gemeinsam, sei dieses natürlich (im Falle der Uninformierten) oder angenommen (im Falle der Fachleute). Die Kategorien „Uninformierte" und „Fachleute" überschneiden sich in Wirklichkeit, wenn wir einen konkreten Teilnehmer am Scriptural Reasoning betrachten: Es ist normalerweise so, dass Teilnehmende am Scriptural Reasoning, die tiefgehende Kenntnisse ihrer eigenen Tradition haben, nicht unbedingt auch solche bezüglich anderer Traditionen haben; und selbst diejenigen, die Fachleute für einen Aspekt ihrer eigenen Tradition sind, z.B. in Bezug auf frühe Geschichte, Originaltexte, spätere Entwicklungen, modernen Wandel, werden, was andere Aspekte angeht, mehr oder weniger große Wissensdefizite haben. Niemand weiß alles. Mein Argument geht aber dahin, dass selbst ein idealer Universalgelehrter, der alle Traditionen gründlich kennt, ebenfalls eine gewisse Form des Nicht-Wissens erlernen muss, um am Scriptural Reasoning teilzunehmen. Kurz gesagt: Um Scriptural Reasoning richtig auszuüben, muss man sein Fachwissen zurückstellen.

Scriptural Reasoning ist keine festumrissene Sache. Sicher, es handelt sich dabei um die bestimmten Regeln folgende Praxis der Interpretation von Texten aus unterschiedlichen Traditionen in kleinen Gruppen. Aber, worauf

Peter Ochs hingewiesen hat, diese Regeln sind eher negativ formuliert: Sie verbieten bestimmte Praktiken. Auf der anderen Seite gibt es eine Vielzahl unterschiedlicher sich entwickelnder positiver Ausdrucksformen, sodass es schwierig ist, Scriptural Reasoning zu definieren. Es ist einfacher zu sagen, was es nicht ist, als was es ist.[1] Ich möchte hier nicht versuchen, Scriptural Reasoning zu definieren oder eine erschöpfende Beschreibung seiner Merkmale zu liefern. Vielmehr möchte ich einen seiner Aspekte herausgreifen und seine Implikationen untersuchen.

Es gibt da etwas, das wie ein zentrales Paradox des Scriptural Reasoning erscheint. Es ist sowohl einfach als auch einschüchternd. Und merkwürdigerweise ist es umso einschüchternder, je mehr Fachwissen jemand von einer religiösen Tradition hat. Das liegt einfach an seinem Format: Die Teilnehmenden haben Texte aus unterschiedlichen Traditionen vorliegen, gewöhnlich aus dreien, aber es gibt hier viele Variationen, und sie interpretieren diese Texte gemeinsam. „Gemeinsam" ist hier das entscheidende Beiwort. Es ist nicht so, dass Juden jüdische Texte, Christen christliche Texte und Muslime islamische Texte interpretieren. Und dies nicht nur deshalb, weil Texte, die zum Tanach gehören, von Christen gleichzeitig dem Alten Testament zugeordnet werden. Vielmehr, und das ist viel wichtiger, interpretieren alle Teilnehmenden alle Texte gemeinsam. Das Geschäft der Interpretation ist ein gemeinsames Unterfangen, bei dem die Triebkraft eher von der Gruppe als solcher als dem einzelnen Individuum ausgeht. Einschüchternd ist hier die Disziplin, die den Teilnehmenden auferlegt wird. Man muss Texte interpretieren und darf sich nicht über selbstgewählte Themen auslassen: keine Minivorträge erlaubt! Man muss auf ihre Details achten und darf ihre Bedeutung nicht externen Sachverhalten unterordnen, wie etwa dem historischen Kontext oder der fachlichen Zuordnung. Man muss reden und darf nicht nur zuhören, man muss zuhören und darf nicht immer nur reden. Man muss alle Texte als heilige Objekte behandeln. Es gibt vielerlei „Muss".

An all das muss man sich erst einmal gewöhnen. Eine jahrelange Erfahrung mit dem Scriptural Reasoning zeigt, dass eines der gleich zutage tretenden Merkmale dieser Praxis die Angst oder Verachtung vonseiten mancher der zum ersten Mal teilnehmenden Akademiker ist. Diese Reaktion ist ziemlich verbreitet und mag zum Teil erklären, warum das Scriptural Reasoning eine so schwankende Reputation in akademischen Kreisen hat. Es lohnt sich, diese Angst und Verachtung etwas näher zu betrachten – nicht aus Sorge um die Ansichten mancher Teilnehmer über das Scriptural Reasoning, sondern weil dies einige zentrale Merkmale dieser Praxis beleuchtet, die sonst am Rande der Betrachtung verbleiben würden.

---

[1] Peter Ochs, „Re-Socializing Scholars of Religious, Theological, and Theo-Philosophical Inquiry", in: Modern Theology, Vol. 29, No. 4 (2013), 201-19.

Akademische Fachleute werden oft eingeladen, eine Rede zu halten. Eine wissenschaftliche Veranstaltung wird organisiert und es heißt: Professor X ist eingeladen worden, einen Vortrag zu halten. Schon das Wort Professor verweist auf diese Redefähigkeit durch seine Herleitung von dem lateinischen Verb „profiteri", sich öffentlich erklären. Einen Professor zum Reden einzuladen, ist gewissermaßen redundant: Ein Professor ist per se ein Redner. Der Status dieses Redeberufs ist heutzutage ungewisser als einst, und es gibt für diesen Wandel zweifellos viele Erklärungen. Höhere Bildung ist leichter zugänglich, Universitäten werden oft als Geschäftsunternehmen angesehen, das Internet hat Informationen leichter zugänglich gemacht, Forschungsergebnisse sind für den gewöhnlichen Leser nicht gleich verständlich, hochherrschaftliche Attitüden werden von Generation zu Generation immer mehr abgeschwächt usw. Akademische Fachleute sind deshalb in einer unsicheren Position: Ihr Status ist gebunden an ihre Fähigkeit zur Rede, aber dieser Status, und daher ihre Rede, verlieren an Bedeutung. Teilnehmende aus dem akademischen Bereich werden natürlich zum Scriptural Reasoning eingeladen, aber eben nicht, um zu reden und damit ihr Fachwissen mitzuteilen, sondern um sich an der Praxis der Interpretation von Texten zu beteiligen, wo es vielfach darum geht zuzuhören.

Das ist oft ziemlich desorientierend und wird vielleicht auch als Angriff empfunden. Aber die grundlegenden Texte des Judentums, Christentums und des Islams sind nicht nur Objekte der Forschung. Sie sind die am meisten erforschten Gebiete in der Geschichte der Universität. Tatsächlich gab es diese Forschung bereits Jahrhunderte vor der Zeit der Entstehung der Universitäten. Wer Experte auf dem Gebiet der Kommentierung der Tora ist oder über umfassende Kenntnisse der Interpretation des Neuen Testaments verfügt oder sich ausgezeichnet in den Details des Tafsirs auskennt, ist Teil einer großartigen Kette des Gelehrtentums, das bis in eine unbestimmte Vergangenheit zurückreicht. Experte zu sein bedeutet, sich mit einer unvorstellbar großen Zahl von Büchern und sonstigen Texten in vielen Sprachen zu beschäftigen, von denen viele einen zivilisatorischen Höhepunkt darstellen und von denen einige sehr wahrscheinlich das Selbst- und Weltverständnis ganzer Gemeinschaften verändert haben. Es bedeutet, eine Wissenschaft zu praktizieren, deren Rezeption und Einfluss sich potenziell auf Milliarden erstreckt. Es ist deshalb ein außerordentlicher Schock für Bibelwissenschaftler zu entdecken, dass ihre Gelehrsamkeit und ihr Wissen gar nicht bestritten werden, aber irrelevant sind für die Praxis des Scriptural Reasoning.

Ebenso mögen sich Theologen mit einem Gespür für die Nuancen der Interpretation heiliger Schriften und einer ausgeprägten Sensibilität für die veränderlichen Resonanzen, die bestimmte Textstellen in religiösen Gemeinschaften im Lauf der Jahrhunderte auslösen, leicht abgestoßen fühlen von der schieren Vulgarität einer Praxis, die erwachsenen Menschen Passagen aus heiligen Schriften ohne Anmerkungen vorsetzt, und typischerweise auch noch in einer Übersetzung, und sie zu einer freimütigen Diskussion über deren Bedeutung ermuntert, während gleichzeitig jedwede Einsprüche, die andere Texte und Meinungen heranziehen, unterbunden werden. Scriptural Reasoning ist sicher eine Art Scherz, eine Travestie, bestenfalls eine Parodie auf die allerschlimmste Form einer fundamentalistischen Bibelarbeit, bei der die Teilnehmenden alles andere als ernsthafte „Arbeit" leisten, sondern nur der Reihe nach ihre frommen Betrachtungen kundtun, ohne sich weiter von Spitzfindigkeiten wie weiterführenden Informationen zum Text oder zu seiner Interpretationsgeschichte stören zu lassen.

Dieses übertriebene Bild vermittelt vielleicht eine Vorstellung von den Empfindungen akademischer Fachgelehrter, die zum ersten Mal an einem Scriptural Reasoning teilnehmen. Das ist ja so amateurhaft, so ungebildet, so ungezügelt!

Was diese Reaktionen jedoch einfach nur aufzeigen, ist, wie sehr sich Scriptural Reasoning vom akademischen Studienbetrieb in der spätmodernen Universität unterscheidet. In einer Scriptural-Reasoning Sitzung sind die Texte voller Leben und haben eine Durchschlagskraft, die die Subjektivität jedes einzelnen Interpreten erfasst und oft genug überwältigt. Und die vertretenen Interpretationen sind nicht aufgrund ihres Informationsgehalts mehr oder weniger dominant, sondern weil sie das Gespräch weiterführen: Manche Gesprächsbeiträge lösen ein ganzes Spektrum weiterer Erkundungen aus, andere unterbrechen den Fluss. Der Gesprächsfluss, innerhalb von Traditionen oder sie übergreifend, ist eines der besonderen Merkmale des Scriptural Reasoning. Ein kompetenter Teilnehmender am Scriptural Reasoning bietet Interpretationen als Geschenke für andere an, als Samen, die andere einpflanzen können, als Bausteine, mit den andere etwas errichten können. Und diejenigen, die diese Geschenke, Samen, Bausteine empfangen, können diese auf eine Weise benutzen, die vom Gebenden gar nicht vorhergesehen worden war. Wenn verschiedene Bausteine in Zirkulation sind, sind ihre Interaktionen – die entsprechende zeitweise Architektur der Interpretationen – ziemlich unvorhersehbar. In einer guten Sitzung wird es normalerweise immer einige Überraschungen geben, wenn die Texte unvertraute Interpretationen anregen, und oft genug wird sie auch durch viel Humor gekennzeichnet sein – wozu auch jener grimmige Humor gehört, der die Erkenntnis begleitet, dass diese Texte Waffen in der Hand derjenigen sein können, die ihre eigenen Absichten damit verbinden und ihre Feinde damit bekämpfen.

Das Scriptural Reasoning erfordert, dass die Teilnehmenden ihr Fachwissen einer generativen Interpretation zuliebe zurückstellen. Die Teilnehmenden sind aufgefordert, ihre eigenen Interpretationsinteressen zugunsten eines gemeinsamen Interpretationsvorhabens abzulegen. Das wird sehr deutlich, wenn wir jene vier Merkmale des Scriptural Reasoning betrachten, die alle den Erwartungen des akademischen Diskurses widersprechen, aber diesen auch auf unerwartete Weise fördern können. Scriptural Reasoning führt tendenziell zu 1. mehr Verstehen als Übereinstimmung, 2. mehr Kollegialität als Konsens, 3. zu mehr Generativität als Kritik und 4. zu eher kurzfristigen als dauerhaften Interpretationen. Ich werde nun diese vier Merkmale einzeln betrachten und dann einige Vorschläge machen, wie das Scriptural Reasoning bestimmte Formen des wissenschaftlichen Vorgehens unterstützen und einige sogar erst ermöglichen kann.

## Verstehen

Erstens: Scriptural Reasoning produziert eher Verstehen als Übereinstimmung. Anders gesagt, die Teilnehmenden sind eher bestrebt, Einsichten zu gewinnen als andere zu überzeugen, obwohl es da auch viele Ausnahmen gibt. Dies hängt zum Teil damit zusammen, dass, wenn drei oder mehr Traditionen einander mit ihren Texten begegnen, hinter dieser Begegnung viel Geschichte steht, und je mehr man von dieser Geschichte weiß, desto besser begreift man, dass diese Traditionen durch ihre Unterschiede voneinander konstituiert werden. Ihre geschichtlichen Entwicklungen der Textinterpretation, und insbesondere auch die Entwicklung ihrer Rechtsformen, sind oft Ausdruck der Ablehnung der Denk- und Handlungsweisen der jeweils anderen. Das Christentum und das rabbinische Judentum entwickelten sich in derselben Zeit und oft in großer räumlicher Nähe und schufen dabei bewusst Schibboleths, um sich voneinander abzugrenzen. Es nicht so, dass sich religiöse Traditionen eben einfach unterscheiden. Unsere religiösen Traditionen haben sich oft selbst durch den Gegensatz zu anderen definiert: Die Differenz macht den Kern ihrer Identitäten aus. Daraus folgt seltsamerweise, dass die Traditionen einander im Innersten irgendwie brauchen, um ihre Differenz manifestieren zu können. Es ist ja offensichtlich so, dass, wenn sich zwei Dinge unterscheiden, jedes das andere braucht, damit der Unterschied existieren kann. Der Hauptpunkt ist der, dass in diesen Fällen die Differenz zum Kern der Identität gehört. Und damit sich die eigene Identität zeigen kann, muss das differente Andere sichtbar sein. Der Islam z.B. macht nicht so viel Sinn, wenn er nicht im Kontrast zu den Traditionen steht, deren Praktiken und Glaubensvorstellungen er abgelehnt hat. Wohl oder übel findet sich eine Menge Negativität im Identitätssinn der Traditionen.

Das Scriptural Reasoning akzeptiert diese Differenz, und es hat auf eine Art und Weise, die vielleicht undurchsichtig und schwer zu fassen ist, die Fähigkeit, diese Negativität anzunehmen. Selbst Teilnehmende, die nachdrücklich die Ansicht vertreten, ihre eigene Tradition habe recht und alle anderen unrecht, sind beim Scriptural Reasoning willkommen. Es gehört zur Praxis interreligiöser Begegnung, auch schwierige Kunden willkommen zu heißen.

Jedoch diszipliniert das Scriptural Reasoning auch solche Tendenzen, indem es fordert, dass das Gespräch allein aus der Interpretation von Texten entsteht. Wie jeder Teilnehmende am Scriptural Reasoning bestätigen kann, ist es ziemlich schwierig, umfassende Behauptungen über die anderen Traditionen aufzustellen, wenn man Texte interpretiert, weil das Spezifische dieser Texte gewagte Verallgemeinerungen über die Traditionen als solche ausbremst. Diejenigen, die dazu neigen, sich negativ über andere Traditionen zu äußern, sind willkommen, aber das Scriptural Reasoning bietet nur streng begrenzte Möglichkeiten, entsprechende Behauptungen zu äußern. Es hat also das Potenzial, gewisse Haltungen abzuschwächen. Aber das Scriptural Reasoning bevorzugt nicht nur das Verstehen vor der Übereinstimmung. Auf unterschiedliche Weise befördert es sogar das Weiterbestehen von unterschiedlichen Auffassungen, in all ihrer Negativität, aber so, dass die bekannten aggressiven rhetorischen Formen dieser Negativität nur abgemildert zutage treten.

Einem Teilnehmer, der gelernt hat, sich wissenschaftlich mit den Religionen und insbesondere mit ihren Texten zu befassen, kann dies sehr seltsam vorkommen. Wenn es das Ziel des Lesens von Texten ist, ihre Bedeutung zu begreifen, dann ist es gewiss ebenso auch das Ziel, die dabei auftauchenden Unterschiede in der Auffassung, auch wenn sie sehr groß sind, aufzulösen oder möglichst zu reduzieren. Das wissenschaftliche Studium von Texten zielt grundsätzlich und überwiegend auf Übereinstimmung ab, auch wenn in der Praxis des Wissenschaftsbetriebs sehr oft ziemlich theatralisch Differenzen zelebriert werden, in einer Art ritueller Zurschaustellung intellektuellen Federspreizens. Die Praxis des Scriptural Reasoning scheint die Bedeutung von Texten nicht ganz auf dieselbe Weise zu bestimmen wie im Falle des wissenschaftlichen Studiums solcher Texte. Ich werde noch auf bestimmte Merkmale dieses „nicht ganz auf dieselbe Weise" zurückkommen.

## Kollegialität

Zweitens: Bei den meisten Formen des wissenschaftlichen Arbeitens geht es auch um Konsens. Konferenzen, wissenschaftliche Aufsätze und dergleichen zielen darauf ab, einen bestehenden Konsens zu bestätigen oder infrage zu stellen. Man kann sich kaum eine Ansicht zu einem Thema vorstellen, die sich nicht zugleich auch hinsichtlich eines Konsenses positioniert. Wissenschaftliche Beiträge richten sich meist an eine wissenschaftliche Gemeinschaft, die eine mehr oder weniger ausgeprägte Meinung zu einem Thema hat. Wenn jemandem die Autorität zugebilligt wird, zu einer Gemeinschaft zu sprechen, bedeutet dies zugleich, dass man ihm ein gewisses Begreifen des Denkens dieser Gemeinschaft zubilligt. Während das wissenschaftliche Arbeiten also eigentlich auf einen Konsens abzielt, sieht man allerdings in der Praxis oft die theatralische Präsentation seines Fehlens: Wenig verschafft einem Gelehrten größere Befriedigung, als einen bestehenden Konsens anzuzweifeln. Im Gegensatz dazu ist Scriptural Reasoning eine Praxis, die den Konsens weder sucht noch untergraben will. Konsens ist einfach die falsche Kategorie, um die Ziele des Scriptural Reasoning verstehen zu können. Eine Scriptural-Reasoning-Gruppe zielt mehr auf eine gemeinsame Praxis der Interpretation als auf eine Praxis gemeinsamer Interpretation ab. Was zählt, ist die Konvergenz auf den Text gerichteter interpretativer Energien und nicht so sehr die Konvergenz der Textinterpretationen. Zunächst einmal ist das, aus einer wissenschaftlichen Perspektive, nichts Schlechtes, denn eine in einem leichten und eleganten Gespräch dahinfließende Diskussion ist etwas sehr Schönes. Aber ein solcher Gesprächsverlauf ist nicht eigentlich das Ziel einer wissenschaftlichen Diskussion: Das Ziel ist es, Erkenntnisse zu gewinnen, und zwar so, dass im Hinblick darauf ein neuer Konsens hergestellt werden kann. Das Scriptural Reasoning dagegen zielt auf einen fortwährenden Interpretationsfluss ab; das Kennzeichen des Erfolges einer Sitzung ist ebenso sehr die Qualität des Gesprächsverlaufs wie die der vorgebrachten Interpretationen. Tatsächlich sind beide eng miteinander verbunden: Hochwertige Interpretationen gehen oft einher mit einem hochqualitativen Diskussionsverlauf. Das Zurückstellen von Fachwissen ist vielleicht die zentrale Voraussetzung für ein solches ungehindert dahinfließendes Gespräch. Man sollte meiner Meinung nach ernsthaft darüber nachdenken.

## Generativität

Drittens fördert Scriptural Reasoning das Entstehen einer hochenergetischen interpretativen Aktivität: Wenn meine Interpretation deine anregt und deine die einer weiteren Person, dann ist das umso besser. Und wenn das nicht geschieht, haben wir es wahrscheinlich gar nicht mit Scriptural Reasoning im eigentlichen Sinne zu tun. Die Korrektur von Irrtümern durch die Präsentation von besser abgesichertem Wissen tendiert dazu, das Scriptural Reasoning zu hemmen. Aus wissenschaftlicher Sicht ist das eine ungeheuerliche, regelwidrige Haltung. Im Verlauf des Scriptural Reasoning kann jemand eine völlig unwahrscheinliche Interpretation vorbringen, jedenfalls wenn man den Kontext bedenkt, in dem der Text entstanden ist; aber es kann sich als ziemlich schwierig erweisen, diese Interpretation allein auf Basis des Textes infrage zu stellen. Jemand, der am Scriptural Reasoning teilnimmt und dessen Fachwissen ihn einen offenkundigen Irrtum erkennen lässt, befindet sich demnach in einer schwierigen Lage. Aus wissenschaftlicher Sicht erfordert ein Irrtum Kritik und Berichtigung. Aber wenn durch den Hinweis auf den Irrtum die

Generativität der Diskussion wahrscheinlich gefährdet, ihre Energie voraussichtlich stark abgeschwächt werden wird, ist es nicht so klar, was am besten zu tun ist. Es ist dann eine Frage der richtigen Einschätzung des Scriptural Reasoners, eine Frage, die im wissenschaftlichen Diskurs erst gar nicht auftaucht. Wenn jemand im Irrtum ist, hat man die Pflicht, darauf hinzuweisen. Eine Pflicht, der viele Gelehrte mit beeindruckender Verve nachkommen. Die Ausübung einer solchen korrektiven Disziplin zu behindern, indem man das Zurückhalten von Fachwissen fordert, ist meiner Meinung nach ein weiterer Grund, warum das Scriptural Reasoning Anstoß erregt.

## Kurzzeitigkeit

Viertens sind beim Scriptural Reasoning produzierte Interpretationen typischerweise ziemlich kurzlebig. Eines der hervorstechendsten Merkmale des Scriptural Reasoning ist ja die Intensität der Diskussion, aber auch die Tiefgründigkeit und doch Flüchtigkeit seiner Interpretationen. Versuche, bestimmte Interpretationen für eine längerfristige Verbreitung aufzuzeichnen, sind oft enttäuschend, und auch das Aufbewahren schriftlich ausgeführter Interpretationen für später erweist sich häufig als eine flüchtige Angelegenheit. Ein möglicher Grund dafür ist recht prosaisch: Eine Interpretation des Neuen Testaments kann z.B. in einer Sitzung generativ und tiefgründig sein, weil sie eine Resonanz auf die Interpretation einer vorher diskutierten Koranstelle darstellt. Damit ist sie aber situationsbedingt, sie ist bedingt durch das bisherige Gespräch und durch das, was über eine Koranstelle gesagt wurde. Und dies ist kein seriöser wissenschaftlicher Bezugspunkt für die Erklärung einer neutestamentlichen Textpassage. Aus diesem Grund ist es das Schicksal vieler Interpretationen, eine kurze Weile hell aufzuleuchten, bevor sie verglimmen, ohne wahrscheinlich je wiederzukehren. Aber immer ist das nicht der Fall: Viele Teilnehmende am Scriptural Reasoning haben ihre eigenen Interpretationen oder die anderen sinnvoll für ihre wissenschaftliche Arbeit nutzen können. Ich spreche aber hier vor allem von den Fällen, wo das nicht so ist. Aus Sicht von Fachgelehrten ist eine Interpretation, die nur eine Gegenwart, aber keine Zukunft hat, von vernachlässigbarem Wert. Eine Interpretation, die nicht aufgezeichnet werden kann und das vielleicht auch gar nicht soll, kann nicht zitiert werden. Nichts könnte schlechter sein.

## Eine Hilfe für die Wissenschaft

Bis jetzt hatten wir es mit starken Gegensätzen zu tun. Ich habe versucht, die markantesten Unterschiede zwischen der wissenschaftlichen Interpretationspraxis und der des Scriptural Reasoning herauszuarbeiten und auch eine gewisse Vorstellung zu vermitteln, welches Ärgernis das Scriptural Reasoning für hochqualifizierte Wissenschaftler darstellt. Und ich habe darauf hingewiesen, dass das Zurückstellen von Fachwissen im Scriptural Reasoning, obwohl das oft als unerwünschte und sogar respektlose Erfordernis empfunden wird, notwendig ist, um die selbst gesetzten positiven Ziele des Scriptural Reasoning erreichen. Bei diesen positiven Zielen des Scriptural Reasoning geht es um gemeinsame Aktivität und Energiefluss, darum, wie bestimmte zeitweilige Einsichten andere zeitweise Einsichten generieren. Aus einer wissenschaftlichen Perspektive beurteilt, ist Scriptural Reasoning wirklich seltsam. Man sollte deshalb erwarten, dass es im wissenschaftlichen Bereich auf ein gewisses Misstrauen stößt. Und das ist tatsächlich auch oft der Fall. Man sollte jedoch die Qualität der durch das Scriptural Reasoning hervorgebrachten Interpretationen nach Kriterien beurteilen, die sich von denen unterscheiden, die auf Tagungsbeiträge oder Zeitschriftenaufsätzen angewendet werden.

Ich möchte allerdings zum Schluss kurz auf ein überraschendes Ergebnis für viele Wissenschaftler hinweisen, die Scriptural Reasoning praktizieren und dabei ihr Fachwissen zurückstellen: Es hilft ihnen bei ihrer wissenschaftlichen Arbeit auf unterschiedliche Weise, wie man relativ leicht erkennen kann.

Zunächst einmal kann Scriptural Reasoning ganz einfach auch interessante und fruchtbare Interpretationen hervorbringen, die nachher für die wissenschaftliche Arbeit nutzbar gemacht werden können. Es ist natürlich nicht eindeutig, dass nur das Scriptural Reasoning diese Interpretationen hätte hervorbringen können. Mir scheint es wahrscheinlicher, dass grundsätzlich jede Interpretationspraxis zu solchen Ergebnissen hätte kommen können. Es ist nichtsdestotrotz bemerkenswert, dass gerade die Praxis des Scriptural Reasoning diese Interpretationen produziert hat und nicht eine der zahllosen anderen möglichen Praxisformen.

Interessanter jedoch ist, dass das Scriptural Reasoning seine Teilnehmer auf Fragen der Vielstimmigkeit, des Wandels und der Kontingenz einstimmen kann. Die Praxis des Scriptural Reasoning ist in gewisser Weise ein Mikrokosmos dessen, was mit den heiligen Schriften in den Traditionen geschieht. Es gibt viele Stimmen, die oft nicht übereinstimmen; Interpretationen unterliegen Veränderungen je nachdem, welche Texte auf dem Tisch liegen; ihre Bedeutungen hängen zu einem gegebenen Zeitpunkt in großem Maße davon ab, was ihnen vorausging. Es ist durchaus möglich, dass aus dem Scriptural Reasoning Interpreten hervorgehen, die in besonderer Weise für diese Themen sensibel sind.

Wichtiger jedoch ist, dass das Scriptural Reasoning Modelle gemeinschaftlicher Interpretation hervorbringen könnte, die sonst schwer im wissenschaftlichen Bereich zu finden sind. Es gibt Veröffentlichungen, in denen Vertreter unterschiedlicher Traditionen ein Thema von gemeinsamem Interesse behandeln, wobei jeder die Texte der eigenen Tradition hinsichtlich gegenwärtiger Probleme und möglicher Lösungen interpretiert. Das ist kein Scriptural Reasoning, aber es ist ein mögliches Produkt von Scriptural Reasoning. Aber dieser Ansatz ist nicht nur auf Texte aus den heiligen Schriften begrenzt. Anver Emon von der Universität Toronto hat einen Band mit Aufsätzen von Wissenschaftlern aus den Bereichen des islamischen und jüdischen Rechts veröffentlicht, die aus einer Reihe von Treffen entstanden sind, in denen Wissenschaftler aus den zwei Traditionen Rechtstexte aus den zwei Traditionen lasen und interpretierten und in diesem Prozess entdeckten, dass dieser Ansatz ein neues und unerwartetes Licht auf vertraute Texte warf.[2] Diese Workshops erforderten kein Zurückstellen von Fachwissen, aber ihr Zustandekommen wurde durch die Existenz des Scriptural Reasoning angeregt. Wenn der Herausgeber des Ergebnisbandes noch nie an einem Scriptural Reasoning teilgenommen hätte, wäre das Projekt nicht in dieser Form verwirklicht worden.

Es gibt viele weitere Beispiele dafür, wie wissenschaftliche Praxis durch das Scriptural Reasoning verändert worden ist. Dazu gehört, was Peter Ochs die Heilung des „Binarismus" nennt und was ich mit Aufrechterhaltung von lang andauernder Nicht-Übereinstimmung meine.[3]

Was bedeutet dies nun alles? Ich habe eine Hypothese formuliert hinsichtlich der unsicheren Stellung des Scriptural Reasoning im akademischen Feld: Es erfordert das Zurückstellen von Fachwissen, und dieses Erfordernis ist in vielfacher Hinsicht anstößig. Es widerspricht auch anderen wissenschaftlichen Regeln durch seinen nachdrücklichen Verzicht auf Übereinstimmung, Konsens und dauerhafte Formen der Wissensvermittlung. Das mag aus wissenschaftlicher Sicht als zu wenig ernsthaft erscheinen und die Zeit nicht wert. Ich habe weiterhin versucht, auf die Notwendigkeit dieser alternativen Praxis hinzuweisen und diesen Formen einer gemeinsamen Aktivität und Kollegialität Gerechtigkeit widerfahren zu lassen.

Es ist natürlich durchaus möglich, dass die Universität das Problem ist und dass die Praxis des Scriptural Reasoning nur ihre Mängel in ein scharfes Licht stellt. Aber das ist eine Streitfrage für eine andere Gelegenheit.

---

[2] Anver Emon (ed.), Islamic and Jewish Legal Reasoning: Encountering Our Legal Other (London: Oneworld, 2016).
[3] Siehe Ochs, a.a.O. (Fußn. 1); Nicholas Adams, „Long-Term Disagreement: Philosophical Models in Scriptural Reasoning and Receptive Ecumenism", in: Modern Theology, Vol. 29, No. 4 (2013).

# Auf dem Weg zu einer dialogischen Theologie

*Katja Drechsler und Thorsten Knauth*[1]

## Einleitung

Wie ein religiöser Text adäquat und rechtmäßig interpretiert und verstanden wird, ist für alle religiösen Traditionen von großer Bedeutung. Theologische Bemühungen, religiöse Unterschiedlichkeit jenseits vorherrschender Schemata von Mission, Konfrontation, Hierarchie und Ignoranz zu interpretieren, haben sich in den letzten Jahrzehnten verstärkt. Wie können Anhänger verschiedener religiöser Traditionen einander auf eine offene und verständnisvolle Weise begegnen? Und was sagen uns die heiligen Schriften über die Begegnung mit dem religiös „Anderen"? Wie beschreiben sie das Verhältnis zu anderen Religionen? Eine Beziehung zwischen dem Verständnis der eigenen religiösen Tradition und einer Haltung anderen gegenüber ist offensichtlich: Wenn meine Religion der einzig rechtmäßige Weg zur Wahrheit und Erlösung ist, bleibt für die anderen nicht viel übrig.

---

[1] Dieser Aufsatz fußt auf der gemeinsamen Arbeit von Thorsten Knauth, Carola Roloff, Andreas Markowsky und Florian Jäckel sowie einem Vortrag von Katja Drechsler und Thorsten Knauth, „Interreligiöse Hermeneutik und neue Ansätze in islamischer Theologie", November 2015, Universität Hamburg. Eine vollständige Darstellung des multi-perspektivischen hermeneutischen Versuchs findet sich in: Thorsten Knauth, Carola Roloff, Katja Drechsler, Florian Jäckel und Andreas Markowsky, „Auf dem Weg zu einer dialogisch- interreligiösen Hermeneutik", in: Katajun Amirpur et al. (Hrsg.), Perspektiven dialogischer Theologie. Offenheit in den Religionen und eine Hermeneutik des interreligiösen Dialogs (Münster/New York: Waxmann, 2016), 207–315.

Die Rekonstruktion und Relektüre der eigenen Texte im Bewusstsein, dass andere Religionen ebenso beanspruchen, Wege zur Wahrheit und Erlösung zu sein, bilden nur einen ersten Schritt, den man gehen kann, ohne mit den anderen zu sprechen. Aber es ist wichtig weiterzugehen: Wenn die eigene Tradition und die Traditionen anderer Religionen wechselseitig und gemeinsam interpretiert werden, kann der andere ein Partner werden in einer gemeinsamen Anstrengung, Religion zu verstehen. Das Verstehen wird dialogisch.

Dieser Aufsatz gibt Einblicke in die aktuelle Forschung im Rahmen des internationalen und interdisziplinären Projekts „Religion und Dialog in modernen Gesellschaften" (ReDi). Nach einer Vorstellung der Akademie der Weltreligionen der Universität Hamburg und des ReDi-Projekts im Allgemeinen, werden die Entwicklung, die Ziele und Ergebnisse dieses multi-perspektivischen hermeneutischen Experiments und unser vorläufiges Verständnis einer dialogischen Theologie ausführlicher dargestellt.

## AKADEMIE DER WELTRELIGIONEN DER UNIVERSITÄT HAMBURG

An Hamburger Schulen haben alle Schüler, ungeachtet ob sie einer Religion angehören oder nicht, gemeinsam das Fach Religion. Wir bezeichnen das als „Religionsunterricht für alle". In diesem Zusammenhang spielt die Akademie der Weltreligionen eine wichtige Rolle bei der Weiterentwicklung dieses inklusiven und dialogischen Konzepts und der unterschiedlichen Ausbildung von Religionslehrern (neben der evangelischen Theologie gibt es gegenwärtig Programme für Islam und Alevitentum[2]). Forschung und Lehre an der Akademie sind so gestaltet, dass theologische Konzepte aus Judentum, Islam, Christentum, Buddhismus, Hinduismus und Alevitentum nicht nur koexistieren, sondern dialogisch im Rahmen des akademischen Diskurses miteinander kommunizieren.[3] Wie das funktioniert, lässt sich gut an unserem vom Bundesministerium für Bildung geförderten Forschungsprojekt ReDi sehen. Das Projekt will zur Forschung über Fragen des interreligiösen Dialogs beitragen und arbeitet gleichzeitig auf zwei Ebenen:

---

[2] Das Alevitentum wird von manchen als Zweig des schiitischen Islams angesehen, es ist in der Türkei und auf dem Balkan unter Türken und Kurden verbreitet; es ist verwandt – unterscheidet sich aber von ihm – mit dem Alawitentum in Syrien. Andere wiederum sehen im Alevitentum eine eigenständige Tradition.

[3] Neben Forschung und Lehre engagiert sich die Akademie der Weltreligionen auch im interreligiösen „Dialog in der Stadt". Weitere Informationen unter: https://www.awr.uni-hamburg.de/website-content/pdfs-flyer/awr-flyer-englisch.pdf.

1. Dialogische Theologie: Unter Berücksichtigung bereits vorhandener Ansätze der pluralistischen, interkulturellen und speziell der interreligiösen Theologie arbeitet ein Team von Fachleuten aus verschiedenen religiösen Traditionen an der Entwicklung einer dialogischen Theologie. Die kontextbezogene Natur unserer Forschung erfordert einen starken Bezug zu vorhandenen Formen des interreligiösen Dialogs im praktischen Leben, der auf einer zweiten Ebene untersucht wird.

2. Dialogische Praxis: Mit Methoden empirischer qualitativer Sozialforschung werden die Haltungen zum interreligiösen Dialog und seine heutige Praxis erforscht. Die Befragungen beziehen sowohl Mitglieder von Religionsgemeinschaften als auch solche, die ihnen nicht angehören, mit ein. Weiterhin werden die Möglichkeiten und Grenzen der Förderung des interreligiösen Dialogs eingehend untersucht.

## „Dialog in Aktion": Das hermeneutische Projekt

Während im ersten Jahr des Projekts (2013) jede religiöse Tradition ihre eigenen textlichen Quellen auf Möglichkeiten und Grenzen des Dialogs und die Offenheit gegenüber dem religiös „Anderen" hin erforschte, war es im zweiten Jahr das Ziel, einen Dialog zwischen den religiösen Traditionen zu beginnen und sich auf hermeneutische Fragen zu konzentrieren. Ausgehend von der Idee eines „dialogischen Forschungslaboratoriums", entwickelten wir ein Projekt, dem wir den Titel „Auslegungsgespräche" gaben. Es handelte sich um vier experimentelle Dialoge, die vom April bis zum Juni 2014 stattfanden und an dem je ein Wissenschaftler aus jeder religiösen im Hamburger Team vertretenen Tradition – Buddhismus, Judentum, Christentum und Islam – teilnahm. In diesen Dialogen präsentierte jeder einen ausgewählten „religiösen Schlüsseltext" zur Frage der Offenheit gegenüber dem religiös anderen. Diese Texte wurden gemeinsam interpretiert.

## Methodologische Ansätze

Die Logik hinter diesem praktischen Ansatz war es nicht, eine dialogische hermeneutische Theorie auf der Grundlage einer bereits existierenden Theorie zu entwickeln, was ein rein rekonstruktiver Ansatz gewesen wäre. Wir hielten es für notwendig, unser eigenes Datenmaterial aus unserer praktischen hermeneutischen Erfahrung zu gewinnen und zu analysieren, wie in einem Versuch in einem „Laboratorium" (im Gegensatz zu einer Feldstudie). Das Ziel war es, Daten zu gewinnen in der Gestalt von genauen Aufzeichnungen unserer Begegnungen, die dann zu einem besseren Verständnis der dialogischen Dynamik im Bereich der gemeinsamen Interpretation von heiligen Texten führen könnten. Insofern war unsere Forschungsarbeit, wie im Falle von Anne Hege Grungs Untersuchung, mehr auf Prozess und Dialog als auf Inhalt ausgerichtet.[4]

Die Aufzeichnungen erwiesen sich als wertvolle Instrumente der Interpretation unserer eigenen Erfahrungen. Sie erlaubten es uns, unsere intensiven Dialoge aus einem Abstand zu betrachten. Darüber hinaus trugen sie dazu bei, unsere ersten Interpretationen der Dialoge zu hinterfragen. Wir konnten unsere gemeinsamen Interpretationsprozesse zurückverfolgen und feststellen, wie sich unterschiedliche Interpretationsperspektiven miteinander verknüpften und überdeckten. Zudem erlaubten uns die Aufzeichnungen, die verschiedenen Dialoge miteinander zu vergleichen und gemeinsame Merkmale festzustellen, wie die Suche nach Ähnlichkeiten und Unterschieden in jedem Dialog, die jeweiligen Rollen der Teilnehmenden und wiederkehrende Strategien oder Themen. Die Theoriebildung ereignete sich im Zuge dieser genauen Rückschau auf und Analyse der Dialoge, die als ein Modell für ein dialogorientiertes Verständnis angesehen wurden. In einem zweiten Schritt wurden dann in einer theoretischen Studie unterschiedliche Ansätze in der interreligiösen Hermeneutik/Hermeneutik der Anerkennung untersucht. Eine solche Kombination exegetischer Praxis und analytischer und theoretischer Arbeit stellt einen neuen Ansatz theologischer Forschung dar.

## Die Struktur der Dialoge

Das dem Begriff „Dialog" zugrunde liegende Verständnis ist das einer gegenseitigen Beziehung. Das sich Öffnen gegenüber dem anderem beinhaltet die Möglichkeit der Veränderung. Es beinhaltet auch die größere Bedeutung individueller Perspektiven: Nicht die Religionen sprechen miteinander, sondern ihre Anhänger, das heißt Menschen.[5] Außerdem beeinflusst der Kontext die Gespräche: „Für alle [...] Typen des interreligiösen Dialogs gilt gleichermaßen, dass sie ein kontextuelles Geschehen zwischen Individuen sind."[6] Die Symmetrie ist wichtig: Die Menschen sollten einander als Glei-

---

[4] Anne Hege Grung, Gender Justice in Muslim-Christian Readings. Christian and Muslim Women in Norway Making Meaning of Texts from the Bible, the Koran, and the Hadith (Amsterdam: Brill Rodopi, 2015).
[5] Vgl. Michael von Brück, „Gibt es eine interreligiöse Hermeneutik?", in: Zeitschrift für Theologie und Kirche (2/1996), 284.
[6] Volker Küster, Einführung in die Interkulturelle Theologie (Göttingen: Vandenhoeck & Ruprecht, 2011), 150.

che begegnen. Unterschiedliche Ansichten haben das gleiche Recht, gehört und im Interpretationsprozess anerkannt zu werden. Dies beinhaltet eine Haltung der Offenheit gegenüber neuen Interpretationen oder Perspektiven, die entstehen könnten.

Um eine Vielfalt der Perspektiven in unseren Dialogen zu gewährleisten, erstellten wir eine in vier Schritte gegliederte Richtlinie, die fortlaufend angepasst wurde und sich im Verlauf der Gespräche entwickelte.

## Schritt 1: Textinterpretation aus der Position eines „Anfängerbewusstseins" heraus

Zu Anfang lesen und interpretieren die Dialogpartner den Text, als ob sie nichts über ihn wüssten, d.h. auf eine unvoreingenommene und bewusst naive Weise. Der Text sollte nicht sofort bewertet und durch ein besonderes Wissen eingegrenzt werden. Er sollte als eine neue Botschaft gelesen werden, und alles, was einem in den Sinn kommt, kann gesagt werden.

## Schritt 2: Hermeneutisches Gedankenexperiment

Diese Offenheit gegenüber dem Text wird auch im zweiten Schritt fortgesetzt. Die Teilnehmenden werden gebeten, den Text wie einen Text aus der eigenen Tradition zu lesen, z.B. als stünde ein bestimmter Vers des Korans im Talmud, dem Neuen Testament oder im Pali-Kanon. Der Text sollte mit den Methoden der eigenen Tradition interpretiert werden. Natürlich ist dieser Schritt eine starke Provokation für eine klassische Hermeneutik, weil der Text entfremdet und vielleicht sogar kolonialistisch vereinnahmt wird. Aber dieser Schritt trägt dazu bei, den Abstand zu überbrücken und sich mit dem Text zu identifizieren.

Während die ersten beiden Schritte darauf abzielen, sich dem Text zu nähern, stellt ihn der dritte Schritt in seinen eigenen Bedeutungshorizont.

## Schritt 3: Fachwissen

In dieser Phase wird der Text in seinem ursprünglichen Kontext betrachtet, d.h. sein Ursprung innerhalb intertextueller Beziehungen; solche Interpretationen des betreffenden Textes sind bereits vorhanden. Ebenso wird die Tatsache beachtet, dass es sich um einen heiligen Text handelt. Das Wissen der Fachleute kann zu einem geringeren dialogischen Austausch führen, aber in diesem Fall ist das Monologisieren in einem gewissen

Maße notwendig, um dem Text und seinem Kontext Gerechtigkeit widerfahren zu lassen.

## Schritt 4: Ausbalancieren traditioneller und neuer Lesarten und Reflexionen auf dem Weg zu einer dialogischen Theologie

Wir arbeiten auf der Grundlage der Hypothese, dass durch die Interpretation des Textes aus verschiedenen Perspektiven neue Interpretationen und Bedeutungen hervortreten würden. Unsere Reflexionen über das eigene Tun begannen bereits bei diesem Schritt, indem wir uns fragten: Verändert sich mein Verständnis des Textes durch die Perspektive der anderen? Und wenn ja, auf welche Weise? Und was geschieht, wenn wir den Text als die ganze Menschheit betreffend verstehen, anstatt als nur einer bestimmten religiösen Tradition zugehörig?

## Beispiel

Wir werden nun ein kurzes Beispiel dafür geben, wie unsere Dialoge funktionierten. Es stammt aus unserer ersten Diskussion, in der es um den Koranvers Sure 5:48 ging. Er lautet (in der Übersetzung von Hartmut Bobzin):

> Und auf *dich* sandten wir herab das Buch mit der Wahrheit; es bestätigt, was von dem Buch schon vorher da war, und gibt darüber Gewissheit. So richte zwischen ihnen nach dem, was Gott herabgesandt hat, und folge ihren Neigungen nicht, wenn es von dem abweicht, was von der Wahrheit zu dir kam! Für einen jeden von euch haben wir Bahn und Weg gemacht. Hätte Gott gewollt, er hätte euch zu einer einzigen Gemeinde gemacht – doch wollte er euch mit dem prüfen, was er euch gab. Wetteifert darum um das Gute! Euer aller Rückkehr ist zu Gott, er wird euch dann kundtun, worin ihr immer wieder uneins wart.

Katja Drechsler wählte diesen Vers aus, weil er zentral für die meisten muslimischen Argumente zu sein scheint, die eine positive Sicht religiöser Vielfalt unterstützen. Zugleich war klar, dass es einen problematischen Kontext zu diesem Vers gibt; Koran 5:51 z.B. mahnt Muslime, sich nicht Juden und Christen als *awliyāʿ* zu nehmen, was mit Freunde, Verbündete, Wächter oder Helfer übersetzt werden kann.

Traditionell wird der Islam als eine Religion angesehen, die für die ganze Menschheit da ist; ihr Prophet Muhammad ist der Letzte in einer

Reihe von Propheten, die alle Träger der echten, göttlichen Botschaft waren. Der Islam hat deshalb eine universelle Botschaft, und es ist eine verbreitete Auffassung, dass er als letzte Botschaft die früheren Botschaften aufgehoben hat. Die hermeneutische Herausforderung dieses Verses besteht in der Grundfrage: Wer ist drinnen und wer ist draußen?

Die Analyse heutiger muslimischer theologischer Ansichten zum religiösen Pluralismus zeigt einen Paradigmenwechsel. Statt einem Verständnis, das den „Islam" – was wörtlich „Hingabe" bedeutet – als eine verdinglichte Religion begreift, die allen anderen Religionen überlegen ist, tritt nun ein *Islām*-Verständnis in den Vordergrund, das in ihm ein universelles und individuelles Prinzip der Beziehung zwischen Mensch und Gott oder dem Transzendenten sieht. Dies kann Menschen anderer Religionen mit einbeziehen. Verbunden damit ist die Wahrnehmung religiöser Differenz: Werden die anderen Religionen neben dem Islam als „falsch" eingestuft, und ist es letztlich wünschenswert, dass alle Menschen den Islam annehmen? Oder ist die religiöse Vielfalt etwas, das Gott für uns gewollt hat und das eine tiefere Bedeutung hat? Der Standpunkt, den man hinsichtlich des Verständnisses von Islam und religiöser Differenz einnimmt, entscheidet darüber, inwieweit wir bestimmte hermeneutische Prämissen und Methoden akzeptieren und umsetzen.

In den letzten zwanzig Jahren ließ sich zunehmend auf muslimischer Seite ein Verständnis des Anspruchs des Korans auf Universalität feststellen nicht im Sinne eines Anspruchs auf Überlegenheit, sondern vielmehr der Anerkenntnis, dass andere Religionen ebenfalls wahr und ein Weg zur Erlösung sein könnten.

So lehnt z.B. Farid Esack die traditionellen Auslegungen von Vers 5:48 ab. Seiner Ansicht nach ist die Wetteifer-Metapher („Wetteifert darum um das Gute"), die unmittelbar auf die Erwähnung der Vielfalt der religiösen Wege folgt, nicht ernst genug genommen worden.[7] Gute und gerechtes Handeln seien nicht das Monopol einer einzigen (religiösen) Gruppe (Koran 49:13) und der Ausgang eines fairen Wettbewerbs nicht im Voraus bekannt.[8] Auch wenn der Koran ganz klar Überlegenheit postuliert, indem er Formen der rechten Hingabe an Gott festlegt[9], stehen Muslime dadurch nicht automatisch gesellschaftlich über anderen. Freiheit und Vielfalt sind als die fundamentalen Voraussetzungen der Entfaltung des Glaubens und der Prüfungen durch Gott anzusehen.

---

[7] Farid Esack, Qur'an, Liberation and Pluralism. An Islamic Perspective of Interreligious Solidarity against Oppression (Oxford/Rockport: Oneworld Publications, 1997), 170.
[8] A.a.O., 171.
[9] A.a.O., 174.

In unserem Dialog wurde Vers 5:48 einer noch umfassenderen Interpretation unterzogen. Neben anderen Themen wurde in den ersten beiden Dialogschritten (Interpretation von der Warte eines Anfängerbewusstseins und experimentelles Lesen des Textes, als gehöre er zur eigenen Tradition) die Bedeutung des Begriffs *ahl al-kitāb* (Leute des Buchs) diskutiert.

Dass sie sich als Erste zu Wort meldete, begründete die buddhistische Teilnehmerin erstaunlicherweise damit, dass sie „am weitesten entfernt" von dem Text und seinen Traditionen sei. Sie äußert sich über die verschiedenen Konzepte in diesem Vers und ging der Frage nach, wer wohl mit wem in diesem Vers spricht. Bedeutet der *pluralis majestatis*, dass Gott spricht? Und verweist die Stelle „was von dem Buch schon vorher da war" auf Juden und Christen? Sie meinte dann, dass sie selbst vielleicht Teil der „Leute des Buchs" geworden sei, weil sie gerade diesen Text und seine Botschaft rezipiert habe. Durch diese Auslegung wurde ihre ursprünglich bestehende Distanz zu dem Text aufgehoben. Von ihrem buddhistischen Standpunkt her stellte sie eine Verbindung zwischen dem Konzept des Wetteiferns und dem buddhistischen Konzept des Karmas her.

Weil sich die buddhistische Teilnehmerin von den ersten Worten des Verses („Und auf dich sandten wir herab das Buch") angesprochen fühlte (welche auf muslimischer Seite natürlich so verstanden werden, dass Gott zu Muhammad spricht), engagierte sie sich in einer direkten und persönlichen Untersuchung des Textes. Im sich anschließenden Gespräch griffen alle Teilnehmenden ihre Gedanken auf und prüften ihre Plausibilität. Durch diese kritische Sichtung wurde ihre Interpretation einer hermeneutischen „Belastungsprobe" unterzogen. So kam während des Dialogprozesses ein kollektiv entwickeltes Interpretationsmuster zum Vorschein.

Sicherlich kann die Legitimität dieses vielperspektivischen, dialogischen Prozesses infrage gestellt werden, insbesondere vom Standpunkt der traditionellen Interpretationsmethoden islamischer Quellen. Die Frage, wer berechtigt ist, religiöse Quellen zu interpretieren, wird in jeder religiösen Tradition gestellt. In heutigen muslimischen Auseinandersetzungen mit hermeneutischen Fragen findet sich eine Reihe von Gedanken geäußert, die ein kontextuelles Verständnis von Theologie ermutigen. Dazu gehören etwa die Überlegungen zur Rolle der Subjektivität oder der Position des Interpretierenden, wie wir sie in den Arbeiten von Faris Esack und Khaled Abou el Fadl finden.

Die Interpretation, die aus unserem Dialog hervorging, wird durch den Ansatz von Jerusha Lamptey bestärkt, den sie selbst als eine „Muslima-Theologie des Pluralismus" bezeichnet.[10] Ohne auf ihre Gedanken ausführlich

---

[10] Jerusha Tanner Lamptey, Never Wholly Other. A Muslima Theology of Religious Pluralism (New York: Oxford University Press, 2014).

einzugehen, sei nur so viel gesagt, dass für sie ganz wesentlich Mitgliedschaft in bestimmten religiösen Gruppierungen kein höchster Wert an sich ist, sondern Ausdruck der Verwirklichung von *taqwā*. *Taqwā* wird of einfach mit „Frömmigkeit" übersetzt, Lamptey versteht darunter ein dauerhaftes Bewusstsein von Gottes Existenz, das sich auf das ganze Sein und Handeln einer Person auswirkt. Sie verweist auf die vielen verschiedenen Aspekte von *taqwā* und darauf, dass zwar alle Menschen dasselbe Potenzial dafür haben, aber die meisten *taqwā* nur teilweise verwirklichen. Eine Bevorzugung eines der vielen Aspekte von *taqwā* ist nicht gerechtfertigt. Selbst der theologisch zentrale Aspekt des *tawḥīd* (die Einheit und Einzigkeit Gottes) wäre kein ausreichendes Kriterium. So ist es ihrem Ansatz zufolge absolut möglich, dass selbst Menschen, die nicht an den einen und einzigen Gott glauben, *taqwā* oder bestimmte Aspekte davon besitzen oder verwirklichen. Zur Untermauerung dieser Theorie verweist sie auf die Aussage des Korans, dass Gott kein Volk ohne Offenbarung gelassen habe (Koran 10:47, 16:36). Das bedeutet, dass Gott allen Menschen einen Gesandten geschickt hat; alle sind im Besitz göttlicher Rechtleitung und Offenbarung und damit berechtigt, ihrem eigenen Weg zu folgen.

## Ergebnisse: Dialogische Hermeneutik als Balanceakt zwischen Spannungsfeldern

Wir fanden, dass alle Dialoge von Spannungsfeldern geprägt wurden. Das ist kein Zufall, sondern im Gegenteil unvermeidlich, wenn religiöse Texte aus vielen Perspektiven interpretiert werden. Dialogisches Verständnis findet nur statt, wenn Spannungsfelder existieren. Wenn Konflikte oder Spannungen ausgeblendet werden, steuern Dialog und Verständnis in die Krise.

Die Hauptspannungsfelder in unseren Dialogen waren die folgenden:

### Spannungsfeld Wissen

Für unseren text-zentrierten Dialog war es wichtig, Laienperspektiven einzubeziehen. Es muss klar sein, dass niemand in allen religiösen Traditionen fachkundig sein konnte. So konnten alle Teilnehmenden einander auf einer Ebene begegnen. Die durch die jeweilige Nähe oder Distanz zu einer bestimmten religiösen Tradition verursachten Wissensunterschiede mussten ebenso anerkannt werden. Fachwissen ist wichtig für ein angemessenes Verstehen, sollte aber den Dialog zwischen den Teilnehmenden nicht behindern. Darum ist die Balance zwischen diesen beiden Polen des Wissens und des Nicht-Wissens essenziell: Das erforderliche Wissen muss zur Verfügung stehen, aber neue und unvertraute Lesarten müssen ebenso erlaubt sein.

## Spannungen zwischen Kontexten: z.B. zwischen ursprünglichen und heutigen Kontexten

Ein weiteres Spannungsverhältnis besteht zwischen dem ursprünglichen Kontext eines Textes und dem heutigen Kontext, der völlig verschieden sein kann. Auch hier ist es wichtig, die Ansprüche beider Aspekte aufeinander zu beziehen und sie wechselseitig zu begrenzen. Wenn man nur den ursprünglichen Kontext berücksichtigt, kann das eine lebendige Diskussion über den Sinn von Texten behindern. Und berücksichtigt man nur den heutigen Kontext, wird der Text von seinem nährenden semantischen Traditionsstrom abgeschnitten.

## Spannung zwischen der Heiligkeit und Profanität von Texten oder vielmehr dem göttlichen Ursprung des Textes und kulturell-geschichtlicher Erfahrung

Was bedeutet die Heiligkeit eines Textes? Einerseits kann der Text als ein wesentlicher und direkter Ausdruck einer göttlichen oder transzendenten Offenbarung verstanden werden, durch die ein Wissen vermittelt wird, das auf andere Weise nicht zu erlangen ist. Diese Wahrheit von oben wäre dann, was die Bedeutung des Textes betrifft, wichtiger als der Kontext. Andererseits könnte der Text auch verstanden werden als ein geschichtlich-kulturell bedingter Ausdruck einer Erfahrung mit dem Göttlichen oder Transzendenten. Dann wäre die Bedeutung eines Textes eng mit einer bestimmten Zeit und einer bestimmten Kultur und Gesellschaft verbunden. Das Gespräch über die Heiligkeit von Texten findet im Spannungsfeld zwischen diesen beiden Polen statt.

## Spannung zwischen einer Hermeneutik des Vertrauens und einer Hermeneutik des Verdachts

Das letzte Beispiel bezieht sich auf die Einstellungen gegenüber einem Text. Begegnet man ihm mit einer Haltung der Wertschätzung oder der kritischen Distanz? Eine Hermeneutik des Vertrauens anerkennt den Text und sieht in seiner Bedeutung eine Brücke zum anderen. Für den Dialog ist dies äußerst wichtig. Aber Texte können auch problematische Aussagen enthalten. Verstörende und herausfordernde Bedeutungen des Textes aufzuspüren ist die Funktion einer Hermeneutik des Verdachts. Insbesondere wenn der Text den Himmel auf Erden verspricht, ist es die Aufgabe einer Hermeneutik des Verdachts, auf jene zu zeigen, die ausgeschlossen sein könnten.

Wir sind der Ansicht, dass der multiperspektivische Dialog dann erfolgreich sein kann, wenn auch hier eine Balance gefunden wird. Keiner der beiden Pole kann auf die Dauer die Oberhand gewinnen, ohne den ganzen Dialog zu gefährden. Dabei ist es notwendig, sich diese Spannungen bewusst zu machen. Sie können niemals ganz beseitigt werden, im Gegenteil, ihr Bestehen ist sogar erstrebenswert.

## Prozesse des Verstehens: Dialogische Hermeneutik als dialogische Co-Konstruktion

Ein weiteres wichtiges Ergebnis unseres Experiments war die Entdeckung, dass sich Interpretation in einem gemeinsamen Prozess der Erarbeitung von Bedeutung ereignet. Die Bedeutungen und die Interpretationen, die in den Dialogen herausgearbeitet wurden, konnte es nur geben, weil eben dieser Dialog stattfand. Das heißt nicht, dass alle während des Dialogs erarbeiteten Interpretationen auch auf die Zustimmung aller Teilnehmenden stießen. Sie bildeten aber in ihrer Gesamtheit einen gemeinsamen Bestand, auf den alle zurückgreifen konnten. Da die Bedeutungen dialogisch miteinander verknüpft waren, behielt das Erarbeiten von Bedeutungen immer seinen Prozesscharakter und wurde nicht statisch. Dialogisches Verstehen innerhalb von Spannungsfeldern hat nichts mit einer Harmonie suchenden „Kuschel"-Hermeneutik zu tun. Im Gegenteil, Dialog ist ein fordernder Raum der Debatte und des Denkens. Dialogische Theologie braucht implementierte Praxis und Reflexion zugleich. Sie braucht Personen mit unterschiedlicher religiöser und nicht-religiöser Zugehörigkeit, die zusammenkommen und ein Gespräch beginnen. Dialogische Theologie braucht Denkräume für ihre Entwicklung, in denen verschiedene Stimmen, Positionen und Gesichter aufeinandertreffen und gemeinsam Bedeutung erarbeiten.

# Transformative Lesarten des Korans

# DIE ENTWICKLUNG DER ISLAMISCHEN THEOLOGIE IM EUROPÄISCHEN KONTEXT

*Safet Bektovic*

In den letzten Jahrzehnten ist in Diskussionen über die Integration von Muslimen in Westeuropa die Frage einer neuen Interpretation des Islams im europäischen Kontext aufgeworfen worden. Da ihm ein wichtiger Anteil an der zukünftigen Entwicklung des Islams zugeschrieben wird, ist das islamische theologische Denken zu einem sehr aktuellen Thema für viele Islamforscher und nicht zuletzt auch Politiker geworden. In diesem Beitrag werde ich die Legitimität der Idee einer europäischen islamischen Theologie diskutieren, weitere Dimensionen und Perspektiven islamischen theologischen Denkens in Europa untersuchen und dessen Relevanz für die Ausbildung von Imamen und für die muslimische Identität in Europa erörtern.

## DIE LEGITIMITÄT EINES EUROPÄISCHEN ISLAMS UND EINER EUROPÄISCHEN ISLAMISCHEN THEOLOGIE

Es bestehen bedeutende Unterschiede in Kultur und Denkweise zwischen verschiedenen Völkern Europas, etwa zwischen Süd- und Nordeuropäern. Nichtsdestotrotz ist es allgemein üblich, über eine europäische Identität zu sprechen, insbesondere wenn Europa mit „den anderen" verglichen wird. Man bezieht sich häufig auf eine gemeinsame Geschichte und gemeinsame Werte, wie Humanismus, Freiheit und Demokratie als Kennzeichen Europas, insbesondere des modernen Europas. Welchen Einfluss hat diese allgemeine Haltung zur europäischen Geschichte und Identität bzw. das Gefühl einer Zugehörigkeit zu Europa bei den meisten Europäern auf die muslimischen

Minderheiten in Europa? Wie sehen sie sich selbst als Bürger europäischer Länder und auf welche Weise fühlen sie sich selbst als Europäer?

Die Muslime in Europa unterscheiden sich nach Nationalität und ethnischer Zugehörigkeit. Mit Ausnahme der Muslime auf dem Balkan, den Tataren und kleinen einheimischen muslimischen Gemeinschaften in Südost- und Mitteleuropa haben die meisten europäischen Muslime einen Einwanderungshintergrund und sind aus asiatischen und afrikanischen Ländern gekommen. Die Frage, ob es möglich ist, eine spezifisch europäische Form muslimischer Existenz zu definieren, ist für die sogenannte erste Generation der Einwanderer wohl kaum relevant; sie identifizieren sich anfangs noch mit anderen (nicht-europäischen) Kulturen und Traditionen und leben noch nicht lange in Europa.

Für die nachfolgenden jüngeren Generationen jedoch ist sie von sehr viel größerer Bedeutung. Sie sind Europäer von Geburt an, gehen in Europa zur Schule, haben eine Reihe von europäischen Werten und Normen übernommen und viele von ihnen werden sagen, dass ihre „europäische" Lebenserfahrung nicht nur ihre kulturelle Identität, sondern auch ihre Interpretation des Islams beeinflussen könnte.[1]

Kulturelle, ethische und selbst politische Gemeinsamkeiten reflektieren nicht notwendigerweise dieselbe Theologie oder Religion. So haben z.B. religiöse Christen und Muslime aus einer bestimmten Region wie etwa dem Nahen Osten oder dem Balkan eine Reihe von kulturellen oder moralischen Werten, obwohl sie jeweils einen anderen religiösen Hintergrund haben. Umgekehrt ist es möglich, sich im Hinblick auf kulturelle und politische Werte trotz eines gemeinsamen theologischen Hintergrunds zu unterscheiden. Dies lässt sich z.B. an den hanafitischen Muslimen zeigen, die in Zentralasien, dem Nahen Osten und auf dem Balkan leben und damit derselben Tradition hinsichtlich der Scharia und der religiösen Praxis folgen, aber sich ansonsten kulturell und in ihrem Verständnis der gesellschaftlichen Rolle der Religion radikal unterscheiden.

Man könnte argumentieren, bei den Muslimen in Europa gebe es eine Tendenz zu einer gemeinsamen kulturellen und religiösen Identität,

---

[1] Es ist wichtig, hier anzumerken, dass die jüngeren Generationen keinen monolithischen Block bilden, was die Interpretation des Islams und ihre Einstellungen zu Europa betrifft. Trotz gemeinsamer Erfahrungen gibt es verschiedene typische Lebensformen junger Muslime in Europa, die das unterschiedliche Maß der gesellschaftlichen und kulturellen Integration widerspiegeln. Siehe Jørgen Nielsen, „The Question of Euro-Islam: Restriction or Opportunity?", in: Aziz Al-Azmeh und Effie Fokas (eds.), Islam in Europe. Diversity, Identity and Influence (Cambridge: Cambridge University Press, 2007), 34–48; Safet Bektovic, Kulturmøder og religion. Identitetsdannelse blandt kristne og muslimske unge (Kopenhagen: Museum Tusculanum 2004).

die sich als europäischer Islam bezeichnen ließe, aber dies würde nicht notwendigerweise bedeuten, dass diese Identität auch eine gemeinsame spezifisch europäische islamische Theologie mit einschließt. Es mag in vielerlei Hinsicht berechtigt sein, von einer europäischen muslimischen Lebensweise zu sprechen (und selbst von einem europäischen Islam), aber nicht notwendigerweise von einer europäischen islamischen Theologie als eigenem Markenzeichen. Im Verlauf der Geschichte hat sich der Islam in verschiedenen Gebieten der Welt etabliert, von Ostasien bis Nordafrika, ohne dabei besondere, geografisch oder kulturell verwurzelte theologische Traditionen zu bilden. Viele orthodoxe Muslime vertreten die Auffassung, dass die islamische Theologie und die Grundsätze der Scharia nie von einer lokalen Kultur bestimmt worden sind. Was wir heute brauchen, sei also nicht eine europäische Interpretation des Islams, sondern eine Interpretation islamischer Grundsätze in einem europäischen Kontext.[2]

Die Diskussion über eine europäische islamische Theologie, verstanden als theologische Reflexion über neue Herausforderungen, ist also nicht sinnlos. Ganz im Gegenteil!

Meiner Ansicht nach müssen im Blick auf die Idee einer europäischen islamischen Theologie noch zwei wichtige Fragen geklärt werden: erstens die Frage der Legitimität solch einer Idee und zweitens die Frage der Beziehung zwischen einer potenziellen europäischen islamischen Theologie (oder einer islamischen Theologie im europäischen Kontext) und einem europäischen Islam, der als soziokulturelle Ausdrucksform des muslimischen Lebens in Europa definiert wird.

## Methodologische Fragen

Inwieweit und auf welche Weise bestimmen historische, geografische, kulturelle und politische Bedingungen den Inhalt der islamischen Theologie? Welchen Einfluss haben muslimische Begegnungen und Erfahrungen mit anderen auf die Entwicklung der islamischen Theologie? Ist es sinnvoll, von einem afrikanischen, nahöstlichen oder europäischen Islam zu sprechen?

Wir können diese Fragen zum Teil durch einen Rückblick auf die frühe klassische Periode beantworten, in der die islamische Theologie, *Kalam* genannt, entstand. Die Begegnungen von Muslimen mit Christen in Syrien

---

[2] Das ist eine typische Argumentation von Personen und Gruppen, die für einen globalen oder transnationalen Islam plädieren und unter dem Einfluss fundamentalistischer Interpretationsmuster stehen, die die Unwandelbarkeit des Wesens des Islams postulieren. Siehe Jocelyne Cesari, „Muslim Identities in Europe: the Snare of Exceptionalism", in: Al-Azmeh and Fokas, a.a.O., 49–67.

und im Irak im 8. und 9. Jahrhundert spielten dabei eine wichtige Rolle. Die Diskussionen mit Christen hinterließen Spuren sowohl was den Inhalt als auch was die Form des islamischen theologischen Denkens betrifft. Mit Blick auf diesen Zusammenhang wird es verständlich, warum Muslime begannen, Themen wie den Gottesbegriff, das Verhältnis von Vernunft und Offenbarung, freier Wille und Vorherbestimmung zu diskutieren.[3]

Die Muslime hatten ihre eigenen Beweggründe, sich an diesen Diskussionen zu beteiligen. Zu den wichtigsten gehörte die Notwendigkeit, den Islam theologisch zu verteidigen und eine kohärente politische Theorie zu formulieren, mit der man das Kalifat rechtfertigen konnte. Dabei hatten die Muslime keine Probleme damit, Argumente und Konzepte anderer zu übernehmen, etwa aus der christlichen Theologie, der griechischen Philosophie und der persischen Tradition.

Al-Farabi formulierte seine Theorie des idealen islamischen Staates unter direktem Einfluss von Platos Theorie des idealen Staates. Die *Muʿtaziliten* – die sich selbst als die Leute des *Tawhid* bezeichneten und sich als Verteidiger des Islams sahen – argumentierten aristotelisch. Und *al-Aschʿari* schließlich, der erfolgreich gegen die *Muʿtazila* opponierte, ließ sich bei seiner Ausgestaltung einer islamischen Orthodoxie ebenfalls von christlicher Dogmatik beeinflussen.[4]

Es sei an dieser Stelle angemerkt, dass die Muslime nicht als Einzige Inspiration außerhalb der eigenen Reihen suchten. Dasselbe gilt auch für Christen. Auch sie erarbeiteten ihre Theologie unter dem Einfluss des griechischen Denkens und wurden später, im Hochmittelalter, durch islamische Theologie und Philosophie beeinflusst. Der Ideenaustausch war für beide Seiten, Muslime und Christen, anregend und bereichernd und prägte ihre jeweiligen Theologien.

Wenn wir einen zeitlichen Sprung machen und nun den islamischen Modernismus in den Blick nehmen, finden wir auch hier einen sehr intensiven Austausch zwischen muslimischen Intellektuellen und dem Westen.

---

[3] Unter methodologischem Gesichtspunkt bezieht sich *Kalam* auf einen Prozess der Klärung eines Problems durch Diskussion und Argumentation. Man bezeichnet sie deshalb auch als dialektische Theologie. Josef van Ess hat darauf hingewiesen, dass *Kalam* als „eine dialektische Theologie" im Rahmen von Diskussionen entstand, in denen die Teilnehmer ein gemeinsames Ziel verfolgten: eine schwierige Frage zu erörtern und eine Lösung zu finden, was oft zu der Formulierung eines Prinzips oder einer Regel führte. Siehe Josef van Ess, The Flowering of Muslim Theology (Cambridge: Harvard University Press 2006), 2.

[4] Die *Muʿtaziliten* beschuldigten ihn und die sogenannten Traditionalisten, die Lehre von der Unerschaffenheit des Korans unter dem Einfluss der christlichen Trinitätslehre ausgearbeitet zu haben. Siehe Richard C. Martin, Mark R. Woodward und Dwi S. Atmaja (eds.), Defenders of Reason in Islam. Mu'tazilism from Medieval School to Modern Symbol (New York: Oneworld 1997), 76-79.

Afghani, Abduh, Iqbal, Kharputi – die bekannten Protagonisten der Wiedereröffnung des *Idschtihad* in der islamischen Theologie – waren beeinflusst von der westlichen Philosophie und zugleich engagierte Verteidiger des Islams gegen westliche Kritik. Sie traten entschieden für die Wiederbelebung des „philosophischen Geistes" im Islam und einen neuen *Kalam* (arabisch und persisch: *ilm kalam dschadid*; türkisch: *yeni ilm-i kalam*) ein und betonten die Bedeutung eines muslimischen Austausches mit der modernen Philosophie und Wissenschaft. Kharputi etwa sagt ganz explizit: „So wie die frühen *Mutakallimun* selektiv mit der aristotelischen Philosophie umgingen, so sollten die heutigen *Mutakallimun* das moderne Denken genau studieren und im Einklang mit islamischen Grundsätzen auswählen, was für sie notwendig ist, damit ein neuer zeitgenössischer *ilm-i-kalam* entwickelt werden kann."[5]

Und wie sieht es damit heute aus? Die Beziehungen zwischen der sogenannten islamischen Welt und dem Westen, der mit den politischen Mächten des Westens identifiziert wird, sind immer noch durch politische und kulturelle Spannungen gekennzeichnet. Zugleich gibt es sehr intensive Wechselbeziehungen zwischen christlichen, muslimischen und nicht-religiösen Intellektuellen. Weil sie im Westen leben, können Muslime zum ersten Mal den Westen und die Moderne von innen erleben. Viele muslimische Wissenschaftler arbeiten heute an westlichen Universitäten, und einige davon betreiben islamische Theologie in Zusammenarbeit mit ihren nicht-muslimischen Kollegen.[6]

Dies hat zu einem besseren Verständnis der Beziehungen zwischen dem Islam und den anderen Religionen beigetragen und neue Einblicke in die Fähigkeit des Islams eröffnet, auf die Herausforderungen durch den Westen zu reagieren. Die Frage ist nun, wie diese Wechselbeziehungen die Entwicklung der islamischen Theologie beeinflussen.

## Einfluss des Westens

Eine Reihe von Kennern der heutigen Entwicklungen in Ländern mit einer mehrheitlich muslimischen Bevölkerung sagen, dass muslimische Gesell-

---

[5] Siehe Sait Özervarly, „Attempts to Revitalize Kalam in the Late 19th and early 20th Centuries", in: The Muslim World, Vol. LXXXIX, no. 1. (1999), 95.

[6] Beispielsweise Timothy Winter – University of Cambridge, Tariq Ramadan – Oxford University, William Chittick – Stony Brook University, Timothy Gianotti – University of Waterloo, Amina Wadud – Virginia Commonwealth University, Yahya Michot – Hartford Seminary, Yaser Ellethy – VU University Amsterdam, Khalid Blankinship – Temple University, Racha el Omari – University of California-Santa Barbara, Asad Q. Ahme – University of California-Berkeley.

schaften überall in der muslimischen Welt stark von der westlichen Zivilisation beeinflusst sind.[7] Nichtsdestotrotz nehmen viele Muslime für sich durchaus in Anspruch, die Normativität des Islams auf der moralischen Ebene zu bewahren, ungeachtet wie sehr sie von der westlichen Lebensweise beeinflusst sind.

Man kann immer darüber diskutieren, wie sehr der Westen Einfluss auf muslimische Gesellschaften ausübt, aber der Schluss ist fast logisch zwingend, dass wenn Muslime in der islamischen Welt schon durch die westlichen Kulturen beeinflusst sind, dies die im Westen lebenden Muslime auch betreffen muss.

Wenn die europäische Lebens- und Denkweise zu dem Kontext gehören, in dem Muslime leben, wäre es ziemlich naiv anzunehmen, dass die Muslime als eine Minorität im Westen von der Mehrheitskultur unbeeinflusst bleiben würden. Die Integration muslimischer Einwanderer ist in den Augen vieler europäischer Politiker bei weitem nicht perfekt, aber dies bedeutet nicht, dass Muslime gegenüber kulturellen und politischen Veränderungen resistent sind. Die europäische Erfahrung hat einen großen Einfluss auf ihre Lebensweise und ihr Denken. Hier zwei Beispiele dafür.

Das erste Beispiel betrifft die allgemeinen Herausforderungen für das muslimische Leben im heutigen Europa, das zweite die intensive Erfahrung einer muslimisch-europäischen Identität im Falle der bosnischen Muslime.

Die säkulare Organisation der Gesellschaft und die besonderen Arbeitsbedingungen in Europa haben religiöse Muslime gezwungen, neue und alternative Formen der Praxis des Islams und neue Interpretationen einer islamischen Normativität zu suchen.

Von zu lösenden praktischen Problemen abgesehen, wie z.B. dem Fasten während langer Sommertage oder in hoch im Norden gelegenen Ländern, sind Muslime auch herausgefordert, eine Reihe von theoretischen Fragen zu überdenken, etwa im Blick auf die kontextuelle Interpretation des Korans oder die Umsetzung islamischer Normen und Rechtsvorstellungen im neuen Kontext. Dieser Punkt erhält zudem einen besonderen Akzent durch die Tatsache, dass viele moderne westeuropäische Gesellschaften den islamischen Grundsätzen einer sozialen Gerechtigkeit viel besser entsprechen als viele der bestehenden an der Scharia orientierten islamischen

---

[7] Zu denen, die behaupten, dass die Muslime von der westlichen Zivilisation beherrscht werden, gehört z.B. Ibrahim Abu Rabi. Seiner Ansicht nach stehen nicht nur die Masse der Bevölkerung, sondern auch die muslimischen Eliten völlig unter dem Einfluss des Westens. Er sagt es deutlich: „Die muslimische Welt hat Kultur, aber es fehlt ihr eine eigene, unverwechselbare Zivilisation." Siehe Ibrahim M. Abu-Rabi', „Contemporary Islamic Intellectual History. A Theoretical Perspective", in: Islamic Studies, Vol. 44, No. 4 (Winter 2005), 503–26.

Gesellschaften.[8] Darüber hinaus sind sie gefordert, darüber zu reflektieren, in welchem Verhältnis die Prinzipien der islamischen Ethik zu einer universellen Ethik und einem Humanismus in neuen multireligiösen und multikulturellen Kontexten stehen. Und schließlich ist es für sie nicht weniger wichtig, die Frage der islamischen Normativität und der Bedeutung der Scharia in einer säkularen Gesellschaft zu bedenken.

In diesem Sinne können wir eine andauernde Spannung konstatieren zwischen der Herausforderung zu innovativem Denken und einem Versuch, die islamische Identität unter neuen Bedingungen zu behalten. Einerseits sind sich die Muslime dessen bewusst, dass es notwendig ist, neue Ideen und neue Interpretationsmodelle zu entwickeln, andererseits wollen viele ihre islamische Identität gegenüber einer Mehrheitsgesellschaft bewahren. Ramadan hat darauf hingewiesen, dass die muslimischen Einwanderer „den möglichen Verlust ihrer Religion, Kultur und besonderen Identität" fürchten.[9] In die Lage versetzt, in der einerseits die Notwendigkeit einer neuen islamischen Identität erkannt wird und andererseits die Angst vor der Assimilation herrscht, antworten sie sehr unterschiedlich auf die Frage des Überdenkens der islamischen Theologie in einem europäischen Kontext. Manche sind sehr enthusiastisch; andere nehmen eine eher opportunistische Haltung gegenüber der etablierten Theologie ein, solange diese ihre Bedürfnisse befriedigen kann; und wieder andere sind skeptisch oder ablehnend gegenüber jeder Theologie des Islams, die unter dem Einfluss der westlichen Wissenschaften entwickelt wird.[10]

Die Spannung zwischen „islamisch" und „europäisch" kennzeichnet nicht die Identität von in Europa lebenden Muslimen, wie es die bosnischen Muslime sind, die seit langem schon als religiöse Minorität in einer säku-

---

[8] Bemerkenswerte Einblicke zu diesem Sachverhalt gewährt die Studie „How Islamic are Islamic Countries?" von Scheherazade S. Rehman und Hossein Askar von der George Washington University (2010), siehe http://www.degruyter.com/view/j/gej.2010.10.2/gej.2010.10.2.1614/gej.2010.10.2.1614.xml.

[9] Tariq Ramadan, „Europeanization of Islam or Islamization of Europe?", in: Shireen T. Hunter (ed.), Islam. Europe's Second Religion (London: Praeger, 2002), 207.

[10] Außer den Muslimen, die eine unüberbrückbare Dichotomie zwischen dem Islam und dem Westen behaupten (wie etwa radikale Salafisten und die Hizb ut-Tahrir), gibt es auch Stimmen in der öffentlichen Diskussion, die die Möglichkeit eines europäischen Islams verneinen, entweder indem sie die Unvereinbarkeit von europäischer Kultur und Islam behaupten, oder indem sie argumentieren, dass Muslime nicht an einer Integration in Europa interessiert sind, sondern Europa islamisieren wollen. Siehe Nezar Al-Sayyad, „Muslim Europe or Euro-Islam: On the Discourses of Identity and Culture", in: Nezar Al-Sayyad and Manuel Castells (eds.), Muslim Europe or Euro-Islam. Politics, Culture, and Citizenship in the Age of Globalization (London: Lexington Books, 2002), 9–29.

laren Gesellschaft leben. Anders als die Muslime mit einem Immigrationshintergrund müssen sich die bosnischen Muslime nicht „integrieren"; sie stützen sich auf eine fest etablierte islamisch-europäische Tradition, die auf der historischen Institutionalisierung des Islams in einem säkularen Staat und einem gut entwickelten System der religiösen Bildung basiert.[11]

Sie sind es gewöhnt, Teil einer multireligiösen Gesellschaft zu sein, und haben erlebt, dass man nicht notwendigerweise seine religiöse Identität verliert, nur weil man in einer nicht-muslimischen, ja selbst kommunistisch-atheistischen Gesellschaft lebt und weil man anderen gegenüber „offen" ist.

Xavier Bougarel hat darauf hingewiesen, dass die bosnischen Muslime zu dem „Aufbau eines europäischen Islams" beigetragen haben, indem sie autonome Institutionen geschaffen und sie in den modernen Nationalstaat integriert haben. Dieser Prozess begann bereits in einer Zeit, als Bosnien nach dem Rückzug der Ottomanen aus dem Balkan Teil Österreich-Ungarns wurde.[12]

Faktoren wie die Schaffung religiöser und kultureller Institutionen und von Bildungseinrichtungen (*Rijaset*, Einrichtungen für Islamstudien, Hochschulen für religiöse Bildung [madrassa], Zeitschriften und Buchveröffentlichungen) waren von entscheidender Bedeutung für die Artikulation des Islams in einem europäischen Kontext und für die Entwicklung einer spezifischen, auf der Harmonisierung islamischer Grundsätze mit europäischen humanistischen Werten gründenden Identität.

## Einfluss der muslimischen intellektuellen Elite

Zum europäischen Islam gehören verschiedene soziokulturelle und intellektuelle Elemente des Alltagslebens der Muslime, aber auch des muslimischen theologischen Denkens. Es gibt jedoch keine direkte Beziehung zwischen der alltäglichen muslimischen Praxis des Islams in einem europäischen Kontext und der Interpretation des Islams durch eine muslimische intellektuelle Elite. Nach ihrer Einwanderung in westliche Länder stützen sich Muslime gewöhnlich nicht auf westlich-islamische kontextuelle Auslegun-

---

[11] Allerdings ist die bosnische muslimische Identität nicht einheitlich. Manche bosnischen Muslime neigen dazu, die Bedeutung des Islams für ihre Identität zu minimieren und dem vorislamischen bosnischen Erbe eine entscheidende Bedeutung beizumessen. Im Gegensatz dazu neigen andere dazu, den Islam als die Essenz ihrer Identität zu glorifizieren (z.B. die Salafisten). Die große Mehrheit aber, also diejenigen, die sich selbst als die Repräsentanten des sogenannten traditionellen bosnischen Islams betrachten, bestehen darauf, dass sie sowohl zum Islam wie zu Europa gehören. Siehe Enes Karic, Essays on our European never-never Land (Sarajevo: OKO, 2004).
[12] Xavier Bougarel, „The Role of Balkan Muslims in Building a European Islam", in: EPS Issue Paper Nr. 43 (Brussels: European Policy Centre, 2005), 1-31.

gen, sondern eher auf uniforme Interpretationen (z.B. salafistische) oder auf solche, die sie aus ihrem jeweiligen Ursprungsland mitgebracht haben.

Die Frage nach der Rolle des modernen Denkens im Islam und insbesondere der Rolle von muslimischen, im Westen lebenden Intellektuellen ist von grundsätzlicher Bedeutung für die heutigen Entwicklungen im Islam. Die westlichen (muslimischen) Interpretationen sind nicht nur für im Westen lebende Muslime wichtig, sondern für alle Muslime, aber ihr realer Einfluss ist ziemlich schwach aufgrund einer mangelnden adäquaten Rezeption.

Allgemein ist die Frage des Einflusses der muslimischen intellektuellen Elite, oder genauer gesagt, der fortschrittlichen Denker, auf die übrige Bevölkerung recht komplex. Es ist klar, dass dieser Einfluss nicht als unabhängig von den sozio-politischen Bedingungen und dem akademischen Klima in den muslimischen Ländern, die oft durch Konservatismus und ideologischen Exklusivismus gekennzeichnet sind, betrachtet werden kann. Angesichts der Abwesenheit von wissenschaftlicher Autonomie und einer wirklichen Möglichkeit zu freiem Denken und freier Kritik sowie des Mangels an wissenschaftlichen Forschungseinrichtungen und internationaler Kooperation kann man auch kaum eine intellektuelle Bewegung erwarten, die auf die Aufklärung der Massen hinarbeitet.

Wenn fortschrittliche muslimische Denker, die in muslimischen Ländern leben, schon keinen wirklichen Einfluss auf die breitere Bevölkerung haben, wie kann man dann von im Westen lebenden Intellektuellen erwarten, dass sie einen großen Einfluss auf eben diese Bevölkerungen haben?

Jedoch zeichnet sich langsam eine neue Entwicklung ab: Muslime, die normalerweise in westlichen Sprachen wie Englisch, Französisch und Deutsch schreiben, werden teilweise in „muslimische" Sprachen übersetzt, wie etwa Arabisch, Urdu und Persisch. Muslimische Intellektuelle fangen an, länderübergreifend und weltweit zusammenzuarbeiten. Sie tauschen häufiger als früher Erfahrungen und Meinungen aus, und damit werden ihre Ideen zunehmend weiter verbreitet und zugänglicher.

Wenn wir über islamische Theologie und neue Ideen hinsichtlich eines modernen Islams diskutieren, ist nicht entscheidend, ob diese Ideen im Westen oder im Osten entstanden sind, sondern ihr Inhalt. Inwieweit sind diese Ideen für das Verständnis und die Bewältigung neuer Herausforderungen relevant?

Um Fragen zu beantworten über eine mögliche europäische islamische Theologie (wie sie von Politikern und anderen, die eine neue Interpretation des Islams suchen und fordern, diskutiert werden), müssen wir zuerst den Inhalt und das Profil einer solchen Theologie bedenken. Was erwarten wir von ihr? Außer dass sie ein Ausdruck der theologischen Reflexion über die bereits erwähnten Themen ist, werden viele erwarten, dass eine europäische islamische Theologie den Anforderungen einer modernen Methodologie entspricht, dass sie die kontextuelle und hermeneutische Interpretation von Texten, einen analytischen und kritischen Ansatz hinsichtlich religiöser Phänomene etc. beinhaltet. Aber diese Entwicklung findet im muslimischen theologischen Denken bereits statt. Beispiele sind neue Überlegungen zur Scharia und zur Frage der muslimischen Identität in einem säkularen Kontext (A. El-Fadl, A. An-Naim), das Überdenken islamischer politischer Theorien und des Verhältnisses des Islams zur Demokratie (W. Hallag, A. Soroush, A. El-Effendi), Hermeneutik des Korans und die Neuinterpretation der islamischen Orthodoxie (F. Rahman, M. Arkoun, Abu Zayd) sowie Reflexionen über islamische Normativität in einem europäischen Kontext (T. Ramadan, F. Karcic, T. Oubrou).

Diese Entwicklungen sind nicht an ein bestimmtes geografisches Gebiet gebunden, und die erwähnten Denker haben in verschiedenen Gebieten der Welt gelebt (obwohl meistens im Westen). Wir können progressives Denken nicht geografisch verorten, so wenig, wie wir Konservatismus oder religiösen Extremismus auf bestimmte Gebiete beschränken können. Das bedeutet, dass Ideen, denen man für einen europäischen Islam eine hohe Bedeutung zuschreiben würde, auch anderswo auftauchen können, z.B. in Indonesien oder Marokko – Länder, in denen modernes islamisches Denken eine Blüte erlebt hat. Naturgemäß nimmt man aber an, dass diese Ideen vor allem in Europa entstehen, im Bemühen, den Islam in einem europäischen Kontext zu definieren. In diesem Sinne können wir von einem neuen Phänomen namens europäische islamische Theologie sprechen.

Ich habe bereits darauf hingewiesen, dass man von einem europäischen Islam in einem soziokulturellen Sinne sprechen kann, ohne dass dieser zu einer eigenständigen europäischen islamischen Theologie in Beziehung stünde. Und in der Tat produzieren die oben erwähnten Denker wertvolle theologische Beiträge, ohne dass diese einen wirklichen Einfluss auf die Mehrzahl der muslimischen Bevölkerung haben. Sie sind kaum bekannt und werden in größeren muslimischen Kreisen wenig diskutiert; ihre Ideen bedürften daher einer systematischen Verbreitung.

Es stellen sich hier nun zwei Fragen. Erstens, gibt es eine Kausalbeziehung zwischen fortschrittlichem islamischen theologischen und philosophischem Denken und der Lebenswirklichkeit muslimischer Bevölkerungen in Europa? Zweitens, sollte die europäische islamische Theologie als Vorbedingung oder als Resultat der Integration der Muslime in Europa betrachtet werden?

## Islamische Theologie an europäischen/ skandinavischen Universitäten

Im Vergleich mit den Niederlanden und insbesondere Deutschland, wo Einrichtungen für Islamwissenschaft und auch islamische Theologie geschaffen worden sind, liegen die skandinavischen Länder etwas zurück.

Das theologische Studium des Islams ist nur vereinzelt an Universitäten vertreten (Kopenhagen, Oslo und Uppsala).

In Dänemark gab es von 2007 bis 2011 bei der theologischen Fakultät an der Universität Kopenhagen ein Zentrum für europäisches islamisches Denken, das aber aufgrund neuer Forschungsprioritäten und finanzieller Kürzungen geschlossen wurde. Dieselbe Fakultät berief 2013 einen Professor für koranische Studien, und seit 2016 gibt es einen Masterstudiengang Islam mit der primären Ausrichtung auf islamische Seelsorge.

In Norwegen gibt es an der theologischen Fakultät der Universität Oslo einen Masterstudiengang („Religion und Gesellschaft"), zu dem verschiedene Sachgebiete gehören wie islamische Theologie, Philosophie, Ethik und Sufismus, mit Ausrichtung sowohl auf islamische und interreligiöse Theologie.

In Schweden richtete die Universität Uppsala 2012 einen Bachelorstudiengang für Islamwissenschaft ein, benannt „Ausbildung in islamischer Theologie, Philosophie und Rechtswissenschaft".

Die ganze Diskussion über islamische Theologie reicht zurück in die 2000er Jahre, als die Frage von Ausbildungsstudiengängen für Imame aktuell wurde. Verschiedene Personen des öffentlichen Lebens und Politiker äußerten die Ansicht, dass eine Integration der Muslime in Europa davon abhinge, ob die Muslime eine moderne europäische Interpretation des Islams hätten, die im Gegensatz zu dem konservativen, radikalen, von vielen Imamen gepredigten Islam stünde.

Seither gab es viele Diskussionen darüber, wie notwendig und wichtig es ist, dass die Islamwissenschaft auf der Universitätsebene präsent ist, mit Einbeziehung von Universität, Politik und muslimischen Vertretern. Wir sind zu dem Schluss gekommen, dass es zum aktuellen Zeitpunkt unrealistisch wäre, eine Imamausbildung als solche einzurichten, es aber möglich und notwendig ist, islamische Theologie an Universitäten zu lehren, als ein Fachgebiet, das allen Interessierten zugänglich ist, einschließlich denjenigen, die Imame werden wollen.

Muslimische Vertreter und Organisationen in Dänemark und Norwegen sind immer noch ziemlich skeptisch, was Initiativen zur Einrichtung von Studiengängen in islamischer Theologie an säkularen Universitäten betrifft. Das hat sich jedoch etwas geändert, seit einige Imame vom Staat als Krankenhaus- und Gefängnisseelsorger angestellt worden sind und mehr Muslime, einschließlich Imame, an den bereits bestehenden Islamkursen an der theologischen Fakultät in Oslo teilgenommen haben, und darüber auf verschiedenen Konferenzen und Konsultationen während der letzten Jahre diskutiert worden ist. Das ist in Dänemark ganz augenfällig, seitdem einige Imame aktiv an der Einrichtung eines Masterstudienganges „Islamische Theologie und Praxis" an der theologischen Fakultät in Kopenhagen mitgearbeitet haben, dessen Fokus auf islamischer Seelsorge liegt.

Ich erinnere mich an die erste von der Universität Kopenhagen veranstaltete Konferenz über islamische Theologie in Dänemark im Jahr 2005, auf der über die Möglichkeiten und Erfahrungen anderer Länder und über die dänischen Pläne diskutiert wurde, die islamische Theologie als Fach an der Universität zu etablieren. Überraschenderweise waren sich die dänischen Politiker und die muslimischen Vertreter einig darin, einen solchen Studiengang nicht einzuführen, obwohl aus unterschiedlichen Motiven. Die Politiker argumentierten, die Ausbildung in islamischer Theologie sei eine interne muslimische Angelegenheit, während die muslimischen Vertreter die Ansicht äußerten, dass ein Studium der islamischen Theologie, worunter sie de facto die Imamausbildung verstanden, nicht von säkularen dänischen Universitäten organisiert werden sollte. Ich möchte hinzufügen, dass auch unsere geisteswissenschaftlichen Kollegen eine recht skeptische Haltung gegenüber der Theologie, und insbesondere der islamischen, als universitärem Fach hatten.

In Norwegen lagen die Dinge ähnlich. Auf Initiative der theologischen Fakultät hin und in Zusammenarbeit mit dem Islamischen Rat in Norwegen wurde 2007 eine Arbeitsgruppe gegründet, die die Möglichkeit der Einrichtung eines Zentrums für islamische Studien an der theologischen Fakultät erkunden sollte. Die Initiative führte zu keinem positiven Ergebnis, teilweise aufgrund einer muslimischen Skepsis gegenüber der Idee eines Studiums der islamischen Theologie an einer christlichen theologischen Fakultät. Die Muslime fragten sich, ob dies nicht nach sich zöge, dass islamische Theologie auf christliche Weise betrieben werde. Ein weiterer Grund war, dass sich die theologische und die geisteswissenschaftliche Fakultät nicht über einen Standort für dieses Zentrum einigen konnten. 2011 wurde dann ein Zentrum für das Studium des Islams und des Nahen Ostens an der geisteswissenschaftlichen Fakultät eingerichtet, dessen Feldforschung und Lehre aber nicht die islamische Theologie mit einschloss.

Um auf die ursprüngliche Frage über die Beziehung von islamischer Theologie und dem Alltagsleben der europäischen Muslime zurückzukommen, lässt sich aufgrund der skandinavischen Erfahrungen folgender Schluss ziehen: Die Einführung eines von Muslimen voll akzeptierten und unterstützten akademischen Studiums der islamischen Theologie wird so lange eine schwierige Aufgabe bleiben, wie Muslime nicht mit dem Konzept eines theologischen Studiums an einer säkularen Universität vertraut und zufrieden sind. Trotz der bereits bestehenden Studiengänge an einigen Universitäten, die tatsächlich zu der ständigen Weiterbildung von Imamen beitragen, bevorzugt die Mehrzahl der praktizierenden Muslime Imame/Theologen, die in traditionellen Medressen und islamischen Hochschulen/Universitäten ausgebildet worden sind. Nichtsdestotrotz ist die theologische Reflexion über den europäischen Kontext bereits ein wichtiger Teil des muslimischen Selbstverständnisses, und das zukünftige Studium der islamischen Theologie wird sehr wahrscheinlich ein integraler Teil des bestehenden europäischen akademischen Systems werden.

# Die Autoren des Korans sind noch lebendig: Der Koran als ein Akt der Kommunikation

*Mouhanad Khorchide*

## Der Koran ist kein Monolog

Ich bin mir dessen bewusst, dass der Titel meines Aufsatzes auf Muslime provokativ wirken könnte, weil er suggeriert, der Koran sei von noch lebenden Menschen geschrieben worden. Aber das ist es nicht, was ich sagen will. Um jedes Missverständnis auszuräumen, sage ich ausdrücklich: Für Muslime steht außer Frage, dass der Koran Gottes Wort ist. Die Frage ist aber, wie wir den Akt der Offenbarung des Korans verstehen können und darum auch den Akt des Verstehens des Korans.

Das Wort Koran bedeutet „Rezitation". Der Koran versteht sich selbst als Rede oder Rezitation und nicht als Buch. Der Koran wurde in Buchform nach dem Tod des Propheten Muhammad zusammengestellt. Wenn man den Koran liest, stößt man auf Stellen wie „Muhammad, sie fragen dich nach ... Sage ihnen dieses und jenes" oder „Oh, ihr Menschen ...", „Ihr Gläubigen", „Leute des Buches" und so weiter. Diese Ausdrücke zeigen, dass der Koran kein Monolog ist; es findet ganz eindeutig eine Kommunikation statt, und verschiedene Protagonisten haben die Möglichkeit, sich an dieser Kommunikation zu beteiligen.

Neben diesen Formen der Kommunikation finden wir Passagen im Koran, in denen Menschen die Möglichkeit erhalten, selbst zu sprechen – direkt und nicht indirekt. Ein Beispiel ist die erste Sure des Korans, die Sure al-Fatiha, die am häufigsten gesprochene Sure, die Bestandteil jedes rituellen Gebetes ist:

> Im Namen Gottes, des barmherzigen Erbarmers.
> Lobpreis sei Gott, dem Herrn der Weltbewohner,
> dem barmherzigen Erbarmer,
> dem Herrscher am Tage des Gerichts!
> Dir dienen wir, dich rufen wir um Hilfe an.
> Leite uns den rechten Weg,
> den Weg derer, denen du gnädig bist,
> nicht derer, denen gezürnt wird,
> noch derer, welche irregehen![1]

Wer spricht in dieser Sure? Es ist nicht Gott, der zum Menschen spricht und sagt: „Dir dienen wir, dich rufen wir um Hilfe an. Leite uns den rechten Weg." Es sind vielmehr die Gläubigen, die zu Gott sprechen und Gott um Leitung bitten. Nichtsdestotrotz handelt es sich um eine Sure aus dem Koran, der das Wort Gottes enthält. Warum zitiert Gott Menschen, die sagen: „Leite uns den rechten Weg"? Die Menschen suchen nach Leitung und Hilfe von Gott.

Es gibt viele weitere Stellen im Koran, wo nicht Gott, sondern Menschen sprechen. Zum Beispiel:

> Unser Herr! Halte es uns nicht vor, wenn wir vergaßen oder sündigten! Unser Herr! Erlege uns keine Bürde auf, wie du sie denen auferlegtest, die vor uns waren! Unser Herr! Erlege uns nicht auf, was über unsere Kräfte geht! Verzeihe uns, vergib uns, und erbarm dich unser! Du bist unser Schutzherr! Steh uns bei gegen das ungläubige Volk! (2:286)

Hier drückt sich das menschliche Verlangen nach Vergebung aus. Menschen drücken aus, wonach sie sich sehnen, und dies ist auch Teil des Korans.

Gott spricht im Koran und der Mensch spricht durch Gottes Wort. Und ebenso benutzt Gott die menschliche Sprache. Wie Nasr Abu Zayd sagt: Der Koran ist das Gott-menschliche Wort.[2] Gott spricht im Koran durch Menschen, weil Gott ihre linguistische und kulturelle Sprachform benutzt, aber der Mensch spricht auch im Koran durch Gott, weil der Koran Gottes Offenbarung überbringt.

Ich möchte betonen, dass für mich als Muslim der Koran Gottes Wort darstellt. Ich sage dies hier, damit keine Schwester und kein Bruder im Glauben mich missversteht und mir den Glauben zuschreibt, dass Menschen den Koran geschrieben haben. Was ich sagen will, ist, dass Gott keinen

---

[1] Übersetzung von Hartmut Bobzin.
[2] Vgl. Nasr Abu Zayd, „The Qur'an: God and Man in Communication", Vortrag gehalten am 27. November 2000 an der Universität Leiden, online abrufbar unter: http://www.let.leidenuniv.nl/forum/01_1/onderzoek/lecture.pdf.

Monolog hält oder unabhängig von den Menschen spricht. Der Koran selbst sagt: „Wir machten es zu einem Koran auf Arabisch, auf das ihr vielleicht begreift" (43:3), d.h., damit seine hier angesprochenen ersten Empfänger ihn verstehen konnten. Mit anderen Worten, wir können sagen, dass in der Offenbarung des Korans die menschliche linguistische, psychologische und kulturelle Sprache der ersten Empfänger entlehnt hat.

Der erste und hauptsächliche Empfänger des Korans war der Prophet Muhammad. Nach islamischer und koranischer Vorstellung erhielt er ihn nicht direkt von Gott, sondern durch die Kommunikation des Engels Gabriel. Warum war das so? Weil Gottes Wort eine Übersetzung brauchte. Gott spricht nicht auf eine göttliche, absolute Weise, die den Menschen nicht zugänglich ist, sondern übermittelt Gottes Wort so, dass es verständlich wird.

## DER KORAN IST DURCH UND DURCH GÖTTLICH

Was macht den Koran göttlich? In erster Linie ist es seine Ästhetik. Als Gottes Offenbarung verstanden, stellt der Koran ein Medium für die Begegnung mit Gott dar. Es ist Gott, dem ich begegne, wenn ich den Koran rezitiere oder höre. Muslime, die den Koran rezitieren oder hören, sind dadurch oft zutiefst bewegt. Es berührt ihre Herzen, selbst wenn sie den Inhalt nicht verstehen. Es geht dabei nicht primär um den Inhalt, sondern um die Ästhetik des Korans.

## DER KORAN IST EBENSO DURCH UND DURCH MENSCHLICH

Was macht den Koran menschlich? Indem sich Gott im Koran offenbart hat, hat sich Gott mit den Menschen in Beziehung gesetzt. Das bedeutet, dass in ihrer alltäglichen Realität die ersten Empfänger, zu denen Gott spricht, konstitutiv an Gottes Rede teilhaben. Gottes Rede ist ein Resultat der Kommunikation zwischen Gott und Menschen. Mit Menschen meine ich hier die ersten Empfänger. Gott spricht zu ihnen z.B. über Kriegsgerät, über Pferde, die sie bereit machen sollen:

> Macht für sie bereit, was ihr an Streitmacht und Kriegsreiterei aufbringen könnt, um damit Gottes Feind und euren Feind zu erschrecken – und noch andere als sie, von denen ihr noch nichts wisst, die Gott aber kennt! Was immer ihr auf dem Wege Gottes spendet, wird euch zurückerstattet, und euch wird kein Unrecht angetan. (8:60)

Gott spricht nicht über Kampfflugzeuge und Panzer, und wenn er Transportmittel erwähnt, redet er von Eseln und Pferden und nicht von Autos und Flugzeugen: „Und (Er schuf) die Pferde, die Maultiere und die Esel. Auf dass ihr darauf reitet und als Zierde. Er erschafft auch das, was ihr nicht kennt" (16:8). Und der Koran beansprucht, sich nicht nur an Muhammad und die Menschen in seinem Umfeld, die ersten Empfänger, zu wenden, sondern versteht sich als Gottes Botschaft an alle Menschen zu allen Zeiten. So erhebt der Koran auch den Anspruch, sich an mich hier heute in Europa zu wenden, so wie er sich auch an dich wendet. Die ersten Empfänger hatten konstitutiven Anteil an der Form der koranischen Rede.

## Die hermeneutische Herausforderung

Als Lesende müssen wir mit der hermeneutischen Herausforderung umgehen, dass die Form in einer schriftlichen Zusammenstellung fixiert wurde. Der Koran als Rede ist dynamisch, aber er passt sich an die Sprache der besonderen Situation seiner ersten Empfänger im 7. Jahrhundert auf der arabischen Halbinsel an. Im Gegensatz dazu ist der Koran als Buch, als Schrift, fixiert. Seine Form verändert sich nicht länger. Heute, im 21. Jahrhundert, lese ich im Koran, dass Esel und Pferde meine Transportmittel sind. Ich lese von einer bestimmten Wahrnehmung von Frauen. Ich kann diese Worte nicht austauschen gegen Begriffe wie Auto, Flugzeug oder gleiche Rechte, weil die Form der Sprache bereits in schriftlicher Form fixiert worden ist. Eine Änderung der Ausdrucksweise käme einer Verfälschung des Korans gleich. Was bleibt, ist meine Alltagswirklichkeit in den Text zu projizieren, sodass ich unter Transportmitteln z.B. Autos und Flugzeuge anstatt Pferde und Esel verstehe.

Aber warum ist das überhaupt möglich? Es ist nur möglich unter einer Bedingung: wenn ich den Koran nicht als einen Text oder ein Buch verstehe, sondern als Rede oder Kommunikation, die auch hier und jetzt stattfindet, wenn ich ihn lese oder höre. Der Koran spricht zu mir, tatsächlich spricht Gott zu mir, insbesondere im Akt des Lesens und/oder Hörens des Korans. Selbst wenn Gott dieselbe Form in Gottes Rede benutzt wie im Falle der ersten Empfänger, überlässt es Gott mir, diese Form zu dekodieren, Gottes Botschaft für mich hier und jetzt zu verstehen, gemäß meiner Lebenswirklichkeit.

Darum habe ich, hier und jetzt in meinem Leben, konstitutiven Anteil an dieser Rede mit Gott. Meine Lebenswirklichkeit und ich als Individuum kommunizieren mit Gott hier und jetzt. Wenn der Koran heute offenbart worden wäre, wäre die heutige Sprache ebenfalls im Koran geschrieben worden. Aber da dies nicht der Fall ist, weil der Offenbarungsprozess des

Korans bereits abgeschlossen ist, bleibt meine Kommunikation durch den Koran mit Gott heutiges Sprechen.

In den Worten des großen Philosophen Paul Ricœur: „Interpretation eines Textes heißt, dem durch den Text eröffneten Gedankengang zu folgen; sich auf den Weg zu machen in Richtung des *Orients* des Textes."[3] „Was letztlich in einem Text interpretiert werden muss, ist eine vorgeschlagene Welt, die ich bewohnen könnte, um in sie eine meiner eigensten Möglichkeiten zu projizieren."[4] Ricœur sagt, dass der Text „zu einer Vielfalt von Lesarten einlädt". Sich selbst verstehen in Bezug auf den Text ist, so Ricœur, sehr viel mehr „als sich selbst und seine Überzeugungen und Vorurteile zu projizieren; es bedeutet dem Werk und seiner Welt zu erlauben, den Verstehenshorizont, den ich von mir selbst habe, zu erweitern."[5]

Aber im Gegensatz zur Hermeneutik Ricœurs hat der Koran eine besondere Eigenart. Wenn ich den Koran lese, unterscheidet sich diese Handlung von der Lektüre eines anderen Buches durch eine wesentliche Dimension: Gott als der Schöpfer des Korans existiert nicht nur weiterhin, sondern kommuniziert auch weiterhin mit mir, tatsächlich immerzu. So wie der Koran selbst davon spricht, wie Gott Leben in den Menschen einhaucht durch Gottes Geist, so existiert ein Medium im Menschen, das ihn als begrenztes Geschöpf befähigt, mit dem Unbegrenzten zu kommunizieren und so direkt mit Gott zu kommunizieren. Gott inspiriert im wahrsten Wortsinne den Menschen fortwährend, und diese göttliche Inspiration begleitet die Menschen auch, wenn sie den Koran lesen, hören oder rezitieren. Bei der Lesung des Korans ist der Autor also präsent. Dieser Autor sitzt nicht vor den Lesern oder Hörern und spricht in einer objektiven Sprache zu ihnen, sondern ist ihnen näher als ihre eigene Halsschlagader, wie der Koran sagt. Der Autor ist in einem metaphorischen Sinne in der menschlichen Person, und der Autor spricht keine objektive Sprache, die von den Menschen getrennt wäre, sondern durch Menschen, durch ihre Ängste und Hoffnungen, durch was immer sie beschäftigt, oder was sie verdrängen usw.

Deshalb kann es keine einzige, immer gültige Interpretation des Korans geben. Selbst im Leben individueller Gläubiger können sich Interpretationen verändern, je nach den verschiedenen Stadien und Erfahrungen ihres Lebens. Gott spricht zu der menschlichen Person durch verschiedene Situationen. Die koranische Rede hat verschiedene Konnotationen und

---

[3] Paul Ricœur, From Text to Action. Essays in Hermeneutics, II (Evanston, Illinois: Northwestern University Press, 1991), 122; Übersetzung von: Ders., Du texte à l'action. Essais d'herméneutique II (Paris: Ed. du Seuil, 1986), 156.
[4] A.a.O., 86; Du texte à l'action, 115.
[5] Paul Ricœur, Hermeneutics and the Human Sciences. Essays on Language, Action and Interpretation (Cambridge: Cambridge University Press, 1981), 178.

unterschiedliche Bedeutungen zu verschiedenen Augenblicken des Lebens eines Individuums. Darum ist es notwendig, den Koran häufig zu lesen und zu rezitieren. Wenn der Inhalt statisch wäre, würde es genügen, den Koran ein- oder zweimal im Leben zu lesen; die Botschaft wäre damit verstanden. Aber so ist es nicht, weil der Koran keine objektiven Einsichten vermittelt, die unabhängig vom Leser/Hörer existieren. Vielmehr entwickelt er seine Botschaft in ständiger Interaktion mit dem Leser. Bereits Imam Ali, der vierte Kalif, sagte: „Es ist nicht der Koran, der spricht, vielmehr bringen ihn Menschen zum Sprechen. Ausdrücke wie ‚Der Koran sagt ...', oder ‚Der Koran legt nahe' müssen sorgsam bedacht werden. Es ist richtiger zu sagen: ‚Ich verstehe, dass der Koran mir sagen will ... morgen werde ich verstehen, dass der Koran mir etwas anderes sagen will ...' usw. Auf diese Weise bleibt die Kommunikation zwischen Gott und den Menschen eine offene Kommunikation."

Mancher wird vielleicht einwenden, dass diese Überlegungen zu einer beliebigen Interpretation des Korans führen könnten. Das ist wahr, aber das ist gar nicht so schlecht, weil wir als Menschen verschiedene Anliegen haben, über die wir mit Gott kommunizieren, und der Koran sollte auf das individuelle Anliegen jeder Person eingehen. Andererseits müssen wir uns gegen inhumane Interpretationen des Korans schützen, die Beliebigkeit des Verständnisses bedeutet also nicht, dass es legitim wäre, alles in den Koran hineinzulesen. Denn wenn ich alles in den Koran hineinlesen kann, bringe ich ihn damit so zum Schweigen, dass schließlich Gott nicht mehr als Kommunikationspartner erreichbar ist und der Koran aufhört, Kommunikation zu sein.

## Gottes Barmherzigkeit

Der Koran selbst nennt als Gottes höchste Eigenschaft die Barmherzigkeit und hebt die Barmherzigkeit als eine gottbezogene koranische Forderung hervor, die von Muhammad propagiert wird. Gott sagt: „Und wir sandten dich nur als Barmherzigkeit zu den Weltbewohnern" (21:107). Jede Interpretation des Korans, die diesem Kriterium der Barmherzigkeit widerspricht, muss daher zurückgewiesen werden. Barmherzigkeit spielt im Koran eine zentrale Rolle. Bereits bei der Schöpfung der Menschen geht es um Barmherzigkeit: „Der Barmherzige. Er lehrte den Koran. Er schuf den Menschen" (55:1–3) und „mein Erbarmen ist weit genug für alle Dinge" (7:156). Aber diese Barmherzigkeit ist nicht als Monolog offenbart worden, sondern vielmehr durch Menschen, ihre Handlungen und Lebenspläne. Es ist nicht Gott, der direkt in dieser Welt interveniert, um Gottes Barmherzigkeit kundzutun, sondern diese wird vielmehr durch Menschen verwirklicht, die als Gottes Werkzeuge handeln, wenn sie in Freiheit „Ja" sagen zu Gott. Das ist genau das, was der Koran mit dem Wort „Kalif" aussagen will, als ein Synonym für den Menschen. Der Mensch ist das Medium, durch das sich Gottes liebender und barmherziger Willen ausdrückt. Das ist seine Bestimmung. Der Prophet Muhammad sagte:

> Im Jenseits wird Gott zu einem Mann sagen: „Ich war krank und du hast mich nicht besucht, ich war hungrig und du hast mir nichts zu essen gegeben, und ich war durstig und du hast mir nichts zu trinken gebracht." Erstaunt wird der Mann dann fragen: „Aber du bist Gott, wie kannst du krank, durstig und hungrig sein?!" Gott wird ihm antworten: „An diesem und diesem Tag war einer deiner Bekannten krank und du hast ihn nicht besucht; wenn du ihn besucht hättest, hättest du mich dort an seiner Stelle gefunden. Eines Tages war einer deiner Bekannten hungrig und du hast ihm nichts zu essen gegeben, und eines Tages war einer deiner Bekannten durstig und du hast ihm nichts zu trinken gebracht."[1]

Diese Offenbarung von Gottes Barmherzigkeit durch die menschlichen Handlungen gilt auch für den Koran: Der Koran beansprucht, ein Botschaft der Barmherzigkeit zu sein, die nur durch den Menschen entfaltet werden kann, der den Koran zur Sprache bringt, weil die Menschen durch ihre Kommunikation mit Gott konstitutiven Anteil an der koranischen Rede haben. Wo Menschen versagen, wo sie nicht als Gottes Werkzeuge zur Verfügung stehen, kann Gottes Barmherzigkeit nur teilweise offenbar werden und sich entfalten, und dies auch im Koran, weil der Koran Gottmenschliche Sprache ist. Dies erklärt auch, warum im Text des Korans die Barmherzigkeit Gottes nicht immer erwähnt wird. Wenn ich lese: „Damals, als die Ungläubigen Ränke gegen dich schmiedeten, um dich festzusetzen oder gar zu töten oder zu vertreiben. Ja, sie schmiedeten Ränke, und auch Gott schmiedet Ränke. Gott ist der beste Ränkeschmied" (8:30), dann spricht Gott mit der Stimme einer lange unterdrückten muslimischen Gemeinschaft. Diese Situation ist schwierig, denn der Koran stellt eine Oberfläche und zugleich ein Produkt der Interaktion mit Menschen dar. Gott ignoriert nicht die Gemeinschaft, an die Gott Gottes Botschaft richtet; Gott teilt ihre Freuden wie auch ihren Zorn, weil Gott durch sie spricht. Gott spricht auch durch Muhammad und teilt seine Sorgen, seine Hoffnungen und auch seine Ängste, seinen Kummer und seine Wut: „Fast hätten sie dich fortgejagt aus dem Land, um dich aus ihm zu entfernen; doch dann wären sie nach dir nur kurz geblieben" (in Mekka; und wären schließlich dem Urteil zum Opfer gefallen) (17:76) und „Nachdem ihr euch nun von ihnen getrennt habt und von dem, was sie außer Gott verehren, so nehmt

---

[1] Überliefert durch Muslim, Hadith Nr. 2569.

eure Zuflucht zu der Höhle, damit euch euer Herr etwas von seinem Erbarmen gewährt und euch Erleichterung verschafft aus eurer Lage" (18:16).

## DIE KORANISCHE REDE UND DIE REIFE DER EMPFÄNGER

Wo die Lage der ersten Empfänger des Korans äußerst schwierig war und Gottes Barmherzigkeit wirksam hätte werden können, aber die Reaktionen der Menschen auf die Situation dies verhinderte, können wir die eine oder andere aggressive Passage des Korans lesen. Die Sprache des Korans entwickelt sich mit der Reifung der ersten Empfänger. Das lässt sich mit Eltern vergleichen, die mit ihren Kindern im Alter von 6, 16 oder 26 Jahren sprechen: Um dasselbe zu sagen, gebrauchen die Eltern unterschiedliche Formulierungen, Bilder und Ausdrucksweisen je nach Alter. Das, was sie sagen, entwickelt sich in Abhängigkeit vom Reifegrad ihres Kindes, aber in all dem wollen sie eines ausdrücken: ihre Liebe und Verantwortung für ihre Kinder. Selbst wenn sie ihrem Kind Strafe androhen oder dem Kind sagen, dass die Eltern des Kindes, die ihr Kind ungerechterweise schlagen, diejenigen sein werden, die das Kind beurteilen, ist der aggressive Ton der Situation geschuldet.

Daher lesen wir Verse wie 2:190–192 im Koran, die es Muslimen erlauben, sich im Falle eines militärischen Angriffs zu verteidigen. Aber wenn die Lage fast ideal ist und die Menschen im Paradies sind, liest man: „Gott spricht: ‚Das ist der Tag, an welchem denen, die wahrhaftig sind, ihre Wahrhaftigkeit nützt. Für sie sind Gärten, unter denen Bäche fließen, für immer und ewig werden sie dort weilen.' Gott hat an ihnen Wohlgefallen und sie an ihm. Das ist der große Gewinn" (5:119). Hier kommt Barmherzigkeit zur vollen Geltung; hier wird davon gesprochen, dass die Menschen mit Gott zufrieden sein sollten. Gott lässt sich selbst von Menschen bewerten, und es ist Gottes Anliegen, dass sie mit Gott zufrieden sind. In meinen Augen ist dies eine der wichtigsten Aussagen im Koran.

Der Koran als Medium und ebenso Produkt der Interaktion der Menschen mit Gott und Gottes mit den Menschen in ihren unterschiedlichen menschlichen Bedürfnissen ist kein Monolog. Weder ist es das bloße Wort Gottes noch das bloße Wort von Menschen. Wenn der Koran sagt: „Nichts ließen wir im Buch unbeachtet" (6:38), bezieht sich dies nicht auf eine juristische oder normative Ebene, in dem Sinne, dass der Koran alles geregelt und festgelegt hat. Vielmehr verweist es auf die Schwäche, aber auch die Stärke der Menschen, ihren Zorn, ihre Freude, Hoffnung usw. Alle Menschen können sich im Koran wiederfinden, in jeder Situation ihres Lebens. Das Kriterium der Barmherzigkeit sollte ein Schutz gegen inhumane Interpretationen des Korans sein; hier interveniert der Koran mit Recht und Billigkeit.

Weil der Text des Korans festgelegt ist, ist der Sprechakt, der Akt der Kommunikation zwischen Gott und Menschen nicht länger im Text fixiert, sondern gehört vielmehr in seine Interpretation. Deshalb stellt die Exegese heute das Resultat der Kommunikation zwischen Gott und Menschen dar, die sich im Koran begegnen, wenn dieser gelesen oder gehört wird. Der Koran ist die Bühne, auf der die Begegnung stattfindet. Die Exegese wird dynamisch: Sie sagt nicht, was der Koran meint oder was Gott uns sagen will, sondern ist vielmehr das Ergebnis der Kommunikation zwischen denjenigen, die an der Entwicklung dieser Exegese und Gott beteiligt sind. Es gibt viele, die teilnehmen, unmittelbar und mittelbar. Alle, die unseren religiösen Diskurs mitgestalten, beeinflussen auch unsere Kommunikation mit Gott durch den Koran und sitzen mit am Kommunikationstisch.

Nichtsdestotrotz gilt, je reifer die Koranlesenden, desto reifer auch ihre Interpretation des Korans. Die Barmherzigen werden geneigter sein, den Koran im Sinne der Barmherzigkeit zu interpretieren, diejenigen, die den Hass in ihrem Herzen tragen, werden wahrscheinlich diesen Hass in den Koran hineinlesen. Der Koran gibt uns den Begriff der Barmherzigkeit als Indikator, um Beliebigkeit zu vermeiden. Der Koran sagt in der zweiten Sure, dass er Leitung für die Frommen bietet. Er setzt also Frömmigkeit voraus, eine gewisse innere Reife, die es Menschen erlaubt, Barmherzigkeit und nicht Hass in ihre Kommunikation mit Gott hineinzulesen. Wie wir den Koran interpretieren, offenbart mehr über uns als über Gott oder den Koran selbst. Es ist also unsere heutige Pflicht, diese Barmherzigkeit in der Auslegung des Korans voll zur Geltung zu bringen.

# DER KORAN ÜBER DEN EXKLUSIVEN RELIGIÖSEN WAHRHEITSANSPRUCH: DIE MA'NA-CUM-MAGHZA-METHODE UND IHRE ANWENDUNG AUF KORAN 2:111–113

*Sahiron Syamsuddin*

## EINLEITUNG

Religiöser Exklusivismus ist einer der Faktoren für Intoleranz zwischen den verschiedenen religiösen Gemeinschaften. Religiöser Exklusivismus ist die Überzeugung, dass nur eine Religion wahr ist und dass alle anderen, von ihr unterschiedenen Religionen einfach falsch sind. Aufgrund solcher Wahrheitsansprüche glauben verschiedene Gruppen, dass sich andere Gruppen auf einem falschen Weg befinden und nur ihre Anhänger Erlösung erlangen werden. Diese Haltung ist in unseren Gesellschaften weit verbreitet und stellt für die heutigen pluralistischen Gesellschaften ein ernstes Problem dar. Diese theologische Position hat negative gesellschaftliche und politische Auswirkungen, denn sie dient zur Rechtfertigung von Diskriminierung von anderen. Meiner Ansicht nach ist ein exklusivistischer Wahrheitsanspruch in muslimischen Gemeinschaften immer noch lebendig, auch in Indonesien.

Für gute Muslime bietet der Koran Orientierung für das tägliche Leben. Da gute Muslime versuchen, gemäß ihrem Verständnis des Korans zu leben, ist es wichtig, dass muslimische Gelehrte zu einem leicht zugänglichen Verständnis des Korans beitragen. Im Folgenden werde ich versuchen, Koranverse zu interpretieren, die den religiösen Wahrheitsanspruch thematisieren. Es gibt viele Verse, die hier in Frage kämen, ich werde mich auf die Verse 2:111-113 konzentrieren und bei der Analyse und Interpretation die ma'na-cum-maghza-Methode anwenden:

> (111) Sie sprechen: „Nur Juden oder Christen können in den Paradiesesgarten kommen." Das sind jedoch nur ihre Wünsche. Sprich: „Bringt doch euren Beweis herbei, wenn ihr wahrhaftig seid!" (112) O nein! Nur wer sich Gott ganz ergibt und dabei Gutes tut, der wird seinen Lohn bei seinem Herrn empfangen. Die brauchen keine Furcht zu haben und sollen auch nicht traurig sein. (113) Die Juden sprechen: „Die Christen gründen ihren Glauben ja auf nichts." Die Christen sprechen: „Die Juden gründen ihren Glauben ja auf nichts." Sie aber tragen das Buch vor. Ebenso sprechen die, die kein Wissen haben, genau das, was jene sagen. Doch Gott wird zwischen ihnen richten am Tag der Auferstehung in dem, worin sie uneins waren.[2]

## DIE MA'NA-CUM-MAGHZA-METHODE

Die *ma'na-cum-maghza*-Methode ist ein exegetischer Ansatz, bei dem der Interpret versucht, die ursprüngliche historische Bedeutung (*ma'nā*) eines Textes (d.h. des Korans) zu erfassen, so wie er von seiner ersten Zuhörerschaft verstanden wurde, und dann seine Bedeutung (*maghzā*) im Blick auf die gegenwärtige Situation weiterzuentwickeln. Fazlur Rahman bezeichnet dies als einen „Doppelbewegungs"-Ansatz. In seinen Büchern *Interpreting the Qur'an*[3] und *Reading the Quran in the Twenty-first Century*[4] entwickelt Abdullah Saeed einen von ihm selbst so bezeichneten „kontextuellen Ansatz". Allerdings scheinen sowohl Rahmans Doppelbewegung als auch Saeeds kontextueller Ansatz nur auf die Interpretation von Rechtstexten des Korans Anwendung zu finden, während die *ma'na-cum-maghza*-Methode auf den ganzen Koran anwendbar sein soll (außer *al-hurūf al-muqatta'a*).

Diese Methode geht davon aus, dass jeder Text, auch der Text des Korans, zum einen eine historische Bedeutung hat, die auf ihren besonderen Kontext bezogen ist; so wurde der Koran etwa dem Propheten in einer besonderen Situation offenbart. Die Bedeutung eines bestimmten Korantextes wird universell durch den Prozess weiterer Interpretation. Um die ursprüngliche Bedeutung zu verstehen, ist es also entscheidend, dass die Interpretation nicht nur die Textualität des Textes, sondern auch seinen historischen Kontext ins Auge fasst. In diesem Fall ist auch eine Analyse

---

[2] Koranübersetzung von Hartmut Bobzin.
[3] Abdullah Saeed, Interpreting the Qur'an (London and New York: Routledge, 2006).
[4] Abdullah Saeed, Reading the Qur'an in the Twenty-first Century: A Contextualist Approach (New York: Routledge, 2014).

der Sprache des Korans unter Berücksichtigung der arabischen Sprache des 7. Jahrhunderts n.Chr./des 1. Jahrhunderts d.H. notwendig. Dabei gilt, dass jede Sprache synchrone und diachrone Aspekte hat. Der synchrone Aspekt ist linguistisch derjenige, der sich nicht ändert, während der diachrone mit der Zeit veränderlich ist. Um ein Missverstehen eines Textes zu vermeiden, muss bei der Interpretation die Entwicklung der Bedeutung eines Wortes, einer Redewendung, eines Satzes, einer Struktur, bedacht werden. So ist z.B. das arabische Wort *ikhlās*, das hauptsächlich „etwas rein machen" bedeutet, einer Bedeutungsentwicklung unterworfen gewesen. In vorislamischen Zeiten bezeichnete das Wort die Handlung, etwas rein zu machen, in einem säkularen Kontext. Im Koran wird es entweder in einem säkularen oder religiösen Kontext verwendet. Wenn es im Koran religiös gebraucht wird, bezeichnet es einen monotheistischen Glauben und ein entsprechendes Handeln, sodass seine Bedeutung die gleiche ist wie *tawhid* (die Einheit Gottes). Das wird durch die Tatsache bekräftigt, dass jene Sure, in der ganz besonders vom Monotheismus die Rede ist, *sūrat al-ikhlās* heißt.[5] Der Begriff wird dann von muslimischen Gelehrten definiert als ein Akt des Ausrichtens aller guten Taten nur auf den Zweck, Gottes Barmherzigkeit zu erlangen. Es gibt also vorkoranische, koranische und nach-koranische Bedeutungen, obwohl die Grundbedeutung weiterhin besteht.

Um die historische Bedeutung zu verstehen, die nach Jorge Gracia, die „historische Funktion der Interpretation"[6] bildet, muss man auch den umfassenderen historischen Kontext beachten, in dem ein bestimmter Vers oder eine Sure offenbart wurden. In diesem Fall ist die Kenntnis der *asbāb al-nuzūl* („Anlässe der Offenbarung") und der historischen Berichte über Kultur, Tradition, Rechtsverhältnisse, die soziopolitische und wirtschaftliche Situation, auf die der Koran möglicherweise reagierte, sehr hilfreich. Viele klassische muslimische Gelehrte behaupteten, dass niemand den Koran recht verstehen könne, der nicht seine *asbāb al-nuzūl* kenne. 'Alī ibn Ahmad al-Wāhidī (gest. 468 d.H.) schreibt z.B. in seinem Werk *Asbāb al-Nuzūl*: „Die Asbāb al-Nuzūl sind der umfassendste Aspekt, den es zu verstehen gilt, und der erste, auf

---

[5] Siehe Ibn al-Munzūr, Lisān al-'Arab (Cairo: Dār al-Ma'ārif, n.d.), 1227.
[6] Jorge J.E. Gracia, A Theory of Textuality (Albany: State University of New York Press, 1996), 155. Gracia schreibt: „Das Ziel des Interpreten ist es, im gegenwärtigen Publikum erstens die gedanklichen Akte des historischen Autors des Textes wiederzuerschaffen, nicht als Schöpfer des Textes, sondern als Publikum. Mit anderen Worten ist es in diesem Sinne das Ziel des Interpreten, ein Verstehen im gegenwärtigen Publikum herzustellen, das intentional dasselbe ist wie das Verständnis, das der Autor von dem Text hatte. Zweitens hat der Interpret die Wiedererschaffung der Verstehensakte im gegenwärtigen Publikum im Sinn, die das historische Publikum des Textes oder das Publikum, für die das Werk gedacht war, durchlief oder erwartet wurde zu durchlaufen."

den zu achten ist, weil es unmöglich ist, einen Vers und seine Intention zu interpretieren ohne Verständnis seiner Geschichte und Erklärung."[7] Nach Fazlur Rahman erlaubt dies nicht nur das Verstehen der ursprünglichen Bedeutung der Korantextes, sondern auch der von ihm sogenannten *ratio legis*, auf denen die Regelungen des Korans basieren.[8] Abdullah Saeed verweist darauf, dass die Kenntnis des soziopolitischen Kontextes hilfreich bei der Entscheidung sein kann, ob die Aussage eines bestimmten Koranverses eine beschränkte oder universelle Gültigkeit hat.[9]

Ein Verständnis der ursprünglichen, historischen Bedeutung bildet auf jeden Fall einen Ausgangspunkt für eine weitere und tiefergehende Interpretation, die für die jeweilige Zeit von Relevanz ist. Es gibt verschiedene hermeneutische Vorgehensweisen, um die Bedeutung des Korantextes zu entwickeln und zu erweitern, sodass dieser im Blick auf das gegenwärtige Umfeld verstanden und angewendet werden kann. Einen dieser Wege zur Aufschließung der Textbedeutung könnte man als *maghzā* (Bedeutung) bezeichnen. Er bezieht sich auf die Hauptbedeutung des Textes oder in Gadamers Worten, auf das, was „sinngemäß" ist. Gadamer schreibt:

> „Die Aufgabe der Interpretation stellt sich immer dann, wenn der Sinngehalt des Fixierten strittig ist und es gilt, das richtige Verständnis der ‚Kunde' zu gewinnen. ‚Kunde' aber ist nicht, was der Sprechende bzw. der Schreibende ursprünglich gesagt hat, sondern was er hat sagen wollen, wenn ich sein ursprünglicher Gesprächspartner gewesen wäre. Das ist etwa für die Interpretation von ‚Befehlen' als hermeneutisches Problem bekannt, daß sie ‚sinngemäß' befolgt werden sollen (und nicht wörtlich). Das liegt der Sache nach in der Feststellung, daß ein Text nicht ein gegebener Gegenstand ist, sondern eine Phase im Vollzug eines Verständigungsgeschehens."[10]

## INTERPRETATION VON KORAN 2:111–113

Die *ma'nā-cum-maghzā*-Interpretation bedenkt sowohl die Sprache der betreffenden Verse als auch ihren gesellschaftlich-geschichtlichen Kontext, um erstens

---

[7] 'Alī ibn Ahmad al-Wāhidī, Asbāb al-Nuzūl, ed. Isām ibn 'Abd al-Muhsin (Dammam: Dar al-Salāh, n.d.), 8.
[8] Siehe Fazlur Rahman, Islam and Modernity (Chicago: The University of Chicago Press, 1982), 6f.
[9] Siehe Saeed, a.a.O. (Fußn. 2), 123f.
[10] Hans-Georg Gadamer, „Text und Interpretation", in: Ders., Gesammelte Werke 2, Hermeneutik II (Tübingen: Mohr Siebeck, 1986), 345. (Autor zitiert nach: Hans-Georg Gadamer, „Text and Interpretation", in: Diane P. Michelfelder and Richard E. Palmer (eds.), Dialogue & Deconstruction. The Gadamer-Derrida Encounter (Albany: The State University of New York Press, 1989), 35.

die ursprüngliche historische Bedeutung zu erfassen und zweitens ihre neue Bedeutung für die Zeit, in der ihre Neuinterpretation erfolgt, zu erarbeiten.

## Linguistische Analyse der Verse

### Wa qālū lan yadkhula l-jannata illā man kāna hūdan aw naṣārā (Koran 2:111)

Die Pluralform des Verbs *qālū* = sie sagten bezieht sich auf die Juden und Christen in Medina. Dieser Bezug ergibt sich aus *illā man kāna hūdan aw naṣārā* (wenn er nicht ein Jude oder ein Christ ist). Die obige Aussage kann also so übersetzt werden: Sie (d.h. die Juden und Christen) sagen: „Niemand wird das Paradies betreten, wenn er nicht ein Jude oder ein Christ ist." Ihre Aussage formuliert einen Wahrheitsanspruch. Jedoch ist nicht klar, ob es die Absicht war, sich gegenseitig herabzusetzen oder die Muslime. Fakhr al-Dīn al-Rāzī meint, die erste Möglichkeit entspreche der Textbedeutung besser, was Vers 113 nahelege, der noch diskutiert werden wird. Er sagte, Vers 2:113 erkläre 2:111 ausführlicher durch die Erwähnung der Aussagen der Juden gegen die Christen und umgekehrt.[11]

### Tilka amāniyyuhum (Koran 2:111)

Das Wort *amāniyy* ist eine Pluralform von *umniyya* und bedeutet „etwas wünschen". Es hat dieselbe Bedeutung wie *munya* (Singular) oder *munā* (Plural).[12] Der Satz wurde von Muqātil ibn Sulaymān interpretiert als *tamannaw 'alā Allāh* (sie wünschten in Bezug auf Gott).[13] Abdul Haleem übersetzt den Ausdruck als „Wunschdenken". Der Satz ist demnach zu übersetzen mit: „Dies ist ihr eigenes Wunschdenken." Die gleiche Bedeutung drückt sich in der deutschen Übersetzung von Hartmut Bobzin aus: „Das sind jedoch nur ihre Wünsche." Das weist darauf hin, dass ihr Wahrheitsanspruch von Gott abgelehnt wurde.

---

[11] Fakhr al-Dīn al-Rāzī, Mafātih al- Ghayb, Vol. 4 (Beirut: Dār al-Fikr, n.d.), 8.
[12] Ibn al Manzūr, a.a.O. (Fußn. 4), 4283.
[13] Muqātil ibn Sulaymān, Tafsīr Muqātil ibn Sulaymān, hrsg. v. Ahmad Farīd, Vol. 1 (Beirut: Dār al-Kutub al-'Ilmīya, 2003), 72.

## Qul hātū burhānakum (Koran 2:111)

Der Ausdruck *hātū burhānakum* bedeutet „euren Beweis bringen oder produzieren". Das Wort *hāti* hat nach al-Zamakhsharī dieselbe Bedeutung wie *ahdir* (bereitstellen; etwas zur Verfügung stellen).[14] Muqātil ibn Sulaymān interpretierte *burhānakum* als *hujjatukum min al-tawrāt wa al-injīl* (euer Beweis aus der Tora und dem Evangelium).[15] Um solch einen Wahrheitsanspruch zurückzuweisen, wurde der Prophet Muhammad angewiesen, sie aufzufordern, Beweise herbeizuschaffen (*burhān*). Das war schwierig, weil der Eintritt in das Paradies einer der eschatologischen Aspekte ist, die nur Gott kennt.

## Balā man aslama wajhahū li Allāhi wa huwa muhsinun (Koran 2:112)

Nach al-Zamakhsharī wird das Wort *balā* hier gebraucht, um auszudrücken, dass der Prophet Muhammad die Wahrheitsansprüche der Juden und Christen von Medina zurückweist.[16] Der Satz *man aslama wajhahū li Allāhi* wird von al-Zamakhsharī im Sinne von *man akhlasa nafsahū lahū lā yushriku bihī ghayrahū* (jeder, der sich reinigt für Gott und Ihm keine anderen beigesellt) interpretiert.[17] Das heißt, die betreffende Person glaubt an den einen und einzigen Gott. Al-Tabarī interpretiert den Satz ähnlich als „diejenigen, die sich Gott ernsthaft unterwerfen".[18] Al-Rāzī hat eine ähnliche Interpretation. Er bestand darauf, dass die Bedeutung von *man aslama wajhahu* diese ist: „diejenigen, die ihr Herz dem Gottesgehorsam unterwerfen (*islām al-nafs li tā'at Allāh*)". Ein moderner Interpret, Ibn 'Āshūr, schreibt in seinem *al-Tahrīr wa al-Tanwīr*, das Wort *islām* habe die Bedeutung „*taslīm al-dhāt li awāmir Allāh*" (der völlige Gehorsam des Individuums gegenüber Gottes Geboten). Demgemäß sagt er auch: „Das Paradies wird niemandem allein gehören, sondern alle werden es besitzen, die sich Gott unterwerfen."[19] Alle diese Interpreten stimmen darin überein, dass das Wort *aslama* nicht ausschließlich den Eintritt in den Islam bezeichnet,

---

[14] Al-Zamakhsharī, al-Kashshāf, Vol. 1 (Riad: Maktabat al-'Abikan, 1998), 311.
[15] Muqātil ibn Sulaymān, a.a.O. (Fußn. 12), Vol. 1, 72.
[16] Al-Zamakhsharī, a.a.O. (Fußn. 13), Vol. 1, 311.
[17] A.a.O.
[18] Muhammad ibn Jarīr al-Tabarī, Jāmi' al-Bayān f ī Ta'wīl Ay al-Qur'ān, Vol. 2 (Kairo: Dār Hajar, 2001), 431.
[19] Muhammad ibn al-Tāhir ibn 'Āshūr, al-Tahrīr wa al-Tanwīr, Vol. 2 (Tunis: al-Dār al-Tūnīsiyya li al-Nasyr, 1984), 674.

sondern die Unterwerfung unter Gott, ungeachtet dessen, ob eine Person Jude, Christ oder Muslim ist.

Was den Satz *wa-huwa muhsinun* betrifft, sind die Interpretationen unterschiedlich. Nach al-Tabarī bedeutet er, dass die Unterwerfung einer Person unter Gott ernsthaft sein muss. Anders als al-Tabarī sagt al-Rāzī, die Bedeutung sei, dass „jemandes Gehorsam gegenüber Gott von guten und nicht von schlechten Taten gefolgt werden muss".[20] Ibn 'Āshūr versuchte beide Ansichten zu verbinden, indem er sagte, es sei nicht ausreichend, nur das eigene Herz Allah zu unterwerfen und gute Taten ohne *ikhlās* auszuführen.[21]

## WA QĀLAT AL-YAHŪDU LAYSAT AL-NASĀRĀ 'ALĀ SHAY'IN WA Q ĀLAT AL-NASĀRĀ LAYSAT AL-YAHŪDU 'ALĀ SHAY' (KORAN 2:113)

Nach al-Zamakhsharī ist die Verbindung zwischen der negativen Partikel/ dem Verb *laysa* und dem unspezifischen Wort *shay'* Ausdruck einer sehr starken Negation.[22] Die Aussage im Koran weist darauf hin, dass sich die Juden und Christen in einem Konflikt miteinander befanden und sich gegenseitig beschuldigten, in die Irre zu gehen.

## DER UNMITTELBARE GESCHICHTLICHE KONTEXT: DIE ANLÄSSE DER OFFENBARUNG (ASBAB AL-NUZŪL)

Bevor wir uns dem geschichtlichen Kontext der Verse zuwenden, sei an folgende Erkenntnis Angelika Neuwirths erinnert:

> Wir haben gewöhnlich den Koran als den „islamischen Text" par excellence betrachtet, obwohl geschichtlich gesehen dies keineswegs offenkundig ist. Bevor der Koran in den Rang des islamischen Gebildes aufstieg, war er mehr als zwanzig Jahre lang eine mündliche Kommunikation. Seine Botschaft richtete sich nicht an Muslime, sondern ... an die vorislamischen Hörer, die wir am besten als spätantike gebildete Personen beschreiben, seien sie Heiden oder synkretistische, mit der monotheistischen Tradition vertraute Gläubige oder sogar Juden und Christen.[23]

---

[20] Al-Rāzī, a.a.O. (Fußn. 10), Vol. 4, 4.
[21] Ibn 'Āshūr, a.a.O. (Fußn. 18), Vol. 2, 675.
[22] Al-Zamakhsharī, a.a.O. (Fußn. 13), Vol. 1, 312.
[23] Angelika Neuwirth, „The Discovery of Writing in the Qur'an: Tracing an Epistemic Revolution in Late Antiquity", in: NUN: Jurnal Studi Alquran dan Tafsir di

Die Koranverse 2:111–113 wurden dem Propheten Muhammad in Medina offenbart. Zu dem Publikum gehörten die Juden und Christen von Medina. Wie muslimische Historiker berichten, hatten es die Muslime zuerst mit den Christen von Najran und den Rabbinern in Medina zu tun. Es wird berichtet, dass beim Anlass der Offenbarung (sabab al-Nuzūl), als die christliche Delegation aus Najran zu dem Propheten Muhammad kam, einige Rabbiner zu diesen gingen und ihnen sagten, dass sie nicht auf dem richtigen religiösen Weg seien. Diese Beschuldigung erwiderten die Christen mit demselben Vorwurf.[24] In seinem Korankommentar berichtet Fakhr al-Rāzī auch darüber, aber etwas ausführlicher. Er zitiert einen Bericht, der beschreibt, wie einige Leute aus Najran zum Propheten Muhammad kommen und dann jüdische religiöse Gelehrte bzw. Rabbiner (*ahbār al-yahūd*) dazustoßen und sich eine lebhafte Debatte zwischen beiden Gruppen entspinnt, die sehr laut wird. Die Juden sagten: „Ihr seid auf dem falschen religiösen Weg." Die Juden glaubten nicht an Jesus und sein *Injīl* (Evangelium). Die Christen ihrerseits beschuldigten die Juden, sie würden nicht auf die rechte Weise an Mose und seine Tora glauben.[25] Eine Kenntnis dieses Kontextes kann zum Verständnis der Verse beitragen, obwohl es noch weiterer geschichtlicher Quellen zur Vertiefung des Verständnisses bedarf. Muhammad 'Abduh meint, man solle, um die Verse zu verstehen, die Geschichte der Religionen und religiösen Gemeinschaften betrachten, um festzustellen, ob ein solcher Glaube universell oder nur bei einer bestimmten Gruppe verbreitet ist.

## Der umfassendere geschichtliche Kontext: Begegnung zwischen religiösen Gemeinschaften in Medina

Die Bevölkerung der vorislamischen Stadt Medina bestand aus heidnischen Arabern und jüdischen Klans. Die Aus und Khazraj bildeten die größten jüdischen Stämme. Es ist nicht sicher, ob sie ursprünglich aus Palästina gekommen waren. Auch eine relativ kleine Anzahl von Christen lebte in dieser pluralistischen Stadt.[26] Aufgrund der Migration des Propheten Muhammad und seiner Gefährten und der Bekehrung der Einwohner von Medina zum Islam wurde die Stadt noch pluralistischer. Jetzt lebten auch noch Muslime in der Stadt. Noch Koran 2:62, ein medinensischer Vers,

---

Nusantara 2, 1 (2016), 31–32.
[24] Siehe al-Tabarī, a.a.O. (Fußn. 17), Vol. 2, 435.
[25] Siehe Fakhr al-Dīn al-Rāzī, a.a.O. (Fußn. 10), Vol. 4, 8.
[26] Siehe Fakhr al-Dīn al-Rāzī, a.a.O. (Fußn. 10), Vol. 4, 8.

erwähnt nicht nur die Juden und Christen, sondern auch die *sābi'ūn*. Zu diesem Begriff gibt es verschiedene Meinungen unter den muslimischen Gelehrten. Manche meinen, dass mit den *sābi'ūn* jene gemeint sind, die keinerlei Religion haben, d.h. Atheisten. Diese Ansicht beruft sich auf die Autorität von Mujāhid ibn Jabr[27], einem Nachfolger (*tābi'ī*) und Schüler von Ibn 'Abbās.

## DIE KERNAUSSAGE (MAGHZĀ) DER VERSE

Die zitierten Verse verbieten ganz klar jegliche exklusivistischen religiösen Wahrheitsansprüche. Auch wenn sie sich auf die Wahrheitsansprüche der Juden und Christen in Medina beziehen, gilt das Verbot für jede religiöse Gemeinschaft, die Muslime eingeschlossen. Die Aussage kann aus der koranischen Zurückweisung des religiösen Wahrheitsanspruches, *balā man aslama wajhahū li Allāhi wa huwa muhsinun*, geschlossen werden. Demnach wird die Erlösung im Jenseits von jedem erlangt, der sich dem Einen und Einzigen Gott unterwirft und gute Taten tut, ungeachtet seiner Religion. Darum sagt der Koran z.B. nicht *balā man ittaba'a muhammadan* (also: jeder, der Muhammad folgt).

Die Zurückweisung jedes Wahrheitsanspruches gibt es auch in anderen Versen. In Koran 2:135–136 heißt es:

> (135) Sie sprechen: „Juden oder Christen müsst ihr sein, dann seid ihr rechtgeleitet!" Sprich: „Nein!" Wie die Glaubensweise Abrahams, eines wahren Gläubigen. Er gehörte nicht zu den Beigesellern.

> (136) Sprecht: „Wir glauben an Gott und was auf uns herabgesandt ward und was auf Abraham und Ismael, auf Isaak und Jakob und auf die Stämme herabgesandt ward. Und an das, was Mose und was Jesus überbracht ward und was überbracht ward den Propheten von ihrem Herrn. Wir machen zwischen keinem von ihnen einen Unterschied. Wir sind ihm ergeben" (*muslimūn*).

Aus diesen Versen können wir schließen, dass die Rechtgeleiteten diejenigen sind, die sich dem Einen und Einzigen Gott unterwerfen (*muslimūn*, in einem allgemeinen Sinn). Erwähnt werden als Personen Abraham, Ismael, Isaak, Jakob, Mose, Jesus und andere Propheten. Zwar waren es der Prophet Muhammad und seine Anhänger, die sich dem Einen und Einzigen Gott unterwarfen, doch ist es wichtig festzuhalten, dass nicht ausdrücklich gesagt wird, dass die rechtgeleitete Gemeinschaft ausschließlich eine

---

[27] Al-Tabarī, a.a.O. (Fußn. 17), Vol. 2, 35.

muslimische ist. Das weist darauf hin, dass Muslime nicht selbst auch Wahrheitsansprüche erheben sollten wie damals die Juden und Christen von Medina. Darum sind alle rechtgeleitet, die Gott ergeben sind.

Auf dieser Grundlage wird Gott jede religiöse Gemeinschaft erretten, die sich Ihm unterwirft. Koran 2:62 sagt, dass diejenigen, die an das glauben, was Muhammad verkündet, und auch die Juden, Christen und Sabier im Jenseits gerettet sein werden, ihren Lohn bei Gott haben und nicht traurig sein werden.

Und doch stellen sich einige Muslime vor, dass nur Muslime (die Anhänger Muhammads) errettet werden und ins Paradies kommen. Solche Ansichten findet man in verschiedenen exegetischen Schriften. Ibn Kathīr, ein Schüler von Ibn Taymīya, schreibt in seinem *Tafsīr*, da, wo er Koran 2:62 interpretiert:

> Ich sagte: „Das steht nicht im Widerspruch zu dem, was von 'Alī ibn Abī Talha unter Berufung auf Ibn 'Abbās berichtet wurde, der sagte, dass nach der Offenbarung von *inna lladhīna āmanū wa alladhī hādū wa al-nasārā* ... [Koran 2:62] Gott den Vers *wa man yabtaghi ghayra l-islāmi dīnan fa lan yuqbala minhu* ... [Koran 3:85] offenbarte. Tatsächlich ist das, was von Ibn 'Abbās mitgeteilt wurde, die Information, dass Gott kein Verhalten und keine Handlung akzeptieren wird, die nicht mit der *sharī'a* des Propheten Muhammad übereinstimmt, nachdem Gott ihn zum Gesandten bestimmt hat. Jedoch waren vor seinem Prophetentum alle Menschen, die ihren Gesandten folgten, rechtgeleitet und auf dem rechten Weg, und wurden erlöst. Die Juden waren die Anhänger Mose, der die Tora befragte, um alle rechtlichen Fragen in seiner Zeit zu entscheiden."[28]

In einem Abschnitt vor dieser Beurteilung zitiert er einen Bericht von al-Suddī, der sich auf Salmān al-Fārsī beruft, der, wie berichtet wird, den Propheten Muhammad über die Existenz von Menschen [d.h. Salmāns Freunden] unterrichtete, die beteten und fasteten; sie würden auch an seine Verkündigungen glauben; sie glaubten, er würde der letzte Gesandte sein. Nachdem er Salmān zugehört hatte, sagte der Prophet Muhammad: „O Salmān, sie würden in die Hölle kommen." Sich auf diesen Bericht beziehend, schreibt dann Ibn Kathīr, dass der Glaube der Juden nur vor dem Kommen Jesu akzeptiert wurde, und der Glaube der Christen nur vor dem Kommen Muhammads.[29] Seine Behauptungen sind ein Beispiel für einen exklusivistischen Wahrheitsanspruch von muslimischer Seite. Es scheint mir, dass dies viele Muslime in der ganzen heutigen Welt beeinflusst hat.

---

[28] Ismā'īl ibn Kathīr, Tafsīr al-Qur'ān al-'Azhīm, Vol. 1 (Kairo: al-Fārūq al-hadītha, 2000), 431.
[29] A.a.O.

Nichtsdestotrotz, wenn wir die Kernaussage von Koran 2:111-113 betrachten und von Versen wie Koran 2:65, finden wir, dass solch ein Wahrheitsanspruch vermieden werden sollte. Viele Interpreten der klassischen, modernen und heutigen Zeit haben die Verse auf eine inklusive, ja pluralistische Weise interpretiert. Neben den oben genannten Interpreten können wir noch Muhammad Sharūr erwähnen, der in seinem Werk *al-Islām wa al-Īmān* den koranischen Begriff *islām* pluralistisch interpretiert. Nachdem er die Verwendung des Wortes und seiner Ableitungen im Koran und ebenso die des Wortes *īmān* untersucht hat, kommt er zu dem Schluss, dass die Kriterien, wonach die Menschen am Tag des Jüngsten Gerichts gerettet werden, der Glaube an den Einen und Einzigen Gott, der Glaube an das Jenseits und gute Taten sind. Diejenigen, die diese Kriterien erfüllen, werden als *muslimūn* bezeichnet (diejenigen, die sich Gott unterwerfen), und entsprechend gibt es *al-yahūd al-muslimūn* (die Juden, die Gott ergeben sind), *al-nasārā al-muslimūn* (die Christen, die Gott ergeben sind) und *al-mu'minūn al-muslimūn* (die an das Prophetentum Muhammads Glaubenden, die Gott ergeben sind).[30]

## Schlussbemerkungen

In der heutigen Welt brauchen Muslime eine neue islamische Theologie, die auch die Probleme religiöser Wahrheitsansprüche thematisiert. Exklusivistische Wahrheitsansprüche haben zum Fehlverhalten religiöser Gemeinschaften geführt und sogar soziale Konflikte geschaffen. Darum ist es so wichtig für uns, solche Wahrheitsansprüche kritisch zu hinterfragen. Koran 2:111-113 kann eine islamische theologische Grundlage sein zur Vorbeugung gegen jegliche exklusivistischen religiösen Wahrheitsansprüche. Obwohl die Verse von den unterschiedlichen Wahrheitsansprüchen von Juden und Christen in Medina sprechen, ist doch ihre Kernbotschaft (Bedeutung; *maghzā*), dass alle Menschen, die sich dem Einen und Einzigen Gott unterwerfen und gute Taten tun, errettet werden, und dass darum niemand, der glaubt, einen exklusiven Anspruch auf die Wahrheit erheben sollte.

---

[30] Siehe Muhammad Shahrūr, al-Islām wa al-Īmān (Damaskus: al-Ahālī, 1996). Siehe auch Andreas Christmann, The Qur'an, Morality, and Critical Reason: The Essential Muhammad Shahrur (Leiden: Brill, 2009), 20-70; und Sahiron Syamsuddin, Die Koranhermeneutik Muhammad Šahrûrs und ihre Beurteilungen aus der Sicht muslimischer Autoren: Eine kritische Untersuchung (Würzburg: Ergon, 2009), 170-90.

# Adam und Eva aus der Perspektive einer heutigen feministischen Exegese des Korans

*Dina El Omari*

## Einleitung

Im Judentum, Christentum und Islam ist die Geschichte von Adam und Eva eine potenzielle Quelle von Kontroversen, weil sie oft als Ausgangspunkt für Diskussionen über Geschlechtergleichheit benutzt wird. Die verschiedenen religiösen Texte können sehr unterschiedlich im Hinblick auf Diskriminierung interpretiert werden. Die Interpretationen reichen von Diskriminierung bis hin zu Gleichberechtigung.

Meiner Ansicht nach bietet die koranische Tradition von Adam und Eva eine günstigere Basis für eine Interpretation des Textes im Sinne der Gleichberechtigung als das Alte Testament. Nichtsdestotrotz hat die traditionelle koranische Exegese keine Interpretationen hervorgebracht, die Geschlechtergerechtigkeit unterstützen. Stimmen, insbesondere die von Frauen, die eine neue Interpretation der Schöpfung der Menschheit und darum eine Ablösung traditioneller, festgefahrener patriarchaler Interpretationen und ihre Ersetzung durch solche mit einem geschlechtergerechten Verständnis fordern, sind erst seit den 1980er Jahren zum Vorschein gekommen.

Das Ziel dieses Aufsatzes ist es, die Schöpfungsgeschichte von Adam und Eva (oder die der Menschen), so wie sie sich im Koran findet, aus einer heutigen feministischen Perspektive und hinsichtlich ihres Einflusses auf die feministische Exegese zu diskutieren. Zunächst ist Folgendes zu bedenken: Im Koran befassen sich einige Verse direkt mit der Schöpfungsgeschichte, während andere nur die Schöpfung von Mann und Frau im Allgemeinen behandeln und sich nicht auf die Schöpfungsgeschichte beziehen. Ich möchte damit beginnen, indem ich die relevanten Koranverse zur Schöpfungsgeschichte und ihrer Dynamik vorstelle. Dann werde ich eine verbreitete Interpretation dieser Geschichte in der traditionellen Exegese darstellen und schließlich die feministische Exegese und ihr Herangehen an die Schöpfungsgeschichte in den Mittelpunkt stellen.

## Die Dynamik der Schöpfungsgeschichte

Der Koran erwähnt Adam und seine Frau in verschiedenen Versen, aber der Fokus ist jeweils unterschiedlich. Es ist wichtig festzuhalten, dass Eva im Koran nicht namentlich genannt wird. Adams Frau, wie sie im Koran genannt wird, wird nur in drei von den fünf Koranstellen mit Bezug auf die Schöpfungsgeschichte erwähnt. In den zwei Narrativen ohne Frau geht es um den Dialog zwischen Gott und dem Teufel (Sure 15 und Sure 38). Die drei anderen Koranstellen sind hoch relevant für meine Argumentation: Koran 20:115-124; 7:11-28; 2:30-38.

Der Anfang der Verse 115-124 der Sure 20 enthält die Warnung Gottes an Adam, nicht von einem Baum im Paradies zu essen, gefolgt von einer Szene, in der die Engel aufgefordert werden, sich vor der Schöpfung niederzuwerfen, was der Teufel verweigert. Im Vers 117 warnt Gott Adam vor des Teufels Absicht, das Paar aus dem Paradies zu vertreiben. In dieser Passage wird Adams Frau zum ersten Mal erwähnt. Gott verspricht beiden menschlichen Geschöpfen, dass sie im Paradies gut versorgt werden. Die Verse 120-121 erzählen von der Versuchung durch den Teufel: Sie essen von der Frucht und ihre Nacktheit wird ihnen bewusst. Beide bedecken sich mit Blättern, aber es ist Adam, der trotz der Tatsache, dass beide Geschöpfe gesündigt haben, als der Ungehorsame angesprochen wird. Und er ist auch der Einzige, der dann von Gott angesprochen wird hinsichtlich Gottes nachfolgender Vergebung und Leitung. Jedoch wird das Paar zusammen auf die Erde hinabgeschickt mit der Warnung, dass nur die Rechtgeleiteten dort ein gutes Leben führen werden.

Die Verse 11-28 der Sure 7 beginnen mit der Schöpfung und Gestaltung beider menschlichen Geschöpfe. Der Befehl an die Engel, sich vor Adam niederzuwerfen, und die Weigerung des Teufels werden wiederholt. Dem folgen der Dialog zwischen Gott und dem Teufel und die Warnung an Adam, er und seine Frau dürften nicht von dem Baum essen, die Versuchung der beiden durch den Teufel, das ihnen Sichtbarwerden ihrer Nacktheit und Gottes Ermahnung an sie. Beide Menschen bitten um Vergebung, aber in dieser Passage wird die erteilte Vergebung nicht ausdrücklich erwähnt. Vielmehr werden beide auf die Erde hinabgesandt ohne warnende Worte.

Die Gruppe der Verse 30–38 der Sure 2 zeigt dann den Grund, warum Gott die Menschen geschaffen hat: Gott will den Menschen als Statthalter einsetzen. Ein Dialog mit den Engeln und der anschließende Befehl an sie, sich vor Adam niederzuwerfen, folgen. Alle Engel gehorchen dem Befehl, nur Iblis weigert sich. Der Rest der Passage ist ähnlich wie die in Sure 20: Adam und seine Frau sollen den Garten bewohnen, aber dürfen nicht von dem Baum essen. Beide werden vom Teufel verführt, worauf Gott ihnen befiehlt, den Garten zu verlassen. Aber nach diesem Befehl vergibt Gott Adam und schickt beide mit Gottes Rechtleitung hinunter zur Erde.

Theodor Nöldecke hat die Verse jeder Sure in einer chronologischen Abfolge aufgelistet.[1] Demnach stellt sich die Reihenfolge der erwähnten Koranstellen wie folgt dar: Vier Suren stammen aus der mekkanischen Periode und eine aus der medinischen: 20, 15 und 38 sind mittelmekkanisch, 7 ist spätmekkanisch und 2 ist aus der mekkanischen Periode. Wir erkennen hier eine gewisse Dynamik. Obwohl in Sure 20 die Frau erwähnt wird, ist der Fokus primär auf Adam gerichtet. Aber das ändert sich in den Suren 7 und 2 mit dem Effekt, dass Eva zunehmend in den Fokus rückt. In Koran 20:117–121 heißt es:

> Da sprachen wir: „Adam, siehe, dieser da, der ist ein Feind von dir und deiner Frau. Dass er euch nur nicht aus dem Paradiesesgarten treibe und du dann ins Elend gerätst! Siehe, dir ist bestimmt: Du brauchst dort nicht zu hungern und auch nicht nackt zu sein; du brauchst dort nicht zu dürsten und keine Sonnenhitze zu leiden." Da flüsterte ihm Satan zu: „Adam, soll ich dich zum Baum des ewigen Lebens führen und zu einer Herrschaft, welche nie vergeht?" Da aßen beide von ihm, und ihre Blöße wurde ihnen bewusst. Und sie begannen, sich mit Blättern aus dem Garten zu bedecken, die sie zusammenfügten. So trotzte Adam seinem Herrn und irrte ab.

In Koran 7:19–23 heißt es noch detaillierter:

> Und: „Adam! Wohne du mit deiner Frau im Paradiesesgarten, und esst von allem, was ihr wollt! Doch naht euch diesem Baum da nicht, sonst seid ihr Frevler!" Doch da beschwatzte sie der Satan – beide, um ihnen offenbar zu machen, was ihnen verborgen war von ihrer Scham, und sprach: „Nur deshalb hat euch euer Herr von

---

[1] Siehe Theodor Nöldecke, Geschichte des Qorans, Teil 1, 5. Nachdr. der 2. Aufl. (Hildesheim: Olms, 2005), 74ff., nach Angelika Neuwirth ist Sure 15 zeitlich nach Sure 20 offenbart worden. Siehe Angelika Neuwirth, Der Koran, Bd. 2: Mittelmekkanische Suren: Ein neues Gottesvolk (Berlin: Verlag der Weltreligionen, 2017).

diesem Baum verboten, damit ihr keine Engel werdet oder gar ewig lebt!" Und er beschwor sie – beide: „Siehe, ich bin ein guter Ratgeber für euch!" So verführte er sie durch Trug. Als sie nun von dem Baume kosteten – beide, wurde ihnen ihre Blöße sichtbar, und sie begannen, sich mit Blättern aus dem Garten zu bedecken, die sie zusammenfügten. Da rief ihr Herr ihnen beiden zu: „Habe ich euch nicht jenen Baum verboten und euch nicht gesagt: ‚Der Satan ist für euch ein klarer Feind'"? Sie sprachen: „Unser Herr! Wir haben an uns selbst gefrevelt! Wenn du uns nicht vergibst und dich unserer erbarmst, wahrlich, dann sind wir verloren."

Diese Dynamik verweist darauf, dass eine allmähliche perspektivische Verschiebung stattgefunden hat; interessanterweise sind erst Adam und dann Adam und Eva zusammen verantwortlich für den Verzehr der verbotenen Frucht. Diese Art und Weise, die Geschichte zu erzählen, erlaubt eine geschlechtergerechte Interpretation des Textes, wie wir später noch detaillierter sehen werden, denn sie unterstützt nicht die vorherrschende christliche Auffassung, dass die Frau für den Fall der Menschheit verantwortlich ist. Vielmehr lastet die Verantwortung auf beiden. Diese Auffassung wird allerdings nicht in der traditionellen Koranexegese in den Vordergrund gestellt. Ich werde diesen Punkt nun erörtern.

## DER SOGENANNTE „SÜNDENFALL DES MENSCHEN": SEINE INTERPRETATION IN DER TRADITIONELLEN KORANEXEGESE

Es ist ein Problem der klassischen muslimischen Interpretation, dass sie aufgrund des Einflusses der jüdisch-christlichen Überlieferung beträchtlich abweicht von der koranischen Erzählung, was zu einem veränderten Verständnis der Schöpfungsgeschichte führte. Dies zeigt sich deutlich im Blick auf die Rolle von Frauen in der Geschichte. Mittelalterliche Interpretationen setzten voraus, dass es Frauen von Natur aus an Rationalität und moralischer Verantwortung mangelt. Diese Wahrnehmung wurde in die muslimische Exegese aufgenommen, in der misogyne Überlieferungen als authentisches Material akzeptiert wurden. Diese Einstellung änderte sich nur langsam im 19. Jahrhundert, als die Echtheit dieses Materials als nicht übereinstimmend mit dem Koran in Frage gestellt wurde.[2]

Der frühe Exeget Tabari ist ein gutes Beispiel dafür, wie die jüdisch-christliche Tradition die Exegese zu seiner Zeit beeinflusste. In seinem monumentalen Werk zitiert Tabari viele biblische Passagen, die er entweder von „den Leuten der Tora und der Bibel" (den sogenannten *Isrāʾīliyyāt*)

---

[2] Siehe Fazlur Rahman, Islam (Chicago: University of Chicago Press, 2001), 64.

erfahren oder bei bekannten muslimischen Gelehrten aufgelesen hatte. Er merkt jedoch stets an: „Gott weiß es letzten Endes am besten", und deutet damit an, dass er nicht ganz sicher ist bezüglich dieses Materials. Aus feministischer Perspektive ist es interessant, was er in seiner Exegese über „Adams Frau" sagt.

Was die Schöpfung Evas betrifft, schreibt Tabari, dass sich Adam einsam gefühlt habe und Gott ihn deshalb in einen Schlaf versetzt habe. Dann entnahm Gott eine der Rippen Adams. Als Adam aufwachte, fand er eine Frau an seiner Seite. Eva erhielt ihren Namen – im Arabische *Hawwa* – von Adam. Er fragte sie, wie sie heiße, und sie antwortete: „Frau". Dann fragte er sie: „Warum wurdest du geschaffen?", und sie antwortete: „Damit du mit mir Frieden findest." Die Engel fragten Adam, wie die Frau heiße, und er antwortete ihnen, ihr Name sei „Hawwa", weil sie aus etwas Lebendem gemacht worden sei.[3]

Was die Versuchung durch den Teufel betrifft, zitiert Tabari Überlieferungen, die beide Geschöpfe beschuldigen, obwohl diejenigen, die nur Eva die Schuld geben und die Ursache des Sündenfalls in der weiblichen Schwäche sehen, vorherrschen.[4] Es gibt hier verschiedene Versionen: Der Teufel versuchte Eva mit Worten, die diese dann später gegenüber Adam gebrauchte; sie befiehlt Adam, die Frucht zu essen; sie täuscht ihn; Adam wurde von ihr vergiftet; Adam ist Opfer seiner sinnlichen Begierde.[5] Als Resultat werden ihre Genitalien entblößt, aber nur Adam schämt sich. Adam will sich vor Gott verbergen, weil er sich schämt.[6]

Wir finden auch Einflüsse der jüdisch-christlichen Überlieferung, was die Bestrafung durch Gott betrifft: Gott verdammt die Frau, aber nicht Adam. Gott verdammt die Erde, aus der Adam geschaffen wurde, und so bekommen ihre Früchte Dornen. Gott verdammt Adam zu einem Leben der Not und Pflicht, aber Gottes Fluch über die Frau ist ganz fatal. Weil Hawwa durch das Pflücken seiner Frucht den Baum zum Bluten gebracht hat, menstruieren Frauen jeden Monat; sie müssen auch die Schmerzen der Geburt ertragen, die zu ihrem Tod führen kann. Obwohl er sie weise geschaffen hat, macht Gott Frauen unwissend und moralisch und mental schwach.[7]

Insbesondere diese Erzählungen führten zu einem Ungleichgewicht zwischen Frauen und Männern in der islamischen Tradition, aber man

---

[3] Siehe Franz Rosenthal (ed.), The History of al-Tabari, Vol. 1: General Introduction and From the Creation to the Flood (Albany, NY: State University of New York Press, 1989), 273.
[4] A.a.O., 274ff.
[5] A.a.O., 275ff.
[6] A.a.O., 277.
[7] A.a.O., 277ff.

muss auch sehen, dass sie in starkem Gegensatz zum Koran stehen. Manche Exegeten versuchten, eine Schicht patriarchaler Interpretationen der biblischen Erzählung über die koranische Schöpfungsgeschichte zu legen, ohne die offensichtlichen Konflikte und Verzerrungen mit Blick auf den koranischen Text zu berücksichtigen. Diese misogynen Interpretationen der Schöpfungsgeschichte waren ein idealer Nährboden, auf dem patriarchale Interpretationen auch anderer Koranstellen, die das Ungleichgewicht zwischen Männern und Frauen betonen, umso besser gedeihen konnten.

## Feministische Exegese und ihre Sicht der Schöpfungsgeschichte

Die feministische Exegese zielt darauf ab, dieses Ungleichgewicht zu beenden und ein geschlechtergerechtes Verständnis des Islams zu erarbeiten. Sie beginnt mit der Schöpfungsgeschichte wie auch mit der Geschichte der allgemeinen Schöpfung der Menschen. Eine feministische koranexegetische Methode, die intertextuelle Methode, stützt sich auf eine ganzheitliche Lesung des Korans. Koranverse werden zusammen mit anderen Texten über dasselbe Thema im Lichte dessen gelesen, was die Exegeten als den Kern des Korans bezeichnen: Gerechtigkeit und Gleichheit für alle Menschen.[8]

Moderne Gelehrte wie Amina Wadud sprechen in diesem Zusammenhang von einer inneren Kohärenz im Koran (*naẓm al-qurʾān*)[9]. Die Idee dieser Methode existierte bereits in der traditionellen Exegese (*tafsīr al-qurʾān bi-l-qurʾān*), wurde aber nicht häufig angewandt. Die traditionelle Exegese wird von diesen modernen Gelehrten kritisiert, weil ihre Konzentration auf einzelne, isolierte Worte nicht zu einem Verständnis der ganzen inneren Kohärenz, der strengen thematischen und strukturellen Einheit des und innerhalb des Korans führen können.[10] Vielmehr enthält der Koran für diese Gelehrte als Ganzes eine spezifische Weltsicht, eine bestimmte Haltung gegenüber dem Leben. Die verbreitet atomistische Lesart in der traditionellen Exegese hat stattdessen zu einem verzerrten Bild der Rolle der Frauen geführt.[11]

---

[8] Siehe Amina Wadud, „Towards a Qur'anic Hermeneutic of Social Justice: Race, Class and Gender", in: Journal of Law and Religion 12.1 (1995-1996), 43.
[9] Siehe Mustansir Mir, Coherence in the Qur'an (Indianapolis: American Trust Publications, 1986), 3-4.
[10] Siehe Fazlur Rahman, Islam and Modernity: Transformation of an Intellectual Tradition (Chicago: University of Chicago Press, 1984), 2.
[11] A.a.O., 6.

Ein Ausgangspunkt und Leitprinzip der intertextuellen exegetischen Methode ist die Schöpfungsgeschichte, die als ein Zeichen für die Gleichheit zwischen Mann und Frau gelesen werden kann. Nach Ansicht von feministischen Wissenschaftlerinnen wie Amina Wadud und Riffat Hassan können alle Verse, die von der Beziehung zwischen Männern und Frauen handeln, im Lichte dieses Verständnisses der Schöpfungsgeschichte gelesen werden. Ein Aspekt der koranischen Schöpfungsgeschichte – die Offenheit der linguistischen Formulierungen des Textes – ist hier von Bedeutung. Es ist von Adam die Rede und, wörtlich, seinem „Partnergeschöpf" (*zawj*), das sehr oft mit „seiner Frau" gleichgesetzt wird. Aber der Begriff *zawj* ist ein neutraler Begriff und kann sich auf jedes Geschlecht beziehen.

Der Begriff „Adam" stammt von dem hebräischen Wort אָדָם (ādām) und bedeutet „Mensch", ebenfalls eine geschlechtsneutrale Bezeichnung für dieses Geschöpf. Weil das Mitgeschöpf im Koran an keiner Stelle als weiblich bezeichnet und der Name Eva nicht genannt wird, erlaubt der Text eine geschlechtsneutrale Interpretation, d.h., Gott hat den Menschen und sein Mitgeschöpf erschaffen.[12] Dieses Konzept wird durch weitere Koranstellen bestärkt, in denen es nicht direkt um die Schöpfungsgeschichte geht, sondern um die Schöpfung des Menschen im Allgemeinen. In Koran 4:1 heißt es:

> Ihr Menschen! Fürchtet euren Herrn, der euch aus einer Seele (*nafs*) schuf und der daraus (*minha*) sein Gegenüber (*zawjaha*) schuf und der aus beiden viele Männer und Frauen entstehen ließ!

Dieser Vers enthält eine allgemeine Beschreibung des Schöpfungsprozesses von Mann und Frau. Die traditionelle Exegese geht davon aus, dass die Frau aus dem Mann geschaffen wurde. Die feministische Exegese hingegen vertritt die gleiche Schöpfung beider.[13] Ihre Argumentation basiert auf verschiedenen Elementen des Verses. Zunächst ist der Begriff *nafs* weder männlich noch weiblich, wenn er auch grammatikalisch weiblich ist, weshalb ihm das weibliche Pronomen – *ha* in *minha* und *zawjaha* – angehängt wird. Also, so die Aussage feministischer Gelehrter, besteht kein textlicher oder sprachlicher Grund, dass *nafs* männlich ist und sich auf Adam be-

---

[12] Siehe Riffat Hassan, „Feministische Interpretationen des Islam", in: Claudia Schöning-Kalender et al. (Hrsg.), Feminismus, Islam, Nation. Frauenbewegungen im Maghreb, in Zentralasien und in der Türkei (Frankfurt a.M.: Campus, 1997), 217–33.
[13] Siehe Riffat Hassan, „Muslim Women and Post-Patriarchal Islam", in: Paula M. Cooey, William R. Eakin, Jay Byrd McDaniel (eds.), After Patriarchy: Feminist Transformations of the World Religions (New York: Orbis Books, 1991), 47f.; Amina Wadud, Qur'an and Women: Rereading the Sacred Text from a Woman's Perspective (New York: Oxford University Press, 1999), 25.

zieht. Sie argumentieren weiterhin, dass *zawj* ebenfalls begrifflich nicht männlich oder weiblich sein kann, selbst wenn es grammatikalisch ein weibliches Substantiv ist. Wenn sich die Partikel *min* mit *zawj* verbindet, sollte das nicht als derivativ verstanden werden, vielmehr kann es bedeuten „von derselben Natur wie" und so die Gleichheit von *nafs* und *zawj* unterstreichen, von denen Männer und Frauen abstammen.[14]

Neben der Untersuchung des Korantextes ist es auch möglich, Konzepte der Spätantike mit einzubeziehen, die der Koran aufgenommen haben könnte, insbesondere in Koran 4:1. Der Koran ist eine Kommunikation zwischen Gott, dem Propheten und seiner Gemeinschaft und entstand daher nicht in einem Vakuum. Vielmehr hatte die Gemeinschaft ein gewisses Vorwissen, das in die Kommunikation einfloss. Das spiegelt sich vielleicht in Koran 4:1 wider, in der Vorstellung eines männlich-weiblichen Geschöpfs – eine Vorstellung, die geschichtlich sicher nicht neu ist. Man findet sie etwa bei Platon, in dessen Erzählung von der Entstehung der Geschlechter auf ähnliche Weise beide aus einem Geschöpf entstehen.[15] Im Midrasch Bereschit Bara VIII heißt es gleichfalls: „Als der Eine Heilige Adam schuf, schuf Er ihn als Hermaphroditen [...]. Er schuf ihn mit zwei Gesichtern und teilte ihn dann in zwei."[16]

Auf der Grundlage der bisherigen Argumente können wir festhalten, dass die erste Frau weder aus dem Mann noch für ihn geschaffen wurde. Aus diesem Grund sollte die Vorstellung, dass Eva aus einer Rippe geschaffen wurde, nicht akzeptiert werden. Man sollte darin den Einfluss der jüdisch-christlichen Tradition sehen, die sich vom Koran unterscheidet. Der Einfluss dieser Tradition machte sich mit den Anfängen der Exegese bemerkbar. Exegeten wie Muğāhid (gest. 722) erklärten die Schöpfungsgeschichte – die im Koran sehr kurz abgehandelt wird – mit Hilfe von jüdischen und christlichen Konvertiten, die mehr Details aus ihrem religiösen Umfeld beitrugen.[17] Die Vorstellung, dass Eva aus einer Rippe geschaffen wurde, hat ihre Schwierigkeiten, denn sie stützt sich einzig auf das folgende Hadith: „Die Frau wurde aus einer Rippe geschaffen und du kannst sie nicht gerade biegen. Wenn du irgend Gutes von ihr haben willst, musst du das trotz ihres Gekrümmtseins erreichen. Wenn du versuchst, sie gerade zu biegen, wirst du sie zerbrechen, und sie zerbrechen heißt, sie auszustoßen."[18]

Die traditionelle Exegese hält dieses Hadith für echt, während insbesondere die feministische Exegese weithin dieses Hadith nicht akzeptiert. Eine

---

[14] Wadud, a.a.O. (Fußn. 8), 18f.
[15] Siehe Platon, Symposium (Stuttgart: Reclam, 2006), 55ff.
[16] Harry Freedman (ed.), Midrash Rabbah (London: Soncino Press, 1961), 54.
[17] Siehe Muğāhid, Tafsīr Muğāhid b. Ğabr, ed. Abū an-Nīl (Kairo, 1989), 265.
[18] *Hūd b. Muḥakkam al-Hawwārī, Tafsīr Hūd b. Muḥakkam al-Hawwārī*, ed. Al-Ḥağğ b. Saʿīd aš-Šarīfī, Vol. 1 (Beirut, 1990), 345f.

dritte Möglichkeit wäre es meiner Ansicht nach, die Frage der Echtheit des Hadith beiseitezulassen und es metaphorisch zu interpretieren, eingedenk dessen, dass der Prophet selbst eine metaphorische, den Arabern seiner Zeit vertraute Sprache benutzte. In diesem Fall können wir eine Kenntnis der biblischen Schöpfungsgeschichte voraussetzen, auf die sich der Prophet mit seinen Kommentaren bezog. Er machte seiner Gemeinschaft deutlich, dass die Männer mit ihren Frauen behutsam umgehen und sie nicht verbiegen sollten, denn das würde ihnen Schaden zufügen.

Ein weiteres Argument gegen die Vorstellung der Erschaffung Evas aus einer Rippe des schlafenden Adams findet sich im Koran, nach dem ihnen Gott den Paradiesesgarten gleich nach ihrer Erschaffung zeigt. Die Behauptung, Eva sei geschaffen worden, weil sich Adam im Paradies einsam fühlte, widerspricht der Aussage des Korans. Und was die Idee betrifft, dass Eva für den Fall der Menschheit verantwortlich sei, so erwähnt der Koran an keiner Stelle, dass Eva allein schuld an der sündhaften Handlung ist. Chronologisch gesehen, ist es vielmehr Adam, der zuerst beschuldigt wird und dann später erst beide.

Die Vorstellung der Erbsünde muss ebenfalls aus einer koranischen Perspektive deutlich zurückgewiesen werden, gestützt auf zwei Gründe: Der Vers „Ich will einen Statthalter einsetzen auf der Erde" in der zweiten Sure zeigt, dass der Mensch bereits zum Zeitpunkt seiner Schöpfung für die Erde bestimmt war, sodass sein Herabsenden auf die Erde nicht als Strafe betrachtet werden kann, sondern als Teil des göttlichen Plans. Die Vorstellung der Geschlechtergerechtigkeit erscheint hier ebenfalls, wenn der Koran feststellt, dass das Schicksal des Menschen *per se* das eines verantwortlichen Statthalters ist. Das wird in der letzten offenbarten Sure ausgesagt, an einer Stelle, wo die Dynamik der Geschichte auf beide Geschlechter zielt. Es wird betont, dass das Schicksal des Menschen, die Aufgabe des verantwortlichen Statthalters, für Männer und Frauen gleichermaßen gilt. Der zweite Grund für die Zurückweisung der Vorstellung einer Erbsünde liegt in der Tatsache, dass Adam und Eva vergeben wurde, bevor sie auf die Erde hinuntergeschickt wurden; es kann daher keine Rede von Gottes Strafe sein. Die Lehre von der Erbsünde und ihre Ausdeutungen, auch die misogynen, sind daher obsolet.

Wir können also schlussfolgern, dass Gott eine einheitliche Menschheit schuf, keinen Antagonismus von Mann und Frau; beide entstanden aus derselben Substanz zur selben Zeit. Sie haben einen gemeinsamen Ursprung und sind deshalb gleiche Partner in der Schöpfung. Dass der Koran mehrfach erwähnt, dass alles in Paaren geschaffen wurde, unterstützt diese These. Zwei getrennte Individuen bilden eine Einheit. Diese Paare sind ihrem Wesen nach gleich, keine expliziten Merkmale sind mit ihnen verbunden, ihre Funktionen sind gleich auf der körperlichen, gesellschaftlichen und moralischen Ebene. Feministische Exegeten weisen darauf hin, dass der Koran ausdrücklich die Gleichheit beider Partner hinsichtlich der moralischen Tugenden und rechtgeleiteten Handlungen bestätigt (siehe z.B. Koran 33:35). Beide Partner werden ermutigt, einander in ihrer Beziehung zu beschützen (Koran 9:71). Und wenn der Koran Männer und Frauen als gemeinsame moralisch Führende charakterisiert, stärkt er die Gleichheit ihres moralischen Potenzials. Viele Koranstellen beziehen sich auf den Tag des Gerichts, Männer und Frauen haben das Recht, die gleiche Belohnung zu empfangen, jede Person steht für sich vor Gott.

Auf Grundlage der Geschichte der Schöpfung der Menschen, ihrer moralischen Fähigkeiten, ihrer Angst und ihrer Belohnung im Jenseits, haben heutige Exegeten einen festen Grund für ihre These gelegt, dass die universelle Position des Korans die der Gleichheit von Mann und Frau ist. Jede Interpretation des Korans muss sich diesem universellen Erfordernis stellen, diesem koranischen Prinzip, d.h., jede Interpretation, die mit Frauen zu tun hat, muss mit diesem Prinzip übereinstimmen, und alle Interpretationen, die dem nicht entsprechen, sind ungültig. Ich möchte anmerken, dass Exegetinnen zum Teil die biologischen Unterschiede zwischen Männern und Frauen betonen, obwohl sie der Koran nur am Rande erwähnt. So macht z.B. Amina Wadud im Hinblick auf die Schwangerschaft von Frauen geltend, dass Männer verpflichtet sind, ihre Frauen zu beschützen und zu unterstützen, wo immer das nötig ist, dass sie also für sie verantwortlich sind.

Kommen wir zum Schluss zurück auf die Schöpfungsgeschichte. Ein Element in der traditionellen Literatur, das im Koran an anderer Stelle nachklingt, ist die Aussage, dass Eva geschaffen wurde, um ein Ort des Friedens für Adam zu sein. Die Verteidigung dieser Harmonie und Gemeinschaftlichkeit in ehelichen Beziehungen ist ein weiteres wesentliches Prinzip des Korans, im Sinne der intertextuellen Methode. Die Verse über die Beziehung zwischen Männern und Frauen sollten im Licht dieses universellen Inhalts gelesen werden. Im Blick auf dieses Thema zitieren feministische Exegeten Koran 30:21:

> Und zu seinen Zeichen gehört, dass er euch Gattinnen aus euch selber schuf (so wie er zuerst ein einziges Geschöpf machte und aus ihm ein Geschöpf ihm ähnlich) damit ihr bei ihnen Ruhe findet. Und er stiftete unter euch Liebe (*mawadda*) und Barmherzigkeit (*rahma*).

Das ist die Vorstellung, dass fromme Männer und Frauen als Freunde handeln und einander beschützen sollten, dass sie gleichermaßen verantwortlich für ihre moralischen Handlungen in der Welt sein sollten, dass Menschen in Frieden und Ruhe mit ihren Ehepartnern leben sollten und dass Ehen zu göttlicher Liebe und Barmherzigkeit führen und gemeinsam das Idealbild einer sexuellen Beziehung sein sollten.

# Heilige Schriften und die Frage der Tierethik: Grundlinien der Tierethik im Islam[1]

*Asmaa El Maaroufi-Ulzheimer*

## Einleitung

> Wollen sie denn den Koran nicht genau bedenken?
> Oder sind ihre Herzen verriegelt?
> (Koran 47:24)

Seit Beginn des 20. Jahrhunderts hat es zahlreiche Diskussionen über die ethische und moralische Verantwortung der Menschen gegenüber Tieren gegeben. Durch Massentierhaltung, Tierversuche, Gentechnik usw. fügen Menschen den Tieren Leid zu. Dies hat viele (bio-)ethische Fragen aufgeworfen und es notwendig gemacht, über mögliche Ansätze zur Lösung der Frage zu diskutieren, was ein ethisch vertretbarer Umgang mit Tieren ist. Da sich über 80 Prozent der Weltbevölkerung mit einer religiösen Gemeinschaft identifizieren, ist es gerechtfertigt, hier auch die Rolle von Religionen näher zu betrachten.[2]

---

[1] Als überarbeitete Fassung dieses Aufsatzes ist erschienen: Asmaa El Maaroufi, „... und sie sind Gemeinschaften gleich euch! Eine Einführung zum Tier im Koran", in: Rainer Hagencord et al. (Hrsg.), Jahrbuch Theologische Zoologie, Band 2, (Münster: Lit Verlag, 2017), 39–50.
[2] Deutsche Gesellschaft für Internationale Zusammenarbeit (GIZ), Werte, Religion und Entwicklung. Die Potenziale von Religion erkennen und einbeziehen, onlineabrufbar unter: https://www.giz.de/fachexpertise/downloads/Final_Facts-

Religionen sind Impulsgeber für den Schutz der Umwelt und von Tieren und für nachhaltiges und umweltbewusstes Handeln. Die Religionen sind aufgerufen, ihre Schriften neu zu lesen und Texte, Traditionen und Kontexte neu zu interpretieren. Obwohl die heiligen Schriften keine konkreten Beispiele für Umwelt- und Tierschutz enthalten, können wir doch in ihnen grundlegende Vorstellungen entdecken, die in diesem Bereich Orientierungshilfen sein können. Es ist notwendig, sich von einer radikal anthropozentrischen Lesart der heiligen Schriften zu distanzieren und die Grundgedanken der heiligen Schriften mit den heutigen Herausforderungen zu verbinden.

Viele Verse des Korans beziehen sich auf die Schöpfung als Ganzes, auf die Natur und insbesondere auf Tiere. Tiere werden an mehr als 200 Stellen erwähnt, und im Verlauf der islamischen Geistesgeschichte sind diese Verse von den Adressaten des Korans, also Menschen, entweder für oder gegen Tiere benutzt worden. Von der Verehrung der Tiere als gottesfürchtige Mitgeschöpfe bis zur grenzenlosen Ausbeutung – alles kann durch Koranverse legitimiert werden. Die Beziehung zu Tieren ist innerhalb der islamischen Geistesgeschichte ambivalent. Was erfahren wir wirklich aus der muslimischen theologischen Primärquelle, dem Koran? Welche Grundannahmen gibt es? Und was sagt uns das über die Beziehung zwischen Gott und den Tieren? Das Folgende soll eine Einführung in diese Fragestellungen sein und zeigen, welche Aspekte des Korans für eine verwandelnde Lesart des Korans bedacht werden müssen, um einen Beitrag zu aktuellen Fragen der Tierethik leisten zu können. Dieser Aufsatz kann kein vollständiges Bild zeichnen. Er vermittelt einige Einsichten darüber, wie Tiere im Koran gesehen werden, und über die Beziehung zwischen Gott und den Tieren.[3] Neben dem Koran werde ich mich auch auf die Sunna und die *Aḥādīṯ* beziehen.[4]

---

heet_SV_Werte_Religion_Entwicklung.pdf. Interessant auch das folgende Zitat: „Was Menschen hinsichtlich ihrer Umwelt tun, hängt davon ab, was sie über sich selbst denken im Hinblick auf die sie umgebenden Dinge. Humanökologie wird stark bestimmt durch Überzeugungen über unsere menschliche Natur und unser Schicksal – das heißt durch Religion." Jr. Lynn White, „The Historical Roots of Our Ecologic Crisis", in: David Spring/Eileen Spring (eds.), Ecology and Religion in History (New York: Harper Torchbooks, 1974), 18.

[3] Es werden in diesem Aufsatz einige Aspekte nicht behandelt, die jedoch auch der Gegenstand einer kritischen Untersuchung sein sollten, z.B. Tiere als Verbündete Gottes (Gott schickt Vögel, um eine Armee zu unterstützen, Koran 105:1-5; in der Geschichte von Mose werden einige Leute von verschiedenen Tieren geplagt, Koran 7:133. Interessant sind auch die Metaphern im Koran und die Verwandlung von Menschen in Tiere (als Strafe Gottes, Koran 2:65; 5:60). Siehe Sarra Tlili, Animals in the Qur'an (New York: Cambridge UP, 2012), 123ff.

[4] Der Begriff Sunna bezeichnet die Überlieferungen vom Propheten und bildet neben dem Koran die zweite Quelle der islamischen Jurisprudenz und hat damit normativen Charakter. Als Sunna gelten alle Aussprüche, stillschweigenden Einwil-

## Tiere im Koran

Nach dem Koran ist Gottes Offenbarung dem Propheten Muhammad (durch den Engel Gabriel) offenbart worden und in schriftlicher Form im Koran aufgezeichnet worden. Dieses Buch ist die höchste Rechtsquelle des Islams und gilt als Richtlinie für alle Muslime.[5]

Sechs der 114 Kapitel (Suren) des Korans sind nach bestimmten Spezies oder Gruppen von Tieren benannt, so etwa Sure 2 (Die Kuh), Sure 6 (Das Vieh), Sure 16 (Die Bienen), Sure 27 (Die Ameisen) und andere. Der Begriff „Tier" kommt jedoch im Koran nicht vor, obwohl es das Wort für „Tier" (ḥayawān)[6] in der Schrift- und Umgangssprache gibt, findet er sich nicht im Koran.[7] Es gibt daher darin keinen allgemeinen Begriff, der dieses Gegenüber zur Menschheit bezeichnet.[8] Stattdessen werden bestimmte Tiergruppen wiederholt im

---

ligungen oder Missfallensäußerungen und Handlungen des Propheten Muhammad sowie auch biografische Information über ihn. Die schriftlichen Überlieferungen der Sunna nennt man Aḥādīṯ (Singular: Ḥadīṯ).

[5] Wir benutzen das Wort „Tier" mit Bezug auf nicht-menschliche Tiere.

[6] Das Wort ḥayawān (abgeleitet von der Wurzel ḥ-y-y mit der Grundbedeutung „Leben", „lebendig") kommt in verschiedenen mittelalterlichen Enzyklopädien häufig vor (z.B. im Kitāb al ḥayawān [Buch der Tiere] von al-Jāḥiẓ [gest. 869], in dem das Wort sowohl Menschen als auch nicht-menschliche Tiere bezeichnet. Um den Menschen vom nicht-menschlichen Tier zu unterscheiden, wurde er deshalb al-ḥayawān al nāṭiḳ genannt (das sprechende Tier/das sich artikulierende Tier). Siehe Boratav Pellat et al., „Ḥayawān", in: P. Bearman, Th. Bianquis, C.E. Bosworth, E. van Donzel (eds.), Encyclopedia of Islam, second edition, online abrufbar unter: http://dx.doi.org/10.1163/1573-3912_islam_COM_0279.

[7] Das Wort ḥayawān wird im Koran nie benutzt, um Tiere zu bezeichnen. Es kommt einmal vor, bezieht sich aber an dieser Stelle auf das Leben im Jenseits. „Dieses Leben hier auf Erden ist nur Zeitvertreib und Spiel, denn nur das Jenseits ist das wahre Leben [al- ḥayawān]. Wenn sie es doch nur wüssten!" [29:64]. Siehe Arne Ambros, „Gestaltung und Funktionen der Biosphäre im Koran", in: Zeitschrift der Deutschen Morgenländischen Gesellschaft, Bd. 140 (1990), 290–325, 294.

[8] Es wird darüber diskutiert, inwieweit das Wort dābba, das achtzehnmal im Koran vorkommt, als Bezeichnung für ein nicht-menschliches Tier gelten kann. Dementsprechend wird in vielen Übersetzungen das Wort mit „Tier" (unter Ausschluss des Menschen) übersetzt. Allerdings wird von denjenigen, die diese Ansicht vertreten, der Begriff dābba in verschiedenen Kontexten des Korans unterschiedlich übersetzt (Geschöpfe, nicht-menschliche Tiere, Lebewesen usw.). Selbst al-Qurṭubī und al-Suyūṭī, die klassischen Exegeten des Korans, interpretieren den Begriff dābba in manchen Versen im allgemeinen Sinne (als Menschen und Tiere bezeichnend) und in anderen Versen als Bezeichnung für nicht-menschliche Wesen. Die Schwierigkeit, das Wort dābba als Bezeichnung für das (nicht-menschliche) Tier zu benutzen, wird diskutiert in: Sarra Tlili, „The Meaning of the Qur'anic Word ‚dābba': ‚Animals' or ‚Nonhuman Animals'?", in: The Journal of Qur'anic Studies, Vol. 12 (2010), 167–87. Über die

Koran erwähnt, z.B. Landtiere (*dābba*), Fische (*samak*) und Vögel (*ṭuyūr*).[9] Einzelne Tiere werden erwähnt – sowohl große (Elefanten) wie auch kleine Tiere (Ameisen, Moskitos). Diese Tiere kommen in verschiedenen Kontexten vor, z.B. in didaktischen Szenen, Gleichnissen und Ermahnungen.

Im Folgenden werden wir einen Blick auf die Darstellungen von Tieren im Koran werfen, die sich so weit wie möglich auf alle Tiere beziehen. Es ist auch wichtig, die Verse zu berücksichtigen, die etwas über eine mögliche Beziehung zwischen Gott und den Tieren aussagen. Wir erfahren etwas darüber, wie Gott alle Geschöpfe, auch die Tiere, behandelt, und dies ermöglicht es uns, die Stellung der Tiere im Gesamtgefüge des Kosmos zu erkennen.

## ÜBER DIE MERKMALE DER TIERE

Im Koran kommen die Tiere als Geschöpfe vor, die Gott lobpreisen[10] und deshalb in direktem Kontakt mit Gott stehen.

> Es lobpreisen ihn die sieben Himmel und die Erde und wer darinnen ist. Es gibt nichts, was nicht sein Lob preist. Aber ihr versteht ihren Lobpreis nicht. [...] (17:44)[11]

Islamische Theologen und Gelehrte wie *Al-Ḥafiz Basheer Ahmad Masri* (1914– 1993) haben aus diesem Vers, der besagt, dass Tiere Gott auf ihre eigene Weise lobpreisen und fähig sind, Gott zu verehren, den Schluss gezogen, dass Tiere ein Bewusstsein und einen Geist haben (die sich von denen der Menschen unterscheiden). In seinem Buch *Animal Welfare in Islam* hat *Al-Ḥafiz Masri*, einer der bekanntesten Autoren des 20. Jahrhunderts unter denen, die die Frage der Stellung des Tieres im Islam behandeln, darauf hingewiesen, dass „alle Lebewesen eine nicht-körperliche Kraft des Geistes und des Verstandes besitzen, die wir in ihrer entwickelten Form ‚Psyche' nennen [...], obwohl die psychische Kraft der Tiere auf einer niedrigeren

---

Bedeutung des Wortes „*dābba*" im Koran: Musa Furber, Rights and Duties Pertaining to Kept Animals: A Case Study in Islamic Law and Ethics (Abu Dhabi: Tabah Paper Series), 4. Gegensätzliche Ansichten finden sich in: Richard Foltz, Animals in Islamic Tradition and Muslim Cultures (Oxford: Oneworld Publications, 2006), 11. Für ihn bezieht sich der Begriff *ḥayawān* speziell auf nicht-menschliche Tiere.

[9] Mehr über die Bedeutung der Tiere in den einzelnen Suren findet sich in: Basheer Al-Hafiz Masri, „Stellung des Tieres im Islam zu Lebzeiten des Propheten bis zum Kalifat (610–1492 n.Chr.) anhand religiöser Quellen", in: Tierärztliche Umschau, Bd. 65 (2008), 449–56.

[10] Siehe Koran 17:44, 24:41 usw.

[11] Zitiert nach der Koranübersetzung von Hartmut Bobzin wie durchgängig, mit gelegentlichen Abweichungen, in diesem Aufsatz.

Stufe steht, als die der Menschen [...]."[12] Nach dem Koran haben Tiere ein gewisses Wissen von Gott:

> Sahst du denn nicht, dass alles, was in den Himmeln und auf Erden ist, Gott preist [*yusabbiḥu*]? Auch die Vögel, wenn sie ihre Schwingen ausbreiten. Alle wissen [*ʿalima*], wie sie zu beten und zu preisen haben. [...] (24:41)

Der Gebrauch des Wortes *ʿalima*, das den Besitz von Wissen beinhaltet, ist an dieser Stelle bemerkenswert.[13] Sein Gebrauch im Zusammenhang mit Tieren verweist darauf, dass Tiere eine Art Wissen besitzen, was nach Masri beweist, dass Tiere mehr haben als nur Instinkt. Er zitiert hierzu auch den folgenden Vers:

> Dein Herr gab den Bienen ein (*awḥā*)[14]: „Mach dir in den Bergen etwas zu Häusern, dazu von den Bäumen und dem, was sie errichten." (16:68)

Das hier benutzte Wort *awḥā* wird mit „gab ein" übersetzt. Interessanterweise kommt dieses Wort im Koran auch im Zusammenhang mit Gottes (Selbst-)Offenbarung an die Propheten vor.[15] Nach Ansicht von Masri kann man nur vermuten, welche (nicht-verbalen) Formen die Kommunikation Gottes mit den Tieren hat.[16]

Nichtsdestotrotz „beweist es die grundlegende Tatsache, dass Tiere eine ausreichende seelische Begabung haben, Gottes Botschaften zu verstehen und zu befolgen – eine höhere Fähigkeit als Instinkt und Intuition"[17].

Diesen Aspekt ergänzend, stellt ein anderer Vers fest:

> Weder gibt es ein Geschöpf auf Erden noch einen Vogel, der mit seinen Flügeln fliegt, die nicht, gleich euch, Gruppen [Arabisch: *umam*] wären. [...] (6:38)

Tiere leben also in Gemeinschaft. Darüber hinaus, und das ist noch bedeutsamer, haben sie ihre eigenen Sprachen, es heißt etwa vom Propheten Salomo,

---

[12] Siehe Basheer Al-Hafiz Masri, Animal Welfare in Islam (Leicester: The Islamic Foundation, 2007), 19.
[13] Abgeleitet von dem Wort *ʿilm* (Kenntnis haben, unterrichtet sein. Siehe H. Wehr, Arabisches Wörterbuch).
[14] Abgeleitet von dem Wort *waḥy* (Eingebung [geistig], Inspiration, Offenbarung [theol.]. Siehe H. Wehr, Arabisches Wörterbuch).
[15] Es wäre in diesem Zusammenhang von Interesse, die verschiedenen Interpretationen dieses Verses zu untersuchen.
[16] Siehe Masri, a.a.O. (Fußn. 12), 21.
[17] A.a.O.

dass er „die Sprache der Vögel" lernte.[18] Außerdem kommuniziert Salomo mit einem Wiedehopf und einer Ameise.[19] Interessanterweise sprechen die Tiere nicht in der Sprache der Menschen, wie das gewöhnlich in Erzählungen der Fall ist. Vielmehr betont Gott, dass er Salomo die Sprache der Vögel gelehrt hat. Hier sehen wir, wie sich Menschen den Tieren zuwenden.

Zusammenfassend lässt sich sagen, dass im Koran Tiere als Gott lobpreisende Geschöpfe angesehen werden, die in Gemeinschaften leben. Sie kommunizieren direkt mit Gott, ohne irgendeinen Vermittler zu benötigen.

Wir wenden uns nun den Versen zu, in denen Tiere im Zusammenhang mit ihren Mitgeschöpfen erwähnt werden. Da der Adressat des Korans der Mensch ist, wird das Tier insbesondere im Zusammenhang mit dem Menschen erwähnt. In vielen Versen werden die Tiere als für den Menschen nützliche Wesen dargestellt.

## VOM NUTZEN DER TIERE FÜR DIE MENSCHEN

Nach dem Koran ist es möglich, zwischen dem materiellen, spirituellen und ästhetischen Nutzen zu unterscheiden, den die Menschen von den Tieren haben.[20] Der materielle Nutzen wird in zwei Versen der Sure 16 angesprochen. Es geht dabei jedoch nicht um den Nutzen von Tieren im Allgemeinen, sondern um den einer besonderen Gruppe von Tieren, *anʿām* (Vieh).[21]

> Das Vieh: Er schuf's für euch. Wärme und Nutzen sind in ihm, von ihm könnt ihr essen. Und Schönheit liegt in ihm für euch, wenn ihr es heimtreibt und wenn ihr es hinaustreibt. Eure Lasten trägt es in ein Land, das ihr sonst nur mit Mühe erreichen könntet. Siehe, euer Herr ist wahrhaftig gütig, barmherzig. (16:5-7)

Diese Verse erlauben also den Gebrauch von Tieren, insbesondere des Viehs, als Nahrungsmittel[22], Last- und Reittiere und zur Herstellung von

---

[18] Koran 27:16. Ausdrücklich erklärt wird im Koran nur, dass Salomo die Sprache der Vögel erlernte. Aus den folgenden Versen (27:18-19) geht jedoch hervor, dass er auch die Sprache der Ameisen verstand. Mehr darüber und über das Konzept der Sprache findet sich in der ausführlichen Diskussion bei Sarra Tlili, a.a.O. (Fußn. 3), 176ff.
[19] Koran 27:18-28.
[20] Diese Unterscheidung macht auch Sarra Tlili. Siehe Tlili, a.a.O. (Fußn. 3), 79.
[21] Die in diesem Zusammenhang zitierten Koranverse beziehen sich also nicht auf alle Tiere. Der Koran erwähnt nur den Nutzen bestimmter Tierarten.
[22] Hier ist die Rede vom Fleisch von *anʿām* oder *bahīmat al-anʿām*. An anderer Stelle werden auch Wild [*ṣayd al-barr*] und Fisch [*ṣayd al-baḥr*] erlaubt.

Kleidung[23]. Der ästhetische Nutzen wird hier ebenfalls erwähnt: „Und Schönheit liegt in ihm für euch, wenn ihr es heimtreibt und wenn ihr es hinaustreibt." Dieser Vers wird auch von Koranexegeten herangezogen, wenn sie über den Begriff der Schönheit und die Freude reflektieren, die als die Seele bereicherndes Gefühl mit der Betrachtung der Tiere einhergeht.[24] Der Koran fordert hier dazu auf, in Gottes Schöpfung den Beweis für die Wahrhaftigkeit von Gottes Worten aufzuspüren. Denn es ist die Schönheit von Tieren, die das Geschaffene, d.h. den Menschen, an den Schöpfer erinnert und sie als Teil der Schönheit der ganzen Schöpfung wahrnehmen lässt.[25] Mit diesem Bewusstsein kann die Menschheit eines weiteren Nutzens der Tiere gewahr werden, nämlich dass sie uns durch ihre bloße Existenz an den Schöpfer erinnern und so die individuelle Religiosität und Spiritualität stärken. Gott fordert uns im Koran auf, die Schöpfung und insbesondere die Tiere als Zeichen (*āyāt*) und ein Wunder Gottes zu betrachten und darüber nachzudenken.[26] Hier dienen die Tiere wie auch die übrige Natur als Signatur Gottes. Tiere haben also nicht nur einen praktischen, sondern auch einen geistigen Nutzen für die Menschen.

Aber was sagt dieser „Gebrauch" der Tiere durch die Menschen über die Tiere selbst aus? Dieser Frage gehen wir im Folgenden kurz nach, indem wir erörtern, inwieweit Tiere ihren Daseinszweck nur erfüllen, indem sie den Menschen nützlich sind. Diese Überlegungen sind notwendig, um die Stellung des Tieres im Kosmos bestimmen zu können: Durch die Verortung der Menschheit – und ihre mögliche Begrenzung – wird deutlich, welche Stellung die Tiere im Ganzen der Schöpfung innehaben.

## VOM AUFTRAG DER MENSCHEN AUF ERDEN

Der Koran schreibt der Menschheit eine besondere Rolle in der Schöpfung zu:[27]

---

[23] Es gibt jedoch Richtlinien für all diese Nutzungen. So ist es z.B. Muslimen während der Pilgerfahrt verboten, Tiere in freier Wildbahn zu jagen. Der Koran erlaubt die Nutzung von Tierwolle, aber es gibt Aussprüche des Propheten Muhammad, in denen verschiedene Verbote hinsichtlich der Nutzung von Fellen wilder Tiere ausgesprochen werden usw. Siehe Abul Fadl Mohsin Ebrahim, Organ Transplantation, Euthanasia, Cloning and Animal Experimentation. An Islamic View (Lane: Islamic Foundation 2001), 13.

[24] Siehe Tlili, a.a.O. (Fußn. 3), 88f.

[25] A.a.O., 89.

[26] Siehe Koran 16:79.

[27] Es ist zu bedenken, dass sich der Auftrag der Menschheit nur auf unseren Planeten, die Erde bezieht (vgl. den Begriff „Statthalter" in Verbindung mit der Aussage „Statthalter auf Erden". Siehe Koran 2:30, 24:55, 38:26).

> Wir erwiesen den Kindern Adams Ehre (*karrama*)[28] und trugen sie auf Meer und Festland, versorgten sie mit guten Dingen und zeichneten sie besonders aus vor vielen, die wir erschaffen haben. (17:70)

Der Mensch wird demnach durch Gott auf eine besondere Weise ausgezeichnet. Diese Auszeichnung (*takrīm*) wird an einer späteren Stelle des Korans konkretisiert, wenn es dort heißt, dass Gott den Menschen als *ḫalīfa* (Statthalter) auf Erden eingesetzt hat.[29] Um jedoch die Unterscheidung zwischen Menschen und Tieren besser verstehen zu können, müssen wir zwei grundlegende Konzepte des Korans näher betrachten: den umstrittenen Begriff *tasḫīr* (oft mit Dienstbarmachung übersetzt) und *taḏlīl* (oft mit Unterwerfung übersetzt).[30] Diese Begriffe verdeutlichen wie groß die Verfügungsgewalt der Menschen über den Rest der Schöpfung ist. Zunächst der Begriff *tasḫīr*:

> Saht ihr denn nicht, dass Gott euch dienstbar machte [*saḫḫara lakum*], was in den Himmeln und auf Erden ist? Dass er euch bedachte mit seinen Gaben [*niʿam*], im Offenen und Verborgenen? [...] (31:20)[31]

Es ist also hier die Rede von einer Dienstbarmachung für die Menschen von allem, was sich auf der Erde vorfindet. In diesem Kontext begegnet uns auch der bereits erwähnte Begriff *taḏlīl* (Unterwerfung). Er wird in der Literatur oft im Zusammenhang mit der Idee der Autoritätsausübung des Menschen und der Dienstbarkeit der Tiere verwendet, die oft als Unterwerfung begriffen wird.

---

[28] Die gängige Übersetzung (auch nach H. Wehr) für das Wort *karrama* lautet „ausgezeichnet" bzw. „geehrt".

[29] „Er ist es, der euch als Nachfolger [*ḫalīfa*] auf der Erde eingesetzt hat" (35:39). Bei M.A. Rassoul ist statt von Nachfolger die Rede von Statthalter. Zur Problematik des Begriffs *ḫalīfa* als auch hinsichtlich einer Diskussion über die Stellung des Menschen innerhalb der Schöpfung siehe Tlili, a.a.O. (Fußn. 3), 222ff.

[30] Weil sich ihre Bedeutungen überschneiden, sind die beiden Begriffe schwierig zu übersetzen. Man kann aber sagen, dass der Begriff *taḏlīl* im Koran „der biblischen Vorstellung von Herrschaft am Nächsten kommt, denn er verbindet die Elemente Autorität und Dienstbarkeit erkennbarer als dies bei dem Begriff *tasḫīr* der Fall ist" (Tlili, a.a.O. [Fußn. 3], 74ff.).

[31] Dieser Vers wird nicht selten angeführt, um die absolute Vormachtstellung des Menschen gegenüber der Umwelt und somit den Tieren zu begründen; mehr noch, der Begriff *saḫḫara* (dienstbar machen, die Verbalform des Substantivs *tasḫīr*) wird oft so verstanden, dass die Menschen auf der Erde über alles verfügen und herrschen dürfen.

> Sahen sie denn nicht, dass wir ihnen, durch unserer Hände Arbeit, Herdenvieh [al-anʿām], erschufen [ḫalaqna lahum], so dass sie es nun besitzen [mālikūn]? Wir machten es ihnen fügsam [ḏallalnāhā lahum]. Teils nutzen sie es zum Reiten, teils essen sie davon. In ihm liegt für sie vielfacher Nutzen, auch gibt es zu trinken. Wollt ihr denn nicht dankbar sein? (36:71-73)

Diese Verse werden häufig angeführt, um eine absolute Vormachtstellung des Menschen gegenüber den Tieren zu legitimieren. In dieser Perspektive darf der Mensch, als ein besonderes Geschöpf, die Tiere unterwerfen und mit ihnen nach eigenem Bedürfnis verfahren, ohne die Bedürfnisse anderer Geschöpfe zu berücksichtigen. Dies ist gerechtfertigt, weil gesagt ist, dass Gott Vieh für sie, d.h. die Menschen, geschaffen hat [ḫalaqna lahum], das der Mensch nun besitzt [mālikūn] und aus dem er großen Nutzen zieht.

Wenn wir jedoch die beiden Konzepte differenzierter betrachten, erkennen wir, dass sie nicht auf eine so einfache Weise zu interpretieren sind. Sarra Tlili unterzieht sie in ihrem Werk einer tiefergehenden Analyse. In ihrer Betrachtung der oben zitierten Verse bezieht sie andere, ähnliche Verse mit ein und berücksichtigt auch die Interpretationen von vier klassischen Exegeten.[32] Hinsichtlich der oben zitierten Verse 36:71-73 merkt sie an, dass man dreierlei Dinge berücksichtigen muss: Zunächst muss man den Begriff al-anʿām näher betrachten, der hier mit Herdenvieh übersetzt wird. Da sich der Vers nur auf anʿām (Vieh) bezieht, sollte seine Aussage nicht auch auf andere Tiere übertragen werden, so wie es die erwähnten Exegeten beschrieben haben.[33] Mit anderen Worten, selbst wenn der oben zitierte Vers auf diese Weise interpretiert wird, dass er eine „Aneignung" der anʿām rechtfertigt, ist er dennoch nur auf diese Tiergruppe bezogen und deshalb nur für sie gültig.

Wenn wir den Begriff taḏlīl und seine Interpretationen genauer betrachten, erkennen wir, dass dieser Begriff nicht verstanden wurde im Sinne einer absoluten menschlichen Autorität über diese Tiergruppe, sondern im Sinne eines göttlichen Gnadenerweises, der es dem Menschen etwa möglich machte, ein Kamel zu bändigen, dass ihm ja eigentlich körperlich überlegen ist. Im Einklang mit dieser Anschauung wurde häufig ergänzend gesagt, dass man auch die Interessen der besagten Tiere berücksichtigen müsse, denn Gott verlange, dass wir Dankbarkeit zeigen. Und diese Dankbarkeit

---

[32] Aṭ-Ṭabarī (gest. 923), ar-Rāzī (gest. 1209), al-Qurṭubī (gest. 1273) und Ibn Katīr (gest. 1373).
[33] Siehe Tlili, a.a.O. (Fußn. 3), 76f.; Abū ʿAbdallāh al-Qurṭubī, al-Jāmiʿli-aḥkām al-Qurʾān (Beirut: Dār al-Kutub al-ʿIlmiyya 2000), 15:38.

wird offen sichtbar, wenn die Menschen kein Unheil auf der Erde anrichten und entsprechend auch den Tieren keinen Schaden zufügen.[34]

Nach Ansicht Tlilis können wir angesichts dieser Aspekte nicht zu dem Schluss kommen, dass die Menschen das Recht haben, sich als Herrscher über die übrige Schöpfung zu verstehen, denn letztlich ist in letzter Instanz immer Gott der Herrscher. Zu keiner Zeit hat also die Menschheit die Autorität über die Umwelt und damit die Tiere. Der oben zitierte Vers macht dies deutlich. Denn der Koran verwendet das Verb *saḫḫara* (dienstbar machen) auch hinsichtlich anderer Dinge, wie das Sonnensystem, die Meere, Wolken usw. Dies wirft die Frage auf, wie dieser Begriff in diesem Kontext zu verstehen ist. Kann die Menschheit auch über die Sonne und den Mond verfügen?[35] Zudem ist zu bedenken, dass der Begriff *tasḫīr* nicht nur auf Menschen angewandt wird. So werden im Koran auch den Tieren Dinge dienstbar gemacht (z.B. der Himmel den Vögeln [Koran 16:79]). Dies lässt daran zweifeln, inwieweit man aus diesem Begriff hierarchische Strukturen ableiten kann. Es ist zudem verwunderlich, dass der Begriff *tasḫīr* in so starkem Maß positiv gedeutet wird, insbesondere im Sinne von Vormachtstellung, wo er doch in Wirklichkeit viel weniger bedeutet. Berücksichtigt man, in welchen Kontexten der Begriff *tasḫīr* auftaucht, stellt man fest, dass ihm häufig die Wendung „auf das ihr dankbar sein möget" (*laʿallakum taškurūn*) folgt. So heißt es im Koran an einer Stelle:

> ... damit ihr euch auf deren Rücken setzt und dann der Gnade eures Herrn gedenkt, wenn ihr auf ihnen Platz genommen habt, und sprecht: „Preis sei dem, der uns dies dienstbar machte! Wir hätten solches nicht vermocht." (43:13)

---

[34] Interessant ist es, dass sich dieser Aspekt bzw. die Auffassung, dass man Tieren nicht absichtlich Schaden zufügen dürfe, in manchen staatlichen Regulierungen niederschlug. So erließ etwas der zweite Kalif ʿUmar (gest. 644) ein Gesetz, um festzulegen, wie viel Gewicht eine Lasttier maximal tragen dürfe. Die Übertretung dieses Gesetzes zog eine Strafe nach sich, jedenfalls ist in dieser Hinsicht ein konkreter Fall dokumentiert. (Vgl. Tlili, a.a.O. [Fußn. 3], 86. Dort zitiert aus al-Qurṭubī, al-Jāmiʿ li-aḥkām al-Qurʾān 10:49). Tlili zieht daraus den Schluss, dass „außer moralisch verwerflich zu sein, die Misshandlung von Lasttieren auch eine Verletzung des islamischen Rechts darstellt, der als strafbarer Akt bereits in dieser Welt und nicht nur in der nächsten bestraft werden kann" (Tlili, a.a.O., 86). Die Tatsache, dass die Missachtung von Tieren für die Menschen nicht nur im Jenseits Folgen hat, sondern bereits hier in diesem Leben bestraft werden kann, macht die Tiere als Wesen, die Leiden empfinden können, zu einem Teil einer ethischen Gemeinschaft. In dieser Gemeinschaft sind sie moralische Objekte und Akteure, d.h., es gelten für sie moralische Gesichtspunkte und entsprechende Rechte.

[35] „Und er machte dienstbar euch die Nacht, den Tag, die Sonne und den Mond; dienstbar gemacht sind auch die Sterne, seinem Geheiß (*amr*) gemäß" (16:12). Siehe auch 14:32-33; 45:12-13 usw.

Wir können also festhalten, dass auch die menschlichen Grenzen und Schwächen innerhalb des Kosmos verdeutlicht werden. Der Mensch ist vom Rest der Schöpfung abhängig, ohne den er nicht vermag, gewisse Dinge zu tun.[36]

Wir finden ähnliche Auslegungen dieser Koranverse auch bei den klassischen Koranexegeten wie etwa Abū ʿAbd Allāh Muḥammad ibn Aḥmad al-Qurṭubī (gest. 1272), Faḫr al-Dīn al-Rāzī (gest. 1209) und Ismāʿīl ibn ʿUmar ibn Kathīr (gest. 1373). Sie verbinden nicht nur den Begriff des *tasḫīr* mit einer Form der menschlichen Schwäche, eben weil er die Abhängigkeit der Menschen von ihren Mitgeschöpfen unterstreicht, sondern betonen auch, dass sich aus der Tatsache, dass Gott den Menschen (neben anderen) etwas dienstbar gemacht hat, nicht folgern lasse, dass sie deshalb die Schöpfung und die Tiere instrumentalisieren und nur zu ihrem eigenen Nutzen gebrauchen dürften.[37] Gott ist es, der die absolute Macht über Gottes eigene Schöpfung hat. Deshalb darf sich der Mensch nicht als Vermittler zwischen Gott und den Tieren verstehen. Vielmehr muss er sich als besondere Schöpfung in die übrige Schöpfung eingliedern.[38] Es ist deshalb auch eine grobe Vereinfachung zu sagen, dass Gott alles nur zum Nutzen der Menschen geschaffen hat. Vielmehr hat Gott allen Geschöpfen zur Verfügung gestellt, was sie brauchen.[39]

Zudem müssen wir in Bezug auf den Koran bedenken, dass sich dieser an die Menschen wendet und insofern Gottes Gnadenerweise gegenüber den Menschen besonders betont. Was den Menschen aufgrund seiner besonderen Ausstattung jedoch auszeichnet, ist die ihm übertragene Aufgabe, *ḫalīf* auf Erden zu sein, dessen Ausübung durch Verantwortlichkeit gegenüber den Mitgeschöpfen gekennzeichnet sein sollte. Niemals jedoch sollten wir diese Auszeichnung so verstehen, dass sie uns eine völlige Handlungsfreiheit und absolute Autorität über den Rest der Schöpfung gewährt.[40]

## „Richtet auf der Erde kein Unheil, nachdem sie in Ordnung gebracht wurde"[41]

Sowohl die Menschen wie auch die Tiere sind das Ergebnis von Gottes schöpferischem Handeln, und dieses Handeln beinhaltet Gottes Entscheidung

---

[36] Siehe Tlili, a.a.O. (Fußn. 3), 99.
[37] Siehe a.a.O., 79ff.
[38] A.a.O., 92.
[39] „Es gibt kein Geschöpf auf der Erde, dessen Versorgung nicht Gott obliegt. Er kennt dessen sicheren Ort und seine Heimstatt. [...]" [11:6]. Siehe Koran 29:60.
[40] Ebrahim, a.a.O. (Fußn. 23), 12.
[41] Koran 7:56.

für die Menschheit und für die Tiere. Das alleine sollte schon genügen, um zu erkennen, dass die Tiere einen inneren Wert besitzen, der ihnen nicht abgesprochen werden kann. Dies wird noch dadurch unterstrichen, dass Gott mit den Tieren kommuniziert und ihnen erlaubt zu kommunizieren. Es gibt eine göttliche Unmittelbarkeit, ein „Du" entsteht im Lichte Gottes und des Tieres. Ein „Du", das im Sinne des Korans fähig zu sein scheint, den genuinen Zweck des irdischen Daseins zu erfüllen – fortwährend Gott zu dienen. Es lassen sich in der Schrift keine Gründe finden, die den Menschen erlauben würden, ihren Mitgeschöpfen zu schaden. Die Tatsache, dass wir einen gemeinsamen Ursprung haben, Gott, sollte genügen, um sich für die Tiere einzusetzen. Wir dürfen auch nicht vergessen, dass wir, indem wir ein Gott lobpreisendes Tier verwunden, dieses daran hindern, Gott zu preisen.[42]

Es gibt immer noch eine reduktionistische Anthropologie, die sich radikal nur auf den Menschen konzentriert und damit keinen Platz für die Mitgeschöpfe lässt. Diese Haltung lässt sich auch bei Interpretationen des Korans in den letzten Jahrhunderten beobachten, in denen die Tiere und ihre Interaktionen mit den Propheten unerwähnt bleiben. Der Mensch alleine rückte in den Mittelpunkt zum Nachteil der Tiere. Aber widerspricht nicht eine solche Haltung gegenüber den Mitgeschöpfen, bei der die Menschen alleine durch ihre eigenen Interessen angetrieben werden, dem Weltbild des Islams, das beansprucht, universell zu sein?

Es ist also notwendig, den Koran neu zu lesen im Hinblick auf alle Mitgeschöpfe und dabei die Feinheiten mit zu beachten. Was können wir aus der Geschichte von Noah und der Errettung aller Tiere lernen? Was hat es zu bedeuten, dass der Prophet Jona in einem Tier (einem Fisch[43])

---

[42] Dieser Gesichtspunkt hat manche Sufis und Sufigruppen veranlasst, sich vegetarisch zu ernähren, obwohl der Koran den Verzehr bestimmter Tiere erlaubt. Siehe dazu: Richard C. Foltz, „Is Vegetarianism Un-Islamic?", in: Studies in Contemporary Islam 3/1 (2001), 39–54. Ebenso Foltz, a.a.O. (Fußn. 8), 105ff. Bemerkenswert ist die folgende Anekdote über die berühmte islamische Mystikerin Rabiʿa al-ʿAdawiyya al-Qaysiyya (gest. 801): „Rabiʿa begab sich eines Tages in die Berge und fand sich bald umringt von Hirschen, Bergziegen, Steinböcken und Wildeseln. Als Hasan al-Basri sich ihr näherte, flohen die Tiere, sehr zu seinem Leidwesen. Er fragte Rabiʿa: ‚Warum sind sie von mir weggerannt, während sie bei dir so zahm waren?' Rabiʿa, die kein Fleisch aß und um Worte nicht verlegen war, entgegnete: ‚Was hast du heute gegessen?', wohl wissend, dass er Fleisch gegessen hatte. Und sie sagte weiter: ‚Warum sollten sie also nicht vor dir fliehen?'" Farīd ad-Dīn Aṭṭār, Muslim Saints and Mystics: Episodes from the Tadhkirat al-Auliya, übers. v. A.J. Arberry (New York: Penguin Books 1990), 44–45.
[43] Koran 37:142. Der Koran berichtet, wie Jona (Arabisch: Yunus) von einem Fisch (ḥūt) verschluckt wird.

Zuflucht vor den Menschen findet und dort am Leben bleibt? Und was lehrt uns die Geschichte im Koran von der Ameise, die in Sure 27 ihr eigenes Volk warnt vor dem nahenden Propheten Salomo?[44] Diese und andere Fragen zeigen, dass unsere Sicht der Mitgeschöpfe sensibler sein muss und dass wir uns im Kosmos neu positionieren müssen, um die Aufgabe einer ganzheitlichen Interpretation des Korans erfüllen zu können: gegen die Vernachlässigung der Tiere in unserer Theologie und für eine Theologie, in der jedes Mitgeschöpf einen Platz findet im Haus der Schöpfung. Nur wenn wir diese Aufgabe annehmen, können wir der Herausforderung einer verwandelnden Lektüre des Korans hinsichtlich der verschiedenen heutigen Fragen einer Tierethik gerecht werden.

> Ich möchte dich anrufen in den Bergen
> inmitten der Felsen,
> mit den Vögeln der Stadt,
> mit den Fischen der tiefen See,
> mit den Gazellen der Ebenen ...
> mit den singenden Tauben,
> mit dem Gesang der Nachtigall,
> und durch die Stimmen derjenigen,
> die Dich lieben und anrufen,
> Ich will Dich anrufen, o Gott.
>     (Yunus Emre, 13. Jahrhundert)[45]

---

[44] „bis sie in das Tal der Ameisen kamen. Da sprach eine Ameise: ‚Ameisen! Geht hinein in eure Wohnungen, auf dass euch Salomo und seine Heerscharen nicht zertreten, ohne es zu bemerken!'" (Koran 27:18).

[45] Najib Ullah, Islamic Literature: An Introductory History with Selections (New York: Washington Square Press, 1963), 377. (Zitiert nach Lisa Kemmerer, Animals and World Religions [New York: Oxford University Press, 2011], 262).

# GOTTESBILDER IN KRISENSITUATIONEN

*Naveed Baig*

> Gott lässt mich leiden, um mir Kraft zu geben? Es sind Menschen, die mir wehgetan haben und Gott hat es gesehen. Hat mit mir gefühlt. Ich glaube nicht, dass Gott uns wehtun will. Soll ein Kind sexuell missbraucht werden, damit es gottbewusster wird? Ich werde dir jetzt wehtun, damit du mir näher kommst?!
> (Sarah, eine sexuell missbrauchte muslimische Frau)

## EINLEITUNG

Die koranischen Ideale der Geduld (*sabr*), Dankbarkeit (*shukr*), Standfestigkeit im Kummer (*istiqamah*), Selbstreinigung (*tazkiyyah*), Überlegung (*fikr*) und des Vertrauens (*tawakkul*) sind einige der religiösen Konzepte, mit denen Muslime durch Zeiten von Leiden und Schmerz steuern. Es ist interessant zu beobachten, ob sich in solchen Zeiten Muslime in einem säkularen Umfeld anderen Bewältigungsmechanismen zuwenden. Tradition und Orthopraxie sind zwei Dimensionen religiöser Bewältigungsmechanismen für muslimische Patienten in Krisenzeiten. Aber es gibt auch Anzeichen, dass traditionelle muslimische Bewältigungsideale auf verschiedene Weise Ausdruck finden in Zeiten des Leidens und der Not, ganz unabhängig von der persönlichen Situation und dem Umfeld. Es gibt ein „Mit-Gott-Sprechen", das neue Formen der Gotteswahrnehmung und Gottesbilder erkennen lässt.

In diesem Aufsatz wird zunächst ein allgemeiner Überblick über die islamische Seelsorge gegeben. Dann werden Bewältigungsmechanismen und das „Mit-Gott-Sprechen" von Patienten in den Blick genommen und erörtert.

## Islamische Spiritual Care

Jede religiöse Tradition hat eine spirituelle Dimension, die mit ihren Lehren verwoben ist. In der islamischen Tradition kann die spirituelle Dimension nicht von den göttlichen Anordnungen getrennt werden und umgekehrt. Sorge ist eine existenzielle Notwendigkeit des Lebenden. Die Verbindung von „spirituell" und „Sorge" bedeutet die Schaffung eines eigenen Typs von Sorge, der den Geist „bewegt".

Tariq Ramadan definiert islamische Spiritualität folgendermaßen: Sie ist keine halbstündige Routine, sie wird auch nicht erreicht durch die individuelle Abtrennung von der äußeren Welt und bedeutet auch nicht, den Freuden und Vergnügungen des Lebens zu entsagen. Stattdessen ist sie „ein fortwährender befreiender Prozess, eine Reinigung und Stärkung der Seele". Man kann Spiritualität und Religion nicht voneinander trennen.[1]

Der westliche Prozess der Individualisierung hat minoritäre religiöse Traditionen dazu gezwungen, Wege und Mittel zu finden, um Spiritual Care in Umfeldern anbieten zu können, wo früher die Familien und die umgebende Gesellschaft diese Aufgabe übernahmen. Diese Institutionalisierung hat unter anderem zu einem erneuerten und systematischen Verständnis spiritueller Sorge geführt.[2]

Islamische Spiritual Care ist der muslimische Begriff zur Bezeichnung einer religiös begründeten geistlichen Fürsorge, die von religiösen und spirituellen Leitungspersonen Gemeinden und Personen angeboten wird.[3] Sie gründet sich ihrem Wesen nach auf den Koran und die Sunna.

Obwohl die islamische Spiritual Care ein eigenes Fach ist, ist sie doch verbunden mit anderen Formen der islamischen fürsorglichen Praxis wie etwa der islamischen Bildung, Predigt, Ethik und spirituellen Heilung. Sie verwirklicht sich in vielen Formen und Ebenen, um Muslimen zu helfen, ihr Lebensverständnis zu erweitern und ihre Fähigkeiten zu stärken, mit persönlichen, familiären oder umfassenderen Problemen umzugehen, mit all dem, was sie begleitet, wie Trauer und Verlust, einfühlsames Zuhören, Kindererziehung usw. Islamische Spiritual Care ist mehr als nur Ausdruck klerikaler Verantwortlichkeit. Die Hauptziele sind Heilen, Erhalten, Leiten und Versöhnen.[4]

---

[1] Amira Ayad, Healing Body and Soul (Riad: International Islamic Publishing House, 2008).
[2] Naveed Baig, Islamic Spiritual Care (Copenhagen: Master thesis. Faculty of Theology, Copenhagen University, 2015).
[3] Nazila Isgandarova, „The Evolution of Islamic Spiritual Care and Counselling in Ontario in the Context of the College of Registered Psychotherapists and Registered Mental Health Therapists of Ontario", in: Psychology & Psychotherapy (2014), Vol. 4, No. 3, 143.
[4] A.a.O.

Die Rolle des aktiven Parts in der islamischen Spiritual Care lässt sich in vier Leitlinien zusammenfassen, wobei insbesondere das Menschen- und Weltbild in theologischer Perspektive im Zentrum steht. Diese Leitlinien versuchen die theologischen Einsichten aus der islamischen Tradition mit Blick auf Spiritual Care neu zu formulieren und zu verdichten.[5]

## LEITLINIEN EINER ISLAMISCHEN SPIRITUAL CARE

Die Menschen als Schöpfung Gottes sehen: „Allah schuf Adam in seinem Bilde" (*ala suratihi*). Dieser Ausspruch wird sowohl von Bukhari als auch Muslim in ihren jeweiligen Hadith-Sammlungen überliefert. Dieses Hadith über Gott, der Adam in Allahs eigenem Bild erschafft, ist weithin Gegenstand von Diskussionen. Um dieses Narrativ zu verstehen, muss man zuerst einmal einen fundamentalen Aspekt des islamischen Glaubens bedenken, nämlich die Transzendenz Allahs und Allahs vollständige Unterschiedlichkeit von geschaffenen Dingen. Das ist die unerschütterliche Aussage des Korans selbst: „Es gibt nicht seinesgleichen" (42:11), und ebenso der herausragendsten und bedeutendsten theologischen Texte der islamischen Tradition. Eine Verstehensmöglichkeit des Wortes „Bild" ist es, wenn man Eigenschaften wie Hören, Sehen usw. bedenkt, die sowohl Gott als auch Adam besitzen. Die Eigenschaften Gottes sind ewig und absolut, während die Adams relativ sind. Allah ist Schöpfer, dass konstituiert Gottes Superiorität, und das „Etwas-Erschaffen" Gottes kann nicht als ein biologischer Prozess verstanden werden, so wie wir ihn kennen. Ein anderes Hadith, das dem Propheten zugeschrieben wird: *Al-khalq ayal Allah*, bedeutet „die Schöpfung ist von der Familie Gottes". Auch das ist metaphysisch zu verstehen, denn Gott hat keine Familie und ist frei von menschlichen Merkmalen. „... und von meinem Geist in ihn (Adam) geblasen habe" (38:72) bedeutet Gottes besondere Aufmerksamkeit und Sorge bei der Formung der Menschheit.

Der Koran wendet sich nicht nur an Muslime und Gläubige, sondern vielfach auch an die ganze Menschheit (*ya ayuhan naas*). Er bezieht sich auch auf die Menschheit als die Nachkommenschaft Adams (*bani Adam*), denen von Gott Ehre erwiesen wird (17:70).

## MENSCHEN NACH IHREM EIGENEN VERSTÄNDNIS BEGEGNEN

Es ist prophetisches Verhalten, sich mit Menschen auf deren eigener gedanklicher Ebene und gemäß ihrer Intelligenz in Beziehung zu setzen (Bukhari).

---

[5] Baig, a.a.O. (Fußn. 2).

Die Ratschläge des Propheten an verschiedene Personen unterschieden sich je nach deren geistigem, sozialem, bildungsmäßigem und örtlichem Hintergrund. Er sprach mit den Anführern in Mekka und auch mit den Beduinen aus der Wüste. Er begegnete Gegnern und guten Freunden je nach deren Statur und Mentalität. Menschen dort zu begegnen, wo sie sind, ist keine Schwäche, sondern ein Zeichen geistiger und spiritueller Größe.

## „Barmherzige Gegenwart": Die Flügel der Barmherzigkeit über alle ausbreiten

Allah sagt dem Propheten im Koran, „senke deinen Fittich (mit Zartheit) über die Gläubigen" (15:88). Dieselbe Botschaft findet sich auch an anderer Stelle:

> Wegen der Barmherzigkeit von Gott warst du zu ihnen milde. Doch wärst du grob und harten Herzens gewesen, sie wären dir davongelaufen. Daher verzeihe ihnen, und bitte für sie um Vergebung! Und berate dich mit ihnen in der Sache! Wenn du dich entschlossen hast, so vertrau auf Gott! Siehe, Gott liebt die Gottvertrauenden. (3:159)

Im Hadith der Barmherzigkeit heißt es:

> Den Barmherzigen wird Barmherzigkeit erwiesen vom Barmherzigen. Sei barmherzig gegenüber denen auf Erden und Er, der im Himmel ist, wird dir barmherzig sein. Verwandtschaftsbande sind verbindende Zweige von dem Barmherzigen. Wer immer sie bewahrt, wird von Gott bewahrt werden, und wer immer sie abschneidet, wird von Gott abgeschnitten werden (Tirmidhi).

„Gott ist denjenigen gegenüber nicht barmherzig, die nicht den Menschen gegenüber barmherzig sind" (Bukhari und Muslim).

## Erinnert sie an ihre ursprüngliche Heimat

Die Reise zurück zu Gott ist das Endziel, der Punkt der Ewigkeit für Muslime. Es gab eine glückselige Zeit, in der alle Teil der „Welt von Seelen" in der Intimität Gottes. Die Seelen in dieser Welt sehnen sich danach.
Der Koran sagt: „Siehe, zu deinem Herrn ist die Rückkehr" (96:8).

## ISLAMISCHE BEWÄLTIGUNGSIDEALE – ERFAHRUNGEN AUS DÄNEMARK

Islamische Bewältigungsstrategien, -methoden und -fähigkeiten sind tief verwurzelt in islamischer Spiritualität. Sie sind eng verbunden mit verschiedenen Formen der Gottesverehrung und moralisch-ethischen Disziplinen. Die Strategien, die der Islam Muslimen zur Verfügung stellt, bieten heilendes Potenzial, um mit unerwarteten Lebenssituationen umzugehen.[6]

In meiner beruflichen Tätigkeit als Krankenhausseelsorger von 2005 bis heute habe ich festgestellt, dass die meisten Patienten die eine oder andere Art von Bewältigungsstrategie hatten. Bewältigung kann definiert werden als die Reaktion einer Person oder Gruppe auf unerwartete Lebenssituationen. In einem Umfeld von Spiritual Care werden diese Bewältigungsmechanismen manchmal von den Patienten selbst verstärkt und manchmal durch die seelsorgende Person hervorgerufen, wenn sie mit ihnen und ihren Verwandten sprechen.

Dazu gehören:

- Glaube (*iman*)
- Vertrauen auf Gott (*tawakkul*)
- Geduld (*sabr*)
- Dankbarkeit (*shukr*)
- Ausdauer (*istiqamah*)
- Reinigung (*tazkiyyah*)
- Überlegung (*fiqr*)
- Erinnerung (*dhikr*)
- Hoffnung (*aml*)

Diese Liste bedeutet keine Rangfolge. Manche Patienten haben mehrere Bewältigungsideale, andere nur wenige. Ein zentrales und häufig vorkommendes Bewältigungsideal ist das Vertrauen oder *tawakkul* in den Willen Gottes. Vertrauen auf Gott bildet für Muslime ein starkes Bewältigungsideal, denn sie haben Glauben an den Willen Gottes. Der Koran ermutigt die Muslime in allen Dingen, ihr unbedingtes Vertrauen in Gott zu setzen und dazu Gott als die letztliche Quelle der Rechtleitung und der Geborgenheit in all ihren Angelegenheiten und Entscheidungen anzusehen. Ein Koranvers illustriert diesen Punkt: „Sprich: ‚Nur das wird uns treffen, was uns Gott bestimmt hat.' Er ist unser Schutzherr, und auf ihn sollen die Gläubigen vertrauen" (9:51).

---

[6] Vgl. Meguellati Achour, Benaouda Bensaid, Mohd Roslan Bin Mohd Nor, „An Islamic Perspective on Coping with Life Stressors", in: Applied Research in Quality of Life (2015), Vol. 11, No. 3, 663–85.

Für Muslime stellt das Gottvertrauen (*tawakkul*) einen der wirksamsten Wege zur Lenkung der Motivation und zur Stärkung des Verhaltens dar. Es ist wesentlicher Bestandteil des muslimischen Lebens, insbesondere in Zeiten von Stress und Not. Vertrauen auf Gottes Pläne jedoch bedeutet nicht eine fatalistische Haltung, durch die eine muslimische Anstrengung zur Selbstveränderung vernachlässigt oder ganz verhindert würde.[7] Vielmehr lässt der individuelle Kampf einen Zustand der Nähe zu Gott entstehen, in dessen Zentrum die Erkenntnis von Muslimen steht, dass Gottes Pläne gerecht und weise sind und dass sie, wie herausfordernd die Beschwernisse des Lebens auch sein mögen, ihr Vertrauen auf Gott setzen sollten, der die Macht hat, die Umstände zum Besseren zu wenden.[8]

Der Koran betont gleichfalls die persönliche Verantwortlichkeit: „Siehe, Gott ändert an einem Volke nichts, ehe sie nicht ändern, was in ihren Seelen ist" (13:11).

Der Wille Gottes und der persönliche Kampf vollführen eine parallele Bewegung und erdulden ein gemeinsames Schicksal. Der Wille Gottes ist die ganze Zeit da, aber die individuelle Verantwortung wird aufgrund ihrer Willensanstrengungen belohnt und verschmilzt letzten Endes mit dem Willen und Plan Gottes.

Der Koran sagt, dass Allahs Plan der vorherrschende ist: „aber sie planen, und Allah plant. Und Allah ist der Beste der Planer" (8:30).

## Mit Gott reden in Zeiten der Krise

Der Koran berichtet von vielen Fällen des Redens mit Gott in Notzeiten. Die koranische Geschichte von Abraham und den Vögeln ist eine ganz besondere. Das Erlebnis des Propheten Abrahams mit den Vögeln ist eine der beliebtesten Geschichten im Koran. Das von ihr angesprochene Thema berührt das Gemüt aller, die eine Form der Bestätigung suchen, die unsere natürlichen Instinkte zu glauben und Wünsche nach Beweisen befriedigen. Abraham wollte sehen, wie Gott die Toten lebendig macht. Er war ein Gläubiger, aber doch wollte er ein Zeichen, um sein Herz mit Gewissheit und Befriedigung zu stärken.

> Damals, als Abraham sprach: „Mein Herr, lass mich sehen, wie du die Toten lebendig machst!" Er (Gott) sprach: „Glaubst du denn nicht?" Er sprach: „Doch. Aber mein Herz soll Gewissheit finden." Er sprach: „So nimm vier Vögel, und wende sie zu

---

[7] Naveed Baig, Marianne Kastrup, Lissi Rasmussen, Tro, omsorg og interkultur (Kopenhagen: Hans Reitzels Forlag, 2010).
[8] A.a.O.

dir! Dann lege einen Teil von ihnen auf jeden Berg, dann rufe sie, so werden sie eilends zu dir gelaufen (geflogen) kommen! Wisse: Gott ist mächtig, weise!" (2:260)

Ebenso werden der Prophet Ayuub (Hiob) und seine körperliche Krankheit im Koran erwähnt, und Gott preist ihn für seine Geduld und Ausdauer.

> Und Hiob. Damals, als er zu seinem Herrn rief: „Siehe, mich erfasste Unglück, du aber bist der barmherzige Erbarmer!" (21:83)
>
> (So wurde ihm gesagt), „Stampf auf mit deinem Fuß! Das hier ist ein kühler Badeplatz – und ein Getränk." Wir schenkten ihm seine Angehörigen wieder und mit ihnen noch einmal so viel aus Barmherzigkeit von uns und als Mahnung für die Einsichtsvollen.
>
> (Wir sagten), „Nimm in deine Hand ein Bündel, dann schlag damit, und sei nicht eidbrüchig!" Wir fanden, dass er geduldig war. Was für ein guter Knecht! Siehe, er war bereit zur Buße." (38:42–44)

Diese Verse sind die längste Erzählung von Hiob im Koran. Wie in der Bibel ist Hiob ein Beispiel für Geduld und Duldsamkeit. Aber anders als in der Bibel enthält der Bericht des Korans keine didaktischen Überlegungen zu dem Problem des Bösen.

## Prophetische Gottesrede

Die *Ta'if*-Episode ist ein entscheidender Teil der Lebensgeschichte des Propheten. Nachdem er in der Stadt *Ta'if* mit Steinen beworfen und lächerlich gemacht und seine Schuhe mit Blut begossen worden waren von Gegnern, die mit der Botschaft des Propheten vom neuen Glauben unzufrieden waren, sprach er folgendes Gebet:

> O Gott, dir klage ich meine Schwäche, meinen Mangel an Mitteln und die Demütigung durch diese Menschen. O Barmherzigster aller Barmherzigen. O Herr der Schwachen und auch mein Herr. Wem hast du mich anvertraut?
> Einer entfernten Person, die mich mit Feindseligkeit empfängt? Oder meinem Feind, dem du Macht über meine Sache verliehen hast? Solange du nicht zornig mit mir bist, kümmert es mich nicht. Deine Gunst ist eine wertvollere Erleichterung für mich. Ich suche Zuflucht im Licht deines Antlitzes, durch das alle Finsternis vertrieben wird und jede Sache dieser Welt und der nächsten richtiggestellt wird, damit nicht dein Zorn oder dein Missfallen auf mich herabkommt. Ich ersehne

deine Freude und Zufriedenheit, bis du zufrieden bist. Es gibt keine Kraft und keine Macht außer bei dir.⁹

Wie sich der Prophet Gott zuwendet, ohne seine Gegner zu verdammen, ist ein Beispiel aus der Literatur, auf das Muslime verweisen, wenn sie seine Einstellung gegenüber Feinden illustrieren wollen. Diese wird noch deutlicher durch die Reaktion des Propheten, als der Engel der Berge ihm außerhalb von Ta'if begegnete und ihm auf seine Bittgebet hin anbot, die die Stadt umgebenden Berge auf diese stürzen und sie zerstören zu lassen. Der Prophet antwortete nämlich darauf: „Nein, ich hoffe, dass diese Menschen eines Tages dahin kommen werden, nur Allah und Ihn allein anzubeten."¹⁰

## „Warum tut Gott das? Er gibt mir ein Baby, nur um es nach ein paar Stunden in meinen Armen wieder wegzunehmen" (eine türkische Mutter)

Eine türkische Mutter, die ihr frühgeborenes Kind verloren hatte, war voller Zorn. Ihr Zorn richtete sich gegen das Göttliche, viele Fragen bestürmten sie unmittelbar nach dem Tod ihres Babys. Interessanterweise drückte sie keine Verachtung oder Hass gegenüber Gott aus, sondern richtete sich ernsthaft an Gott. Diese „innere Klage" der Mutter kann man als Beispiel für ihre Beziehung zu Gott ansehen und nicht etwa als Verbindungsabbruch.

Ein anderer Patient sagte:

> Am Anfang meiner Krankheit wälzte ich viele Gedanken in mir und kämpfte mit Allah, beklagte mich bei ihm. Ich fragte: Warum ich? Dann dachte ich, ich bin selbst die Ursache meiner Krankheit. Ich habe ein Vergehen begangen. Darum bat ich um Vergebung bei Freunden und der Familie und sprach alle an. Das gab mir ein Gefühl der Zufriedenheit.
>
> Ich hatte eine direkte Verbindung mit Allah. Ich dachte an niemanden andern. Ich sprach viel Astaghfirullah (die Formel mit der Bitte um Vergebung von Gott).
>
> (Hasan, ein Leberpatient)

Der Patient erzählte auch, dass er täglich den Koran mit Übersetzung rezitiert und die *asma al husna* (die 99 „schönen" Namen Gottes) betete oder rezitierte.

---

⁹ Safiur Rahman Mubarakpuri, Ar-Raheeq al Makhtum (Riad: Darussalam Publishers, 1996), 137.
¹⁰ A.a.O., 138.

Ein bekanntes Hadith vom Propheten, das seinem Gefährten Abu Hurayra zugeschrieben wird, zählt die 99 „schönen Namen" auf, unter denen Gott gekannt werden kann. Diese „schönen Namen" beziehen sich in vielfacher Weise auf Gott. So werden die Namen z.B. oft in *jalaal* (majestätisch) und *jamaal* (schön) unterteilt.

Eine andere Klassifikation spricht von *tanzih* und *tashbih*, was oft mit transzendent und immanent übersetzt wird. Die *Tanzih*-Namen sind unvergleichbar und unerkennbar. Sie stellen die Größe Gottes und die Winzigkeit des Menschen heraus oder die Wirklichkeit des Wirklichen und die Unwirklichkeit des Unwirklichen. Die Namen versetzen die Menschen in ihr rechtes Verhältnis zu ihrem Herrn. Sie ermöglichen es zu verstehen, dass sie Diener Gottes sind und dass sie wie Diener handeln müssen. *Tashbih*-Namen hingegen sind ganz nah und vertraut: Zu ihnen gehören Namen wie al-Mujeeb, „der Beantworter der Gebete", oder al-Ghaffoor, „der Vergebende und Verberger der Fehler". *Tashbih* verstehen heißt Gottes Nähe zu erfahren, Immanenz und Erreichbarkeit.[11]

Die *asma al husna* dienen auch dem Beistand und der Rechtleitung, wie am Beispiel des erwähnten Patienten ersichtlich. Der Koran lehrt:

> Sprich: „Ruft Gott (Allah) an, oder ruft den Erbarmer (ar-Rahman) an. Wie immer ihr ihn nennt, sein sind die Schönen Namen" (17:110)

## Rumi und die Gottesrede

Der berühmte Mystiker, Dichter und Theologe Jalaludeen Rumi (gest. 1273) ist am bekanntesten für seine sechzigtausend Verse mystischer Poesie, die zugleich didaktische und lyrische Dichtung ist. Aber seine Schüler bewahren auch einige seiner metaphysischen Erkenntnisse auf, die dann später aufgeschrieben wurden. Rumi sagt:

> Es gibt eine innere Welt der Freiheit, in der Gedanken zu subtil sind, um urteilen zu können. Wie man sagt: „Wir urteilen nach dem Äußeren, und Gott wird für die inneren Gedanken Sorge tragen." Gott erschafft diese Gedanken in dir, und du kannst sie nicht vertreiben, mit aller Anstrengung nicht ... es gibt eine Welt der Körper, eine andere der Bilder, eine andere der Fantasien und eine weitere

---

[11] Vgl. Ghazālī, The Ninety-Nine Beautiful Names of God, transl. David B. Burrell and Nazih Daher (Cambridge: The Islamic Texts Society, 1992).

der Vermutungen, aber Gott ist jenseits aller Welten, weder innerhalb noch außerhalb von ihnen.[12]

Rumi spielt hier auf Gottes Allmacht an. Gott ist jenseits aller Begriffe von Ihm, aber zugleich aller menschlichen „Betätigung" bewusst – sei sie verborgen oder offensichtlich. Selbst die kürzesten Gedanken, die in den Sinn kommen, entsprechen dem Willen Gottes und sind von Gott gewusst. Gott ist deshalb der Höchste, und alles „Sinnstiften" verweist zurück auf Gott. Ein Patient erzählt zum Beispiel:

> Er hat die Menschen in diese Welt gebracht, einige, um Gutes zu tun, andere Schlechtes. Manche wählen *shaytan*. Ich verstehe die bösen Menschen nicht, wie sie diese Wahl treffen können. Ich denke nicht, dass Allah so ist, und Er hat das nicht für mich gewollt. Ich habe Ihm gesagt, dass dies nie wieder geschehen soll! Er muss mir zeigen, dass Er Gott ist und Menschen stoppen kann. Er kann alles tun. (Sarah)

Sarah fleht zu dem allmächtigen und omnipotenten Gott. Sie personalisiert Gott und gibt Ihm Ratschläge! Sie sieht es nicht so, dass die bösen Taten direkt von Gott kommen. Aber woher kommt das Böse dann?

Der Koran stellt fest: „Was dich an Gutem trifft, das ist von Gott, und was dich an Schlimmem trifft, das ist von dir selber" (4:79). Wesentlich für diese Diskussion ist es, ob es Gott erlaubt, dass Böses geschieht. Wenn Gott allmächtig ist und alles unter seiner Herrschaft steht (einschließlich des Bösen in dieser Welt), dann hat der Islam kein Theodizee-„Problem". Wenn das Böse sein eigenes „Leben" hat und einen „Einflussbereich", dann ist die Theodizeefrage sehr zentral für die theologische Diskussion im Islam.

## Bewältigung mit und in dem Glauben

Diese Beispiele von Patienten zeigen uns, dass Tradition und Orthopraxie in der religiösen Bewältigung durch diese Patienten gegenwärtig sind. Es gibt aber auch Zeichen dafür, dass traditionelle muslimische Bewältigungsideale auf verschiedene Weise Ausdruck finden ganz unabhängig von der individuellen persönlichen Situation und ihrem Umfeld während Zeiten der Krise und Not. Seelsorgerliche Arbeit zeigt, dass das Auffinden von Sinn und Richtung während Krisenzeiten ganz wesentlich für Patienten und ihre Angehörigen ist. Es gibt eine religiöse Sprache und ein religiöses

---

[12] Zitiert nach John Renard, Islamic Theological Themes (California: University of California Press, 2014), 289.

Verständnis, die eng verbunden mit einer Weltsicht, in der Unglücksfälle und Schwierigkeiten in eine Sinnstruktur eingefügt werden, helfen können, sich in Gott und Gottes Plan zu ergeben. In einfachen Worten: Glaube wird in schwierigen Zeiten wiederbelebt und gewinnt an Intensität, und für viele ist er bereits tief verwurzelt in einem Kosmos der Bedeutung und des Verstehens.

# Transformative Lesarten der Bibel

# Die Genesis lesen – Eine Einladung zum Dialog

*Clare Amos*

Es ist die These dieses Aufsatzes, dass die sich wandelnde Vorstellungen von Gott in einem bestimmten biblischen Buch – dem Buch Genesis – eine Einladung an uns ist, tiefgehende Fragen über das Gottesbild zu stellen, über Gottes Beziehung zu der Menschheit und insbesondere auch darüber, in welchem Maße Gottes Stimme, die in dem und durch den biblischen Text zu hören ist, als eine Stimme des Befehls oder des Dialogs intendiert ist.

## Geschichten aus der Genesis hören zu verschiedenen Zeiten und in verschiedenen Kontexten

Wie viele Erwachsene aus Kirchgänger-Familien meiner Generation bin ich wohl zuerst dem Buch Genesis als Kind im Kindergottesdienst begegnet. Wir hörten von Noah, Abraham, Jakob und Joseph in den Geschichten, die uns aus der Genesis erzählt wurden: die natürlich geschickt bearbeitet waren – ich glaube, wir hörten nicht allzu viel von heiklen Vorfällen wie dem Versuch Abrahams durchzukommen, indem er seine Frau als seine Schwester ausgibt; auch offensichtlich unangenehme Geschichten der Beziehungen zwischen Abraham, Hagar, Sarah und Ismael wurden größtenteils ausgelassen, während das Verhalten von Frau Potiphar auf jeden Fall in einer zensierten Version präsentiert wurde. Wir hörten interessanterweise, dass Abraham beinahe seinen Sohn Isaak geopfert hätte, und ich habe vage Erinnerungen daran, wie ich mich als kleines Kind fragte und ängstigte, ob meine eigenen Eltern vielleicht einmal einen ähnlichen Auftrag und

Befehl zu hören bekämen. Seltsamerweise erfüllte mich im Rückblick die Geschichte von der Sintflut und der fast vollständigen Auslöschung der ganzen Menschheit nicht mit derselben Angst. Irgendwie schaffte es das anziehende Bild des Regenbogens und der glücklich zu zweit zur Arche trottenden Tiere es, der Geschichte den Stachel zu ziehen. Erst als ich schon ziemlich erwachsen war, begann ich über die Flut als etwas nachzudenken, was man als eine „Episode des göttlichen kosmischen Kindesmissbrauchs" bezeichnet hat.

Alles in allem hat man uns wohl darin bestärkt, in den Vätergeschichten grundsätzlich gute Beispiele für Moralität zu sehen, vor allem weil sie auf die Stimme Gottes hörten und ihr größtenteils gehorchten. Manchmal lagen sie falsch, wie etwa Jakob, als er seine Brüder austrickste (ein exzellentes moralisches Beispiel, um Kindern die Gefahren der Geschwisterrivalität vor Augen zu führen), aber obwohl sie dafür bestraft wurden, in Jakobs Fall mit zwanzig Jahren Exil, lernten sie schließlich ihre Lektion und konnten so weiterhin mit Nutzen im Kindergottesdienst eingesetzt werden. Ich vermute, dass wenigstens im Falle Abrahams dessen Rolle im Neuen Testament, insbesondere wenn auch nicht ausschließlich in den paulinischen Briefen, auf die alttestamentlichen Geschichten abfärbte und dazu ermutigte, ihn durch eine besondere, rosarot gefärbte Brille zu sehen.

Nun ein schneller Sprung zu meinen frühen Erwachsenenjahren und zu meinen Jahren, die ich in Ostjerusalem verbrachte. Dort hinterließ eine weitere Begegnung mit den Vätergeschichten einen unauslöschlichen Eindruck. Ich wohnte und arbeitete auf dem Gelände um die anglikanische St. George's Cathedral, als ich dort eines Tages, ich glaube es war 1977, eine Freundin traf, Najwa Farah, eine palästinensische anglikanische Christin und Frau des damaligen anglikanischen Priesters in Ramallah. Najwa selbst war eine bekannte palästinensische Dichterin. An diesem besonderen Tag war Najwa völlig schockiert und vor Aufregung kurz vorm hyperventilieren. Sie war anscheinend zum Mittagessen in einem Hostel gewesen, das zu der „anderen" anglikanischen Kirche in Jerusalem gehörte und die, obwohl sie in Ostjerusalem stand, also der Altstadt, ihren Dienst vor allem im Hinblick auf die jüdische Bevölkerung versah. Eine christliche amerikanische Touristin, die auch beim Mittagessen saß, hatte sie gefragt, wer sie sei. Als Najwa antwortete: „Ich bin eine palästinensische Christin und wohne in Ramallah", hatte die andere Frau entgegnet: „Sie können keine wirkliche Christin sein, denn wenn Sie das wären, würden Sie wissen, dass Gott dieses Land den Nachkommen Abrahams, Isaaks und Jakobs gegeben hat, und Sie wären aufgestanden und hätten das Land verlassen." Vermutlich bezog sich die Frau auf Genesis 15,18-21 mit einem bisschen Genesis 12,1-3 und 13,14-17 dabei. Ich brauche wohl nicht en detail auszuführen, was sich für eine implizite biblische Hermeneutik in einer solchen Theologie ausdrückt: eine Vorstellung von der Bibel als dem Wort Gottes, das vor allem als ein Befehl an die Menschen verstanden wird, der in der Geschichte auszuführen ist, wobei besonders jenen biblischen Texten Aufmerksamkeit und Autorität zugebilligt wird, die sich als die tatsächlich gesprochenen Worte Gottes präsentieren.

Die schiere Monstrosität dessen, was Najwa entgegengehalten wurde, habe ich immer als Affront empfunden, und das Ganze hat einen großen Einfluss auf meine Arbeit über das Buch Genesis in den letzten zwanzig Jahren gehabt.[1] Ich bin zu der Überzeugung gelangt, dass der Behauptung dieser Frau und der dahinterstehenden Theologie und Hermeneutik aus der Bibel selbst heraus widersprochen werden kann und sollte, und insbesondere auch gerade aus dem Buch Genesis heraus. Obwohl das, was ich jetzt darstellen werde, meiner Meinung nach weitergehende theologische Implikationen hat, ist vor allem der Gebrauch und Missbrauch der Bibel, insbesondere der Genesis, in Verbindung mit dem Nahostkonflikt einer starker Beweggrund für meine Untersuchung gewesen.

## DIE STRUKTUR DER GENESIS

Ich war immer dankbar dafür, dass ich eine akademische Bibelwissenschaftlerin wurde zu einer Zeit, als das Fach begann, die Aufmerksamkeit auf größere Einheiten der Bibel zu richten statt auf kurze isolierte Texte. Ich interessiere mich für Themen wie die Ordnung der Bibel und der zwei Testamente insgesamt und die Struktur von ganzen biblischen Büchern. Ich meine z.B., dass die Betrachtung des potenziell problematischen Textes Genesis 15,18-21 im Zusammenhang des gesamten Korpus der Genesis kein fakultativer Zusatz ist, sondern eine wesentliche Voraussetzung für eine richtige Interpretation dieses Textes.

Was ist also die Struktur des Buches Genesis? Selbst ein kursorischer Blick legt schon einen Aufteilungspunkt gegen Ende des Kapitels 11 nahe, zwischen der urzeitlichen Geschichte und der Vätergeschichte. Ich möchte jedoch weitergehend eine Aufteilung der Genesis – so wie sie jetzt vorhanden ist – in fünf Abschnitte vorschlagen, von denen jeder vom anderen durch die wiederkehrende Verwendung der sogenannten Toledotformel getrennt ist. Die Toledotformel kommt zehnmal in der Genesis vor – streng genom-

---

[1] Die Diskussion über dieses und verwandte Themen ist auch in den Kommentar eingeflossen, den ich zur Genesis verfasst habe. Siehe Clare Amos, The Book of Genesis (Peterborough: Epworth, 2004). Ich habe auch Wesentliches beigetragen zu dem Anglican Communion Report on Christian Zionism, Land of Promise? (London: Anglican Communion, 2012).

men elfmal, aber ich denke, man kann legitimerweise ihren Gebrauch in 36,9 als eine verstärkende Wiederholung ihrer vorherigen Erwähnung in dem Kapitel betrachten. Das Wort Toledot kommt also vor in 2,4; 5,1; 6,9; 10,1; 11,10; 11,27; 25,12; 25,19; 36,1 (wiederholt in 36,9); 37,2. Es wird in englischen Bibelübersetzungen unterschiedlich übersetzt, etwa mit „Geschichte", „Genealogie", „Nachkommen", „Liste der Nachkommen", „Geschichte", „Generationen" (in deutschen Bibelübersetzungen: „Geschichte", „Geschlechterfolge", „Geschlechtsregister", „Generationenfolge", „Liste der Nachkommen", „Geschlecht", „Nachkommen" etc.). Fünfmal leitet das Wort Toledot einen längeren erzählenden Abschnitt ein und fünfmal eine Genealogie (manchmal begleitet von einer kurzen Erzählung). Wie auch eine Reihe andere Kommentatoren, insbesondere, wenn auch nicht ausschließlich, jüdische, bin ich der Ansicht, dass das Wort die Genesis bewusst in fünf Abschnitte unterteilt. Es sind dies: die Schöpfungsgeschichte (1,1-6,8); die Geschichte von der Sintflut und ihren Folgen (6,9-11,26); die Geschichte Abrahams (11,27-25,18); die Geschichte Jakobs (25,19-36,43); die Geschichte von Jakobs Söhnen (37,1-50,26).

Es ist bemerkenswert, dass das Wort zum ersten Mal in Kapitel 2 der Genesis benutzt wird und nicht in Kapitel 1. Eine Erklärung könnte sein, dass Kapitel 1 vielleicht als Einleitung zu dem ganzen Buch gedacht ist, statt Teil eines eigenen Abschnitts zu sein. Eine andere Erklärung wäre, dass das Wort dazu beitragen soll, die in den ersten beiden Kapiteln erzählten zwei Schöpfungsgeschichten miteinander zu verbinden. Meine Argumentation hängt indes nicht davon ab, welche dieser Möglichkeiten gewählt wird.

Mein Hauptargument geht dahin, dass sich das Bild von Gott innerhalb der fünf Abschnitte des Buches – ziemlich radikal – verschiebt und verändert. Das Gottesbild am Ende der Genesis unterscheidet sich sehr von dem Bild am Anfang. Ich werde aus jedem der Abschnitte des Buches Beispiele anführen. Ich werde auch einen kurzen Blick auf die Wechsel der Namen Gottes in der Geschichte werfen: zwischen Elohim, JHWH, El Schaddaj. Ich bin der Ansicht, diese Unterschiede sind nicht so sehr das Resultat eines unfähigen Redaktors, sondern bewusst gewählt, um uns die verschiedenen Aspekte der Gott-Mensch-Beziehung nahezubringen.

## Die Schöpfungsgeschichte

Legen wir Genesis 1 für einen kurzen Augenblick zur Seite – was ist das Gottesbild, das uns in der Schöpfungsgeschichte übermittelt wird? Eine aktive und persönliche Gottheit, die fast physisch an der Schöpfung des Menschen und an der Sorge für ihn beteiligt zu sein scheint – durch Gottes „einblasen" des Lebensodems in den Menschen wird er lebendig (2,7); und durch den zweiten, chirurgischen Eingriff Gottes in den Mann entsteht auch die Frau (2,21). Gott geht im Garten (3,8). Gott erteilt direkte Gebote an seine menschliche Schöpfung: „aber von dem Baum der Erkenntnis des Guten und Bösen sollst du nicht essen" (2,17), ... und Gott wird zornig und sorgt dafür, dass es Folgen hat, wenn sie übertreten werden, im Falle des Mannes wie der Frau (3,11) oder in der Geschichte von dem Brudermord unter ihren Söhnen (4,10). Gott will auch sicherstellen, dass die Grenzen zwischen der Menschheit und der Gottheit nicht überschritten werden: siehe z.B. die verblüffende Bemerkung in 3,22 hinsichtlich Gottes Besorgnis, dass „der Mensch ist geworden wie unsereiner", eine merkwürdige Sorge für eine Gottheit, die in Kapitel 1 ausdrücklich den Menschen zu seinem Bild, ihm gleich, geschaffen hat. Es gibt vielleicht sprachliche Äußerungen zwischen Gottheit und Menschheit, aber man würde sie nicht direkt als Gespräch, geschweige denn als Dialog, bezeichnen. Der Abschnitt neigt sich mit einer kurzen Erwähnung der Mischehen zwischen den Gottessöhnen und den Menschentöchtern (6,1–4) – anscheinend ein explizites Beispiel für die Gefahren der göttlich-menschlichen Vermischung, auf die vorher angespielt worden war – dem Ende zu und eröffnet dann, was als Nächstes kommen wird in Folge einer göttlichen Selbstreflexion: „gemacht hatte auf Erden, und es bekümmerte ihn in seinem Herzen" (6,5–6).

## DIE GESCHICHTE VON DER SINTFLUT UND DEREN FOLGEN

Auf den ersten Blick sieht der zweite Abschnitt der Genesis, den ich die Geschichte von der Sintflut und deren Folgen genannt habe, so aus, als drehe er sich im Kreise und blicke auf den ersten Abschnitt zurück. Es gibt in der Tat viele der gleichen Themen – und wie auch im ersten Abschnitt endet er mit einer Erzählung, in diesem Falle der vom Turmbau zu Babel, der auf die göttliche Besorgnis hinsichtlich der Menschen anzuspielen scheint, die wie Götter werden wollen. Aber tatsächlich erfährt Gottes Beziehung zur Schöpfung eine große Veränderung im Verlauf dieser fünf Kapitel. Traditionelle Kommentatoren, insbesondere solche aus dem Judentum, haben schon vor langem die Ambiguität der Figur des Noah bemerkt, wie er während der ganzen Sintflutsaga stumm bleibt und kein einziges Wort sagt. Es gibt keine flehentliche Bitte an Gott, andere zu retten so wie seine eigene Familie. Und in der Tat haben diese Kommentatoren mitunter angemerkt, dass das Lob für Noah: „Noah war ein frommer Mann und ohne Tadel zu seinen Zeiten" (6,9), ein bewusst eingeschränktes und widerwilliges sei. Die Kapitel 6–8 der Genesis sind ein einseitiger Monolog, in dem außer der gelegentlichen Rede Gottes nur das unablässige Niederprasseln des Regens zu hören ist. Aber es ereignet sich auch ein bedeutender Wandel in der Beziehung zwischen Gott und Mensch. Man findet ihn in 8,21: „Und der Herr roch den lieblichen Geruch und sprach in seinem Herzen: Ich will hinfort nicht mehr die Erde verfluchen um der Menschen willen; denn das Dichten und Trachten des menschlichen Herzens ist böse von Jugend auf."

Dies gewinnt große Bedeutung, wenn wir daran zurückdenken, dass bei der Ankündigung der Flut durch Gott ebenfalls zweimal das Wort „Herz", *leb*, benutzt wurde, mit Bezug auf das Herz Gottes und das Herz der Menschen. Nach der Sintflut, obwohl das „Dichten und Trachten des menschlichen Herzens" immer noch böse ist, hat sich Gottes eigenes Herz bewegt, vom Bedauern hin zum Mitleid. Die Sintflut „hat eine unumkehrbare Veränderung in Gott bewirkt, der von nun an seine Schöpfung mit unbegrenzter Geduld und Nachsicht behandeln wird"[2]. Gott wird weiterhin über die menschliche Bosheit betrübt sein, aber er hat versprochen, Nachsicht zu üben. Und dies bedeutet, dass das Versprechen, das Gott Noah und der gesamten Schöpfung gibt, für Gott mit großen Kosten verbunden ist und göttliches Leiden nötig macht. Gott wird erlauben, dass die göttliche Liebe verwundet wird – wieder und wieder. Gott wird freiwillig Gottes Macht begrenzen, aber indem er den Menschen diese neue Freiheit gibt, eröffnet Gott die Möglichkeit einer wirklichen Beziehung mit ihnen.

Damals in Eden hatte Gott Angst zu erlauben, dass die Menschen „erwachsen werden" und selbst Entscheidungen treffen. Ihr kindischer Ungehorsam war gebührend bestraft worden – denn Gott hatte noch nicht erkannt, dass, wenn Gott eine wirkliche Beziehung mit den Menschen haben wollte, dies unweigerlich Konfrontation mit einbeziehen würde. Die Sintflut ist der Augenblick, in dem die ursprüngliche Art und Weise der Beziehung ihren Höhepunkt erreicht – und Gott lernt, dass dies nicht genügt. In der neuen Welt nach der Sintflut will Gott einen anderen Weg versuchen, der uns erlauben wird, Gottes Liebe widerzuspiegeln. Das ist das Paradox, das, wie ich glaube, im Zentrum der Genesis steht: Gott muss erlauben, dass die menschliche Destruktivität existiert und ihren Lauf nimmt, damit es so etwas wie eine Inkarnation der göttlichen Liebe geben kann.

Ein Beispiel für menschliche Destruktivität folgt beinahe sofort. Es ist eine sehr bittere Ironie, dass die ersten Worte, die Noah in der Geschichte sagt, ein Fluch über seinen Sohn Ham sind (9,25). Aber selbst dies zeigt den Wandel, der in der Beziehung zwischen Gott und den Menschen geschehen ist – denn jetzt ist es ein Mensch statt der Gottheit, der den Fluch ausspricht –, und wie wir wissen, dienten Noahs Worte über Generationen als Rechtfertigung für die Versklavung von Millionen Afrikanern. Aber abgesehen davon, auf wen der Fluch abzielte, sollten wir nicht annehmen, dass das Buch Genesis niemals beabsichtigte, dass diese Worte einen autoritativen

---

[2] Walter Brueggemann, Genesis (Louisville, Kentucky: John Knox Press, 1982), 81.

und performativen Charakter haben? Sind sie nicht vielmehr ein absichtlicher Hinweis darauf, dass Menschen wie Noah, wie selbst Gott, immer noch etwas lernen müssen und dass wir noch nicht am Ende der Geschichte angekommen sind, die durch die Niederschrift mit uns geteilt wird?

## DIE GESCHICHTE ABRAHAMS

Eine chiastische Literaturtheorie würde wahrscheinlich die Ansicht vertreten, dass die Geschichte von Abraham die Mitte des Buches Genesis darstellt; sicherlich bildet sie das Zentrum dessen, was ich in Erinnerung an meine palästinensische Freundin die „Najwa-Problematik" nenne. In diesem Abschnitt wird die göttlich-menschliche Interaktion anders dargestellt, als die mit der omnipräsenten Gottheit von Genesis 1-11. Gott erscheint recht häufig in der Geschichte und greift in sie ein, entweder direkt oder vermittels eines Engels des Herrn oder durch eine Vision oder ein Wort. Aber es gibt auch verschiedene Episoden, in denen Gott nicht deutlich wahrnehmbar ist und wo sich die Geschichte auf zwischenmenschliches Handeln konzentriert – wo Menschen kämpfen, aber vielleicht auch lernen, manchmal etwas über die Notwendigkeit miteinander konstruktiv umzugehen.

Man hat oft die Ansicht geäußert, dass die Abraham-Saga chiastisch aufgebaut ist, wobei der Rahmen jeweils durch einen hebräischen Satz mit den Worten *Lek Leka* (wörtlich vielleicht am besten übersetzt mit „Geh selbst") markiert wird. Der eine Satz steht am Anfang und der andere am Ende der Geschichte. Das erste *Lek Leka* steht in 12,1: „Geh aus deinem Vaterland und von deiner Verwandtschaft und aus deines Vaters Hause in ein Land, das ich dir zeigen will." Abraham wird aufgefordert, seine Vergangenheit zu opfern. Im zweiten *Lek Leka* in 22,2: „Nimm Isaak, deinen einzigen Sohn, den du lieb hast, und geh hin in das Land Morija und opfere ihn dort zum Brandopfer ...", wird er anscheinend aufgefordert, seine Hoffnung auf die Zukunft zu opfern. Innerhalb dieses Rahmens bewegt sich die Geschichte von beiden Seiten nach innen bis zu ihrem vielleicht unwahrscheinlichen und unerwarteten Zentrum, der Geschichte von Hagar und Ismael in Kapitel 16.

Die Genesis scheint die Idee untergraben zu wollen, dass das Partikulare vollständig das Universelle ersetzen kann, sicherlich jedenfalls, was die Ethik der Beziehungen zwischen Menschen betrifft. Ich glaube nicht, dass es ein Zufall ist, dass Hagars Name exakt dieselben Konsonanten enthält wie das Wort *ha-ger*. Das ist ein Wort, dessen genaue Bedeutung bekanntermaßen schwer zu fassen ist und unterschiedlich, z.B. mit Fremde, Gast, Migrant, Flüchtling, Ausländerin übersetzt worden ist, und ich glaube, es steht ganz allgemein für den oder die andere. Durch unser Verhalten gegenüber Hagar, *ha-ger*, beurteilen wir Menschen uns selbst. Das liegt, glaube ich, hinter dem kryptischen Vers in Genesis 15,13, der vor dem ersten Auftreten Hagars steht: „Da sprach der Herr zu Abram: Das sollst du wissen, dass deine Nachkommen Fremdlinge sein werden in einem Lande, das nicht das ihre ist; und da wird man sie zu dienen zwingen und unterdrücken vierhundert Jahre."

Dieser Vers, der im Umfeld des zwischen Gott und Abraham geschlossenen Bundes steht, enthält zwei Wörter, die bezeichnenderweise im Folgenden, von Abrahams Verhalten gegenüber Hagar handelnden Kapitel wieder auftauchen. Die Wörter sind „fremd", *ha-ger* auf Hebräisch, und „unterdrücken", das auch dreimal als Verb oder Substantiv in Genesis 16 vorkommt und das Verhalten Abrahams und Sarahs gegenüber Hagar kennzeichnet (16,6.9.11). Die Versklavung und Unterdrückung der Nachkommen Abrahams in Ägypten werden direkt verbunden mit dem Missbrauch ihres ägyptischen Sklavenmädchens. Wir können sagen, dass die Gerechtigkeit für Hagar in das Gewebe des Bundes zwischen Gott und Abraham mit eingeschrieben ist.

Die andere Passage, die ich im Hinblick auf meine These kommentieren muss, stellt für mich den Höhepunkt der Abrahamgeschichte dar; es handelt sich dabei um die Diskussion – oder sollten wir ein stärkeres Wort wie Auseinandersetzung verwenden? – zwischen Gott und Abraham über das Schicksal von Sodom in Genesis 18. Sie ist meiner Ansicht nach von grundlegender Bedeutung für eine richtige Interpretation der Genesis. Erinnern wir uns, warum sich Gott entscheidet, Abraham anzuvertrauen, was in Kürze geschehen wird. Es ist bezeichnenderweise die letzte göttliche Selbstreflexion im Buch Genesis. Gott denkt bei sich selbst: „Denn ich habe ihn dazu ausersehen, dass er seinen Söhnen und seinem Haus nach ihm gebietet, den Weg des Herrn einzuhalten und Gerechtigkeit und Recht zu üben, damit der Herr seine Zusagen an Abraham erfüllen kann" (18,19). Das ist das erste Mal, dass das Wort *mishpat* (Gerechtigkeit) in der Bibel vorkommt. Es ist deshalb faszinierend, dass einige Verse später dieselbe Wurzel *shapat* benutzt wird – diesmal von Abraham in seiner Entgegnung an Gott, in der er Gott anscheinenden Mangel an Gerechtigkeit hinterfragt: „Sollte der Richter (*Shopet*) aller Welt nicht gerecht richten?" (18,25). Abraham ist hier die absolute Antithese zum stummen Noah. Die Stärke von Abrahams Infragestellung wird verstärkt durch den wiederholten Ausdruck „Das sei ferne von dir", der zweimal in Vers 25 vorkommt und dem die hebräische Wurzel *hrm* unterlegt ist, die wörtlicher mit „Profanierung" zu übersetzen wäre. Es ist dies ein Wort, das häufig im Zusammenhang mit der kultischen Gottesverehrung benutzt wird, wo es Gegenstände oder Menschen bezeichnet, die verunreinigt und daher „entweiht" sind oder einen heiligen Ort oder ein heiliges Ritual ungültig machen. Letztlich sagt Abraham also, dass, wenn Gott erlaubt, dass die Unschuldigen zusammen mit den Schuldigen leiden, nicht nur Gott nicht gerecht, sondern auch nicht heilig ist und darum nicht Gott! Fordert uns die Genesis bewusst auf, darüber nachzudenken, ob es die Rolle der Menschen ist, den in Teilen der Schrift dargestellten eingreifenden Gott widerspruchslos hinzunehmen oder herauszufordern, wenn uns Gottes Eingreifen ungerechtfertigt erscheint? Wie der Text selbst es zeigt, wenn Abrahams Nachkommen (uns eingeschlossen) gelernt haben, was „recht und gerecht" ist, dann haben wir die Verantwortung, dieses Gelernte anzuwenden.

Ich würde sagen, dass sich manche der Theologien, die die heutzutage in Israel/Palästina wirksamen Leidenschaften befeuern, wie in einem Zustand angehaltener Entwicklung befinden. Ich finde es verblüffend, wie viele der heutigen Unruheherde mit der Geschichte Abrahams verbunden sind. Da ist Hebron – dessen arabischer Name *el khalil* („der Freund") wie der hebräische auf Abraham verweist (siehe z.B. Jes 41,8; Jak 2,23), der auch der Ort ist, wo er der Tradition nach begraben ist. Da ist Jerusalem, wo die Gründungslegende des jüdischen Tempels verknüpft ist mit dem fast durchgeführten Opfer Isaaks, Abrahams Sohn. Da ist das Gebiet nahe Nablus/Sichem, wo eine jüdische Siedlung den Namen Elon Moreh trägt, nach dem Ort, wo Abraham einen Altar baute (Gen 12,6). Aber Abraham, faszinierender Charakter, der er ist, ist nicht das letzte Wort Gottes – selbst in der Genesis nicht. Die Menschheit kann und soll nicht erwarten, dass sich das fortwährende und direkte Eingreifen Gottes in ihre Angelegenheiten, so wie es Abraham erlebte, fortsetzt.

## Die Geschichte Jakobs

In der Geschichte Jakobs greift Gott merklich weniger ein. Tatsächlich gibt es nur zwei Episoden mit einer direkten göttlichen Beteiligung in der Geschichte des erwachsenen Jakobs: Jakobs Begegnung mit Gott zuerst in Bethel (28,10-17) und dann in Penuel (32,22-32). Die Bedeutung der zweiten Begegnung wird dadurch unterstrichen, dass Jakob den neuen Namen Israel erhält (32,28). Interessanterweise wird in beiden Episoden das numinose Element der Begegnung des Menschlichen mit dem Göttlichen hervorgehoben. Aber wichtig ist auch, wie das Ringen zwischen Jakob und dem Engel in Penuel, in dem es den Moment gibt, wo Jakob ausruft: „Ich habe Gott von Angesicht gesehen, und doch wurde mein Leben gerettet" (32,30), direkt zu der Begegnung zwischen Jakob und Esau führt, in der Jakob bezeichnenderweise seinem Bruder entgegnet: „Ich habe dein Angesicht gesehen, wie man das Angesicht Gottes sieht, und du bist mir wohlwollend begegnet" (33,10). Ich halte das für einen Wendepunkt, der eine wichtige Phase in der Entwicklung der Genesis, markiert. Denn der Text legt nahe, dass das göttliche Eingreifen nun nicht durch direktes göttliches Handeln geschieht, sondern durch die Versöhnung von Brüdern.

## Die Geschichte von Joseph und seinen Brüdern

In der Geschichte von Joseph und seinen Brüdern greift Gott nicht deutlich und direkt in die Handlung ein. Soll in diesem Abschnitt der Genesis an dem Beispiel des Lebens einer Familie gezeigt werden, was es jetzt heißen könnte, Gott zu sehen, indem man das Gesicht seines Bruders sieht? Nun, statt von Gottes direktem Handeln oder Befehl erfahren wir durch Josephs eigene kundigen Auskünfte, was die Bedeutung der Ereignisse betrifft, in die er und seine Brüder verwickelt sind. In 45,4–7, gleich nachdem er sich ihnen zu erkennen gegeben hat, beruhigt Joseph seine Brüder: „Bekümmert euch nicht und lasst es euch nicht leid sein, dass ihr mich hierher verkauft habt; denn um eures Lebens willen hat mich Gott vor euch hergesandt ... Gott hat mich vor euch hergesandt." Das zweite Beispiel von Josephs selbst proklamiertem theologischen Fachwissen finden wir im letzten Kapitel, als nach dem Tod Jakobs die Brüder fürchten, Joseph wolle vielleicht jetzt eine späte Rache an ihnen nehmen, und er sagt: „Fürchtet euch nicht! Stehe ich denn an Gottes statt? Ihr gedachtet es böse mit mir zu machen, aber Gott gedachte es gut zu machen, um zu tun, was jetzt am Tage ist, nämlich am Leben zu erhalten ein großes Volk" (50,19–20). In der Geschichte von Joseph hat sich Gott von der Bühne zurückgezogen, hat jedoch, durch Gottes menschliches Sprachrohr die Erzählung viel vollständiger kontrolliert als je zuvor.

Robert Cohn sieht es so in Bezug auf das ganze Buch Genesis: „Etappenweise zieht sich der göttliche Regisseur von der Szene zurück und gestattet es den Schauspielern, ihre eigene Welt zu gestalten. Am Ende ist das Gleichgewicht hergestellt, wenn Joseph und seine Brüder zwar aus eigener Initiative handeln, aber dabei unwissentlich und ironischerweise zu Agenten der Vorsehung werden."[3]

Kann dies eine Antwort auf die „Najwa-Frage" sein – nämlich dass wir nicht verpflichtet sind, den Gott, dem wir in Texten wie Genesis 15,18–21 begegnen, als Gottes oder der Bibel oder zumindest der Genesis letztes Wort zu akzeptieren? Nun, mir jedenfalls bereitet die Geschichte von Jo-

---

[3] Robert L. Cohn, „Narrative Structure and Canonical Perspective in Genesis", in: John W. Rogerson (ed.), The Pentateuch: A Sheffield Reader (Sheffield: Sheffield Academic Press, 1996), 102.

seph und die durch sie implizierte Theologie ein ziemliches Unbehagen, denn Joseph nimmt gewissermaßen genau die Rolle von Gott ein, setzt sich selbst an Gottes Stelle, und das ziemliche repressiv, sowohl was seine Familie als auch was die gesamte Bevölkerung von Ägypten betrifft. Es ist bemerkenswert, dass Josephs Verhalten, d.h. seine in 47,21 berichtete Versklavung der Ägypter, in der rabbinischen Tradition als moralisch so fragwürdig empfunden wurde, dass der masoretische Text an dieser Stelle anscheinend abgeändert wurde.[4] Aber vielleicht zeigen uns die, die aus wohl ethischen Gründen willens waren, sich eine solche Freiheit herauszunehmen, etwas Wichtiges, nämlich dass die Leser und Leserinnen der Heiligen Schrift die Verantwortung haben, den Text im Lichte dessen, was recht und gerecht erscheint, zu lesen – und vielleicht infrage zu stellen. Ist das nicht genau das, worum es in dem Gespräch zwischen Abraham und Gott über das Schicksal Sodoms geht?

## SCHWIERIGE TEXTE LESEN MIT SENSIBILITÄT FÜR GERECHTIGKEIT

In seinem Aufsatz[5] weist Professor Oddbjørn Leirvik unter anderem auf einige heutige muslimische Kommentatoren und ihre Arbeit an schwierigen Textstellen im Koran hin. Insbesondere erwähnt er Khaled Abou el Fadls Ansicht, dass „der koranische Text davon ausgeht, dass die Leser ein bereits bestehendes inneres moralisches Empfinden zum Text mitbringen". Leirvik zitiert auch den vielleicht noch radikaleren muslimischen Autor Ebrahim Moosa[6], der schreibt:

> Es wäre zu wünschen, dass der Koran mit seiner patriarchalischen Stimme zwar gehört, aber verstanden wird mit der Sensibilität von Akteuren/Lesenden/ Hörenden/Rezitierenden, die in den Prozess der Offenbarung eingetaucht sind. Diese Hörenden/Rezitierenden sind es, die durch ihre Geschichte, Erfahrung und

---

[4] Der masoretische Text lautet hier: „Er verbrachte sie in die Städte." Auf der Basis der samaritanischen Manuskripte des hebräischen Textes und auch der frühen griechischen Übersetzungen wird angenommen, dass ursprünglich der Text lautete: „Er machte aus ihnen Sklaven."
[5] Oddbjørn Leirvik, „Der Umgang mit problematischen Texten: Ethische Kritik und moralische Anreicherung", in der vorliegenden Publikation.
[6] Ebrahim Moosa, „The Debts and Burdens of Critical Islam", in: Omid Safi (ed.) Progressive Muslims. On Justice, Gender, and Pluralism (Oxford: Oneworld, 2003), 111-27.

verwandelte innere Sensibilität entdecken, dass Geschlechtergerechtigkeit, Gleichheit und Fairness eine Norm für unsere Zeit darstellen und nicht das Patriarchat.[7]

Ich schlage vor, das Buch Genesis auf eine ähnliche Weise zu lesen, würde aber hinzufügen, dass die besondere Struktur der Genesis und das allmähliche im Buch stattfindende sich Zurückziehen Gottes von einem direkten Handeln als eine offene Einladung an die Leser angesehen werden könnte, sich selbst in den Prozess der Offenbarung einzubringen. Im Falle von Joseph sind wir vielleicht aufgefordert, in ihm nicht nur das Beispiel für einen Menschen zu sehen, der sich selbst in den Prozess der Offenbarung einbringt, wie es z.B. in 45,5-7 und 50,19-20 der Fall zu sein scheint, sondern auch als eine Gestalt, die unsere eigenen inneren Gefühle infrage stellt.

## Unterschiedliche Namen Gottes als unterschiedliche Aspekte der Beziehung Gottes mit den Menschen

Eine oft bemerkte Eigenart der Genesis ist die Vielfalt der Namen, mit denen das Göttliche benannt wird: JHWH (Jahwe; der Herr) und Elohim (Gott), aber auch El Shaddai (allmächtiger Gott). Tatsächlich waren diese unterschiedlichen Namen im späten 18. Jahrhundert der Anlass für die Entwicklung der frühen quellenkritischen Untersuchung der Genesis und des übrigen Pentateuch, wobei argumentiert wurde, die unterschiedlichen Namen seien auf unterschiedliche Quellen zurückzuführen. Meiner Ansicht nach ist diese Verbindung der verschiedenen Bezeichnungen des Göttlichen mit verschiedenen Quellen letztlich kaum haltbar – nicht zuletzt weil der Doppelname JHWH Elohim, mit dem das Göttliche in Genesis 2-3 bezeichnet wird, eine einfache Korrelation der Namen mit Quellen zutiefst problematisch erscheinen lässt.

Statt auf mechanische Weise mit verschiedenen Quellen zu korrelieren, ist es meiner Ansicht nach vielmehr so, dass die verschiedenen Namen verschiedene Aspekte Gottes widerspiegeln sollen, insbesondere im Hinblick auf Gottes Beziehung zu den Menschen. So taucht der Name JHWH etwa dann auf, wenn eine innige persönliche Interaktion mit Menschen – insbesondere mit bestimmten, erwählten Menschen – im Mittelpunkt steht. Der Name Elohim wird gewählt, um Distanz und geringeren persönlichen Austausch zwischen Gott und den Menschen auszudrücken. Wenn dies der Fall ist, ist es interessant festzuhalten, wie selten z.B. der Name JHWH im letzten Teil der Josephserzählung auftaucht. Nachdem er sechsmal in Gene-

---

[7] A.a.O., 125.

sis 39 in einem Zusammenhang genannt wird, der direktes Handeln und besondere vorausschauende Sorge für Joseph beinhaltet, kommt der Name JHWH dann im Rest des Buches Genesis nicht wieder vor, mit Ausnahme von Kapitel 49, wo er recht ungewöhnlich in Vers 18 als Einwurf in der Mitte des langen Segens Jakobs auftaucht. Es ist daher interessant, dass die Genesis als Ganzes betrachtet sowohl mit dem Gottesnamen Elohim beginnt (Genesis 1) als auch schließt (Genesis 41-50), ein Name, der sowohl auf die Transzendenz des Göttlichen verweist, als auch Zurückhaltung hinsichtlich einer direkten Intervention Gottes in menschliche Belange ausdrückt. Bedeutet dies, dass Gott als JHWH (und vielleicht auch El Shaddai) letzten Endes unter dieses abstraktere Konzept Elohim subsumiert werden muss? Und was hat dies für unsere Lektüre der Bibel zu bedeuten?

## Die Bibel als Dialogpartner

Vor über zehn Jahren schrieb ich das Kapitel über die Genesis im *Global Bible Commentary*. Ich glaube immer noch, dass meine damals geäußerte Ansicht, dass die Genesis dialektisch gelesen werden sollte und nicht als Befehlsschrift, nicht nur richtig, sondern im Kontext unserer heutigen Welt und ihrer Realitäten von entscheidender Bedeutung ist:

> Vielleicht sollte die Genesis mit einem Warnhinweis versehen werden. Behandle sie nicht als historisches Dokument; benutze sie nicht als prophetische Gebrauchsanweisung oder als eine unhinterfragbare Charta für ein spezifisches, modernes, politisches Übereinkommen im Nahen Osten. Vor allem lies dieses Buch, das die Entwicklung einer „erwachsenen" Beziehung zwischen Gott und der Menschheit darstellt, mit dem reflektierenden Herzen eines erwachsenen Menschen. Es ist in vielerlei Hinsicht wenig hilfreich, dass viele der Geschichten in der Genesis – Noah und die Sintflut, Joseph und seine Brüder – gerade die sind, die wir als Kinder kennen und lieben gelernt haben, denn in Wirklichkeit ist die Genesis ein ziemlich gefährliches Buch für junge Menschen. Wir riskieren, in die Irre zu gehen, wenn wir versuchen (wie oft in der christlichen Erziehung), die Patriarchen vereinfachend als moralische Beispiele zu benutzen. Eine richtige und angemessene Lektüre der Genesis erfordert von uns einen leichten Abstand vom Text und eine fragende Haltung ihm gegenüber. Er wirft Fragen auf und bietet keine leichten Antworten. Im Verlauf seiner 50 Kapitel ergründet das Buch Genesis das Verhältnis von Zweisein und Einssein. Es ist bemerkenswert, dass der letzte Vers, in dem Gott erwähnt wird (50,20), uns sagt, dass Gott die Menschen benutzt, um für seine Ziele zu arbeiten. Es ist nicht gut für den Menschen – oder selbst Gott –, einer und allein zu sein, doch „zwei" sein ist nur lebensfördernd, wenn beide Partner bereit sind, miteinander auf eine Weise umzugehen, die gegenseitige Veränderung in

Kauf nimmt. Aber werden wir je mutig genug sein, die Bibel als solch einen Dialogpartner zu behandeln, und ist dies eine Botschaft, die die Akteure im Mahlstrom des Nahen Ostens jemals bereitwillig hören werden?[8]

---

[8] Clare Amos, „Genesis", in: Daniel Patte (ed.), Global Bible Commentary (Nashville: Abingdon, 2004), 15f.

# IMPLIKATIONEN GÖTTLICHER KOMMUNIKATION IN DER CHRISTLICHEN TRADITION: DAS BEISPIEL 1. SAMUEL 1-7

*Kenneth Mtata*

Gerhard Ebeling, ein deutscher lutherischer Theologe des 20. Jahrhunderts, soll die Kirchengeschichte als im Wesentlichen eine Geschichte der biblischen Interpretation bezeichnet haben. Im Hinblick auf Ebelings faszinierende These und im Geiste einer interreligiösen Hermeneutik könnte man sagen, dass die Geschichte der abrahamischen Religionen eine des Aushandelns von Interpretationen göttlicher Kommunikation ist. Im christlichen Kontext kann Ebelings Feststellung auf zweierlei Weise verstanden werden: Es kann bedeuten, dass „viele der bedeutenden Wendepunkte in der Kirchengeschichte im Zusammenhang standen mit widerstreitenden Interpretationen hinsichtlich der Bedeutung bestimmter Texte und der Methoden biblischer Interpretation" oder dass „die Geschichte der Kirche im wesentlichen die Geschichte ist, wie die Kirche die Schrift ‚körperlich' interpretiert, vermittels der Gestalt ihres gemeinschaftlichen Lebens".[1] Solche unterschiedlichen Interpretationen der Bedeutung und der von Zeit zu Zeit erreichte vorübergehende Konsens in dieser Hinsicht spielen eine Schlüsselrolle hinsichtlich der inneren Lebendigkeit religiöser Gemeinschaften und tragen mit dazu bei, den Umgang religiöser Gemeinschaften mit zeitgenössischen Kräften zu formen – im Guten wie im Schlechten. Mit anderen Worten, die Interpretation heiliger Texte verwandelt Lesende, die

---

[1] Kevin J. Vanhoozer, The Drama of Doctrine: A Canonical-Linguistic Approach to Christian Theology (Louisville: Westminster John Knox Press, 2005), 418.

wiederum ihre Beziehung zu ihrer Umwelt transformieren – wobei diese Verwandlung nicht nur in eine Richtung geht.

Diese verwandelnde Dimension von Gottes Wort ist Voraussetzung im Selbstverständnis verschiedener christlicher Gemeinschaften, einschließlich meiner eigenen lutherischen Tradition. In der lutherischen Tradition ist die Heilige Schrift eine der hauptsächlichen „göttlichen Medien der Erlösung", Erlösung im weiteren Sinne begriffen als die letztendliche Form von Verwandlung. Die Bibel nimmt ebenso einen hohen Rang ein im Blick auf ihre theologisch-epistemologische Funktion, d.h., sie gilt als die primäre „Quelle und Norm des menschlichen Wissens von Gott"[2]. Obwohl dieses Wissen über Gott nicht unveränderlich ist, können ohne eine momentane Festlegung des Wissensbestandes bzw. der Aussagen über das Göttliche keine Glaubensgemeinschaften gebildet und Gemeinschaften der Verwandlung ins Leben gerufen werden. Im Sinne dieses, in der lutherischen Tradition stark vertretenen Verständnisses ist die Kirche oder Gemeinschaft der Gläubigen eine Schöpfung „des Wortes (*ubi verbum, ibi ecclesia*)"[3].

Die dieser christlichen Tradition zugrunde liegende Annahme ist, dass Gott spricht, und zwar in einer Sprache, die Menschen verstehen können. Die Folge dieser göttlichen Kommunikation ist Verwandlung oder Veränderung. Aus diesem Grund spricht Gott in der hebräischen Bibel, die zugleich das christliche Alte Testament ist, am Anfang und das Chaos wurde in Ordnung verwandelt (Gen 1–2). Als das Chaos wiederkehrte in Form von Gerechtigkeit, Unmoral oder Götzendienst, sandte Gott Boten, die Propheten, die die Bundesbeziehung durch Gottes Wort wieder herstellen sollten. Diese göttliche Kommunikation war nicht immer wohlwollend, so wie im Garten Eden, wo die Menschen in privilegierter Weise immer zu essen hatten und sich aneinander freuten. In den Erzählungen von der Sintflut oder von Sodom und Gomorra z.B. hat die göttliche Kommunikation katastrophale Folgen.

Nach dem Verständnis dieser christlichen Tradition spricht Gott auf zweierlei Weise. Manchmal spricht er freundlich, gnädig und ist voll guter Verheißungen, aber zu anderen Zeiten ist er ein Gott des Urteils und der Gerechtigkeit. Aber wie auch immer, das Volk Gottes würde immer einen sprechenden Gott einem schweigenden vorziehen. Daher der Ausruf des Psalmisten: „Gott, schweige doch nicht! Gott, bleib nicht so still und ruhig!" (Ps 83,1). Göttliche Kommunikation in diesem oder in anderen Psalmen ist

---

[2] Hans-Peter Großhans, „Lutheran Hermeneutics: An Outline", in: Kenneth Mtata (ed.), „You have the Words of Eternal Life": Transformative Readings of the Gospel of John from a Lutheran Perspective, LWF Documentation 57/2012 (Minneapolis: Lutheran University Press, 2012), 23–46, hier 25.

[3] Vítor Westhelle, Transfiguring Luther: The Planetary Promise of Luther's Theology (Oregon: Cascade Books, 2016), 18.

gleichbedeutend mit aktivem Eingreifen des Göttlichen in das alltägliche Leben der Geschöpfe.

Und hier wird es meiner Meinung nach problematisch. Wenn sich göttliche Kommunikation in göttlich-menschlichem Wirken aktualisiert, sei es durch einen Propheten oder durch die Interpretation heiliger Texte, sollte sich die damit gegebene Vision einer Verwandlung auf eine Weise darstellen, mit der wir uns identifizieren können. Die Forderung nach Verwandlung oder Veränderung erwächst aus einem Werturteil über die gegenwärtige Situation. Die Bibel liefert Glaubengemeinschaften solche Werturteile. Ebeling hat aufgezeigt, wie solche Visionen der Verwandlung dazu tendieren, sich – manchmal gewaltsam – auseinanderzuentwickeln. Das Problem ist, dass in der Lektüre der Bibel „hermeneutische Gemeinschaften" auf eine göttliche Kommunikation stoßen können, die gewaltsam war, und diese Lektüre dazu benutzen, ihre eigenen zerstörerischen transformativen Vorhaben zu rechtfertigen.

Eine transformative Lektüre der Schrift erfordert deshalb für mich eine überlegte Festlegung der Grenzen für positive Veränderungen im persönlichen und gemeinschaftlichen Leben, die möglich sind als Antwort auf die Forderungen und Zusagen der Heiligen Schrift. Solche Visionen positiver Verwandlung sind nicht notwendigerweise Neuschöpfungen christlicher Gemeinschaften, sondern können überall in der Bibel aufgespürt werden.

> Denn gleichwie der Regen und Schnee vom Himmel fällt und nicht wieder dahin zurückkehrt, sondern feuchtet die Erde und macht sie fruchtbar und lässt wachsen, dass sie gibt Samen zu säen und Brot zu essen, so soll das Wort, das aus meinem Munde geht, auch sein: Es wird nicht wieder leer zu mir zurückkommen, sondern wird tun, was mir gefällt, und ihm wird gelingen, wozu ich es sende. (Jes 55,10-11)

Es ist eine transformative Zusage: „Gott der Herr wird die Tränen von allen Angesichtern abwischen und wird aufheben die Schmach seines Volks in allen Landen; denn der Herr hat's gesagt" (Jes 25,8). Und Gott wird seine Wohnung unter den Menschen nehmen und bei ihnen wohnen: „werden seine Völker sein, und er selbst, Gott mit ihnen, wird ihr Gott sein; und Gott wird abwischen alle Tränen von ihren Augen, und der Tod wird nicht mehr sein, noch Leid noch Geschrei noch Schmerz wird mehr sein; denn das Erste ist vergangen" (Offb 21,3-4).

## STRUKTUR

Im Folgenden werde ich zwei Ziele verfolgen. Erstens möchte ich durch eine Lektüre von 1. Samuel 1-7 aufzeigen, wie göttliche Kommunikation und Gegenwart ein nationales Transformationsprojekt geprägt hat, vom Niedergang bis hin zum völligen Wohlergehen. Zweitens werde ich untersuchen, wie sich eine solche Lektüre anwenden lässt auf Bemühungen, die positiven Transformationen dadurch zu beeinflussen, wie wir heilige Texte interpretieren und uns aneignen. Da ich eine lange Erzählung ausgewählt habe, werde ich nicht allen Versen oder Abschnitten die gleiche exegetische Aufmerksamkeit widmen, sondern vor allem denen, die für den Gedankengang besonders illustrativ sind. Zuvor möchte ich mich jedoch selbst als Leser verorten und außerdem skizzieren, welche Herausforderungen und Möglichkeiten sich aus einer interreligiösen Vorgehensweise ergeben.

## Verortung des Lesers – Herausforderungen und Ausblicke

Ich habe bereits darauf hingewiesen, dass der Prozess der Interpretation nur möglich ist, weil es Texte und Lesende gibt. Gewöhnlich verhalten sich Lesende während des Interpretationsprozesses nicht selbstreflektiv. Dies geschieht nicht absichtlich, aber die Lesenden bringen zur Lektüre in der Vergangenheit erworbene Mittel und Modelle mit, die es ihnen ermöglichen, zu „antizipieren", was der Text bedeuten soll, wenn sie ihn lesen. In der Hermeneutik jedoch ist es eine Stärke, wenn man sich selbstkritisch während der Lektüre beobachtet. Deshalb ist es wichtig, dass ich klarstelle, wer ich als Leser bin.

Ich stamme aus Simbabwe, mein Verständnis des christlichen Glaubens wurde geprägt durch meinen pietistischen, schwedisch-missionarischen Hintergrund und beeinflusst durch die in Folge der Aufklärung entstandene westliche Theologie. Ich nähere mich den Texten mit einer hybriden Identität. Ich bringe in den Leseprozess bewusste wie auch unbewusste Motivationen ein. Einer meiner stärksten Beweggründe ist es, mit meiner Lektüre einen Beitrag zu einer positiven Veränderung von Institutionen, von Handeln und Denken, zu leisten, damit diese es leichter machen, dass alle Menschen die Fülle des Lebens haben. Die Vorstellung einer „Fülle des Lebens" wird nicht nur von meiner Lektüre des Johannesevangeliums 10,10 bestimmt, sondern auch durch Ideale verstärkt, die von verschiedenen Bewegungen und Visionen eines gemeinsamen „guten Lebens" vertreten werden. Solche Visionen sind auch in anderen Religionen anzutreffen, und deshalb ist es notwendig, nicht nur innerhalb einer Religion, sondern auch religionsübergreifend zu denken.

Ich habe in dieser Selbstbeschreibung bereits darauf hingewiesen, was ich für die wichtigste Herausforderung der interreligiösen verwandelnden Hermeneutik halte, nämlich die Heterogenität interreligiöser Interpretationen. Es gibt christlicherseits verschiedene Ansätze, was die Relevanz und Anwendbarkeit der verschiedenen Bücher und Texte der Bibel hinsichtlich des christlichen Glaubens und Lebens als auch der verschiedenen Methoden ihrer Lektüre betrifft. Auch wenn sie dies nicht immer ausdrücklich sagen, arbeiten doch viele christliche Traditionen mit einer gewissen Form eines Kanons innerhalb des Kanons; bestimmte Bücher der Bibel werden anderen vorgezogen. So hatte zum Beispiel Luther eine Vorliebe für die Briefe des Paulus. Pfingstlerische Christen etwa fühlen sich von der Apostelgeschichte mehr angezogen ebenso wie Siebenten-Tags-Adventisten das Buch Daniel und die Offenbarung des Johannes wertschätzen.

Unterschiede in Glaubenstraditionen werden von einer Reihe von Faktoren beeinflusst, wobei zu den stärksten Bildung, Kultur und sozio-ökonomische und politische Umstände und Entwicklungen gehören. Als Theologe aus dem globalen Süden wurden meine formelle Ausbildung und damit meine Lektüre der Bibel durch Lehrer aus dem „abendländischen" Kulturbereich bzw. Wissenschaftler aus dem Süden bestimmt, die dort ausgebildet worden waren. Natürlich haben wir uns inzwischen weiterentwickelt und setzen unsere Kenntnisse, manchmal zur Verwirrung unserer akademischen Lehrer, auf andere Weise ein. Während unserer Ausbildung galt der historische Ansatz als die orthodoxe Methode des Lesens biblischer Texte: Dieser ging von der Annahme aus, dass der Text, wie wir ihn in seiner letzten Gestalt vor uns haben, verschiedene Geschichten enthält. Man kann die vorliegende Geschichte des Textes betrachten oder nach „den historischen Umständen, die sie hervorgebracht haben" suchen, oder den Text benutzen, um „Geschichte zu schreiben".[4] Diesem Ansatz liegt die Annahme zugrunde, dass die biblischen Texte sozusagen von theologischen Hüllen umgeben sind, die in gewissen Kreisen als „Textkorruption" angesehen werden, bewirkt durch die Machenschaften der Redaktoren. Es wurde angenommen, dass die Redaktoren aus unterschiedlichen religiösen Gemeinschaften kamen. Die Aufgabe des Bibelwissenschaftlers bestand also darin, zur frühesten Phase des Textes zurückzugehen, um seinen ursprünglichen unverfälschten Kern herauszuarbeiten, denn dort war seine wahre Bedeutung zu finden. (Diese Darstellung ist natürlich fast eine Karikatur.)

Ein solcher Ansatz geht von der Annahme aus, dass sich der Lesende von allen voreingenommenen Leseverhalten oder Vorverständnissen befreien sollte, die die wahre Bedeutung des Textes beeinträchtigen könnten. Dies war wenigstens so, bis Bultmann uns zeigte, „dass alle Interpretationen, auch die Geschichte betreffenden, von einem bestimmten Interesse geleitet

---

[4] Serge Frolov, The Turn of the Cycle: 1. Samuel 1-8 in Synchronic and Diachronic Perspectives (Berlin: Walter de Gruyter, 2004), 7.

werden" und „von einer bestimmten Fragestellung" ausgehen.[5] Es bestand die Auffassung, dass sich seriöse Bibelwissenschaftler, anders als kirchliche Theologen, von dem theologischen Ballast befreien sollten, um zum Kern der biblischen Texte vorzudringen und die Wahrheit zu finden. Wenn unsere Lehrer manchmal den Eindruck gewannen, dass der Prozess des Abschälens der redaktionellen Schichten vergebliche Mühe sei, begannen sie, die Texte als literarische Produkte zu betrachten, die man in ihrer letzten Fassung lesen kann, wobei man danach strebte „die literarischen Formen herauszuarbeiten, die der erhaltenen Version zugrunde liegen, und die literarischen Prozesse zu bestimmen, die zu ihrer Entstehung beitrugen"[6].

Zu einem gewissen Zeitpunkt im 20. Jahrhundert begannen Wissenschaftler vor allem aus dem Süden, aber auch manche aus dem Norden, die ihre gesellschaftspolitischen und ökonomischen Interessen und deren Einfluss auf ihre Lektüre deutlich zum Ausdruck bringen wollten, damit, die erworbene Lesepraxis zu überprüfen und neu zu gestalten, um ihren eigenen Kontext als einen integralen Bestandteil des Interpretationsprozesses mit einzubeziehen. Die sogenannten „kontextuellen hermeneutischen" Methoden sahen – in unterschiedlichem Ausmaß – in der Bibel einen Text für Glaubensgemeinschaften, der von diesem Ausgangspunkt aus zu lesen sei. Wenn also die Bibel gelesen, studiert, erklärt und im Gottesdienst dargelegt wird, wird sie als Mittel angesehen, durch das Gott zum Gottesvolk spricht. Da Gott stets in einem Kontext spricht, stellt der menschliche Kontext, insbesondere der der schutzbedürftigsten Menschen, den interpretativen Schlüssel dar. Diese „armen und marginalisierten" Personen der Leseerfahrung wurden nicht nur als Opfer angesehen, die ihre Last mit der ähnlicher Opfer in den biblischen Geschichten gleichsetzen sollten. Im Prozess des Lesens sollten sie vielmehr der erlösenden und verwandelnden Stimme Gottes in den Erzählungen gewahr werden, denn Gott stellte sich auf die Seite der Unterdrückten. Die methodologisch kontextuell verfahrende Gemeinschaft stand vor einer schwierigen Herausforderung bei der Lektüre von Texten, in denen Gott ungerecht dargestellt wurde oder in denen das biblische Volk Gottes auf eine Weise handelte, die für moderne Leser abstoßend war. Hier trennten sich gewöhnlich die Wege der genannten Gruppe von der der Mehrheit der christlichen Leser und gewöhnlichen christlichen Gemeinschaften.

Dies bringt mich zu einer weiteren Herausforderung, auf die ich im Blick auf unseren Versuch, eine verwandelnde, das Christentum und den

---

[5] Rudolf Bultmann, The Presence of Eternity; History and Eschatology (New York: Harper & Brothers, 1957), 110–22. (Hier zitiert nach: Rudolf Bultmann, Geschichte und Eschatologie (Tübingen: Mohr Siebeck, 1979), 123–37; dort 126.
[6] Frolov, a.a.O. (Fußn. 4), 7.

Islam übergreifende Hermeneutik zu entwickeln, hinweisen möchte: die Frage der Repräsentation und der Reichweite des Einflusses. Heutzutage lesen viele gewöhnliche Kirchenmitglieder die Bibel auf eine Weise, die sich meist von der der Bibelwissenschaft unterscheidet. Allgemein ist es so, jedenfalls dort, wo ich herkomme, dass, sobald Theologiestudierende zurückkommen, um in ihren Glaubensgemeinschaften zu dienen, sie ihre während der Ausbildung erworbenen kritischen Erkenntnismethoden nicht mehr anwenden. Die Frage, die sich für unser Projekt daraus ergibt, ist: Repräsentieren wir, als Bibelwissenschaftler und Theologen, unsere Glaubensgemeinschaften? Andere sind zynischer und stellen fest: Während Gelehrte und protestantische Kirchen die Option für die Armen und Marginalisierten propagierten, wählten die Armen und Marginalisierten die Option der Pfingstkirchen. Wenn die wissenschaftlich-akademische Reflexion über den Gebrauch der heiligen Texte nur einen begrenzten Einfluss auf die Lesegewohnheiten der gewöhnlichen Mitglieder der Glaubensgemeinschaften hat, wie können wir dann hoffen, deren Leben zu beeinflussen? Mit anderen Worten, wenn diejenigen religiösen Akteure, die die Macht haben, die Glaubensvorstellungen, Strukturen und die Praxis der Mehrheit der Gläubigen zu beeinflussen, die von den Wissenschaftlern vertretene verwandelnde Vision nicht teilen, was hat es dann für eine Bedeutung, was wir hier machen?

Für mich zeigt das oben beschriebene Dilemma zugleich auch den Ausweg. Es ist klar, dass die Möglichkeit, die verwandelnde Dimension der heiligen Texte zu nutzen, mit der Frage der Autorität oder Legitimität zusammenhängt. Wer besitzt heute sowohl im Christentum als auch im Islam die Autorität, im Namen Gottes zu sprechen: Das ist für mich eine fundamentale Frage bei den Überlegungen zu einer beide Religionen übergreifenden verwandelnden Hermeneutik. Aber was ist die Quelle von Legitimität? In seinem hilfreichen Aufsatz „The Legitmacy of Economics"[7] erörtert Kenneth Boulding dieses Thema und identifiziert sechs Quellen der Legitimität, von denen ich hier drei hervorheben möchte.

Boulding weist zunächst darauf hin, dass „Legitimität etwas ist, das wir als selbstverständlich ansehen und kaum hinterfragen, wenn wir sie haben, während das System, wenn wir sie nicht haben, mit einer Geschwindigkeit auseinanderfällt, dass keine Zeit bleibt, die Ursachen zu untersuchen"[8]. Er macht auch die wichtige Unterscheidung zwischen Legalität und Legitimität, wobei eine „Institution legitim sein kann ..., ohne legal zu

---

[7] Kenneth Boulding, „The Legitimacy of Economics", in: Economic Inquiry (1967), Vol. 5, No. 4, 299–307.
[8] A.a.O., 299.

sein, und legal, ohne legitim zu sein."[9] Er nennt weiterhin sechs Quellen der Legitimität, von denen ich drei näher betrachten möchte. Die vierte Quelle der Legitimität auf Bouldings Liste, die meiner Meinung nach das Handeln vieler religiöser Akteure in meinem Teil der Welt bestimmt, ist „Geheimnis und Charisma"[10]. Hier entspringt Legitimität der menschlichen Neigung, als legitim zu betrachten, was man nicht ganz versteht oder „nur dunkel erahnt"[11]. Im heutigen Afrika kann der zurzeit wachsende Einfluss von sogenannten Propheten, die im Namen Gottes sprechen und Wunder vollbringen, ihrem geheimnistuerischen Anspruch auf besondere Kräfte zugeschrieben werden, der ihnen angeblich Zugang zu Bereichen gewährt, der normalen Sterblichen verwehrt ist. Was sie sagen, wird als unhinterfragbare Wahrheit hingenommen, denn es kommt angeblich von Gott.

Eng damit verbunden ist die fünfte Quelle der Legitimität, das ist „die Kommunikation vermittels akzeptierter Symbole der Legitimität". Hier „tragen Rituale, Kleidung, Räucherwerk, Musik, Tanz, Kunst, Architektur usw. in nicht geringem Maße dazu bei, Symbole der Legitimität zu schaffen"[12]. In vielen christlichen Gemeinschaften, wenigstens in Afrika, geradeso wie in Europa in der Vergangenheit und immer noch in einigen Kirchen bis zum heutigen Tag, wurde und wird die Befähigung der religiösen Autoritäten, im Namen Gottes zum Guten wie zum Schlechten zu sprechen, durch verschiedene Rituale und Symbole legitimiert. Solche religiösen Führungsgestalten pflegen im heutigen Afrika einen extravaganten Lebensstil, und die ihnen entgegengebrachte Hochachtung ermöglicht es ihnen, ihren Anhängern Handlungsanweisungen zu geben, die von diesen ohne Fragen akzeptiert werden. Gleichartige Direktiven vonseiten eines religiösen Universitätsprofessors, vorgebracht mit der Autorität seiner Forschungserkenntnisse, werden nicht dieselbe Reaktion hervorrufen, solange er nicht vermittels dieser akzeptierten Symbole der Legitimität kommunizieren kann.

Die sechste Quelle der Legitimität nach Boulding „besteht aus Allianzen und Verbindungen mit andern Legitimitäten. Legitimität ist gleichsam etwas, das abfärbt, und wenn eine weniger legitime Institution sich mit einer stärker legitimierten verbünden kann, kann sich sogar die Legitimität beider verstärken."[13] Er führt als Beispiel das „häufige Bündnis von Staat und Kirche" an.[14] Wir können eine zunehmende Bildung von Allianzen zwischen religiösen Akteuren in verschiedenen Gebieten des

---

[9] A.a.O.
[10] A.a.O., 301.
[11] A.a.O.
[12] A.a.O.
[13] A.a.O., 302.
[14] A.a.O.

afrikanischen Kontinents beobachten, die sich gegenseitig legitimieren als Personen, die im Namen Gottes sprechen. In vielen Fällen haben sie das an sich schon geringe Einkommen der armen Leute im Namen Gottes noch mehr dezimiert. Ihr leichtgläubiges Publikum ist willens, sich von seinem Vermögen zu trennen in der Hoffnung, dass Gott sie segnet und ihre Armutslast in Wohlstand verwandelt. Diese religiösen Führer sind keineswegs daran interessiert, die politischen und ökonomischen Systeme infrage zu stellen, die diese Menschen arm machen.

Die Hoffnung unserer Konferenz ist es, dass wir über unsere religiösen Grenzen hinweg Allianzen bilden und Verbindungen knüpfen können, um Lesarten der heiligen Texte zu entwickeln, die positive Transformationen in unseren Glaubensgemeinschaften anstoßen und fördern werden. Was manchen unter uns möglicherweise an Geheimnis und Charisma abgeht, kann vielleicht kompensiert werden durch die Klarheit göttlicher Kommunikation. Vielleicht kann unsere verwandelnde Hermeneutik dazu führen, alternative Symbole der Kommunikation in den Vordergrund zu stellen, die auf Gerechtigkeit, Frieden und Versöhnung ausgerichtet sind.

Im Folgenden werde ich nun eine solche verwandelnde Hermeneutik im Hinblick auf 1. Samuel 1–7 versuchen.

## 1. Samuel 1–7

Das erste Buch Samuel gewährt Einblicke, wie der nationsbildende Übergang von einem theokratischen zu einem monarchischen Modell verstanden wurde. In der hebräischen Bibel folgt das erste Buch Samuel auf das Buch der Richter. Das Buch der Richter schildert eine Lage, in der in Israel ein „kultisches und moralisches Chaos"[15] herrschte. Die Situation wird zusammengefasst in den letzten Worten des Buches, die einen Wandel erahnen lassen: „Zu der Zeit war kein König in Israel; jeder tat, was ihn recht dünkte" (Ri 21,25).

Der Übergang von einer Theokratie (in der Form einer Richterherrschaft) zu einer Monarchie (mit einer Königsherrschaft) scheint kontrovers verlaufen zu sein, wie aus 1. Samuel 8 hervorgeht, wo sich Samuel selbst bei Gott über die Forderung des Volkes nach einem König beklagt. Der Text ist nicht eindeutig, was Gottes Sicht des Königtums betrifft. Gottes Antwort auf die Forderung des Volkes nach einem König ist mürrisch, bestärkt aber Samuel, ihrem Wunsch nachzukommen, denn es heißt: „Gehorche der Stimme des Volks in allem, was sie zu dir sagen; denn sie haben nicht dich, sondern mich verworfen, dass ich nicht mehr König über sie sein

---

[15] Frolov, a.a.O. (Fußn. 4), 2.

soll" (8,7). Aber Samuel muss die Menschen vor den negativen Folgen der Königsherrschaft warnen:

> Das wird des Königs Recht sein, der über euch herrschen wird: Eure Söhne wird er nehmen für seinen Wagen und seine Gespanne, und dass sie vor seinem Wagen herlaufen, und zu Hauptleuten über Tausend und über Fünfzig, und dass sie ihm seinen Acker bearbeiten und seine Ernte einsammeln und dass sie seine Kriegswaffen machen und was zu seinen Wagen gehört. Eure Töchter aber wird er nehmen, dass sie Salben bereiten, kochen und backen. Eure besten Äcker und Weinberge und Ölgärten wird er nehmen und seinen Großen geben. Dazu von euren Kornfeldern und Weinbergen wird er den Zehnten nehmen und seinen Kämmerern und Großen geben. Und eure Knechte und Mägde und eure besten Rinder und eure Esel wird er nehmen und in seinen Dienst stellen. Von euren Herden wird er den Zehnten nehmen, und ihr müsst seine Knechte sein. Wenn ihr dann schreien werdet zu der Zeit über euren König, den ihr euch erwählt habt, so wird euch der Herr zu derselben Zeit nicht erhören. (1. Sam 8,11-18)

Kurz gesagt, wird das Königtum als problematisch angesehen, weil es die Bundesbeziehung zwischen Gott und dem Gottesvolk und unter den Menschen selbst beeinträchtigt und durch Ungerechtigkeit und Unterdrückung gekennzeichnet sein wird.

Die Theokratie unter den Richtern ist ebenfalls nicht vollkommen nach Aussage der ersten sieben Kapitel des ersten Buches Samuel. In den Kapiteln 1-7 geschieht ein Übergang, an die Stelle des priesterlichen Hauses von Eli in Silo tritt Samuel. Es wird geschildert, wie während des Wirkens Elis und seines Haushalts der Niedergang Israels voranschreitet, daher die Notwendigkeit, sie zu ersetzen – Gott hat gesprochen. Um diesen nationalen Niedergang zu verstehen, muss man auch die alttestamentliche Logik einer idealen Beziehung zwischen Gott und Gottes Volk verstehen – ein Logik, die für die ganze Geschichte vorausgesetzt wird.

Die Beziehung zwischen den Menschen und ihrem Gott in der hebräischen Bibel ist eine Bundesbeziehung. Nach Walter Brueggemann ist eine Bundesbeziehung „eine andauernde Bindung von Gott und Gottes Volk, die auf gegenseitigen Schwüren der Loyalität und gegenseitigen Verpflichtungen beruht, die sich auf das Leben beider Parteien radikal auswirkt und es bevollmächtigt"[16]. Beide Parteien haben Verpflichtungen und Nutzen. Jahwe sorgt für Sicherheit für Jahwes Volk, sodass dieses gegen seine Feinde bestehen kann; Jahwe stellt sicher, dass es zur rechten Zeit regnet und dass ihr Land und ihre Frauen fruchtbar sind. Ihrerseits lässt das Bundesvolk unter sich Gerechtigkeit walten, nimmt sich der Witwen und

---

[16] Walter Brueggemann, The Bible Makes Sense (Atlanta: John Knox Press, 1985), 10.

Waisen an und verehrt alleine Jahwe. Wenn dieses perfekte Gleichgewicht erhalten bleibt, können die Menschen in Frieden leben.

„Schalom" ist das Wort, das dieses ganzheitliche Leben der Fülle und des Friedens des Bundesvolkes treffend bezeichnet. Ein Wort, das mehr als 250 Mal an verschiedenen Stellen des christlichen Alten Testaments oder der hebräischen Bibel auftaucht und auf einen zentralen Glaubensinhalt verweist mit seiner „Wortwurzel mit der Grundbedeutung ‚ganz sein' und den daraus abgeleiteten Bedeutungen ‚Ganzheit', ‚Solidität', ‚Gesundheit' und ‚Wohlbefinden'."[17] Als solches bezeichnet es

> einen Zustand, in dem die Dinge „allseits richtig" sind, in dem sie sind, wie sie sein sollten, in verschiedenen Dimensionen ... Schalom bezieht sich gewöhnlich auf materielle oder körperliche Bedingungen oder Umstände ... Eine zweite Dimension von Schalom hat mit sozialen Beziehungen zu tun. Gott möchte, dass die Menschen in der rechten Beziehung miteinander und mit Gott leben ... Eine dritte Anwendung oder Dimension von Schalom ... bezieht sich auf den moralischen oder ethischen Bereich ... Schalom erfordert einen Zustand von Ehrlichkeit, moralischer Integrität.[18]

Wie im Folgenden gezeigt werden wird, reflektiert 1. Samuel 1–7 den Niedergang eines Volkes, bei dem Schalom verschwunden ist. Zugleich sind diese sieben Kapitel eine Darstellung eines Prozesses, durch den das Volk durch das Wirken Gottes und von Gottes Gesandten wiederhergestellt wird. Man kann sie lesen als Erzählbewegung mit zwei Drehpunkten, die von Ikabod (Weggang der Herrlichkeit Gottes) zu Eben-Eser (Bestätigung von Gottes Rechtleitung bisher) schwingt und durch Gottes Rede oder Schweigen und Gottes Gegenwart und Abwesenheit gekennzeichnet ist, wie sie von dem imaginierten Publikum erfahren wird.

## DER WEG IN DEN NIEDERGANG

Der Weg in den Niedergang wird symbolisch repräsentiert durch die zerbrochene Familie Elkans (1. Sam 1–8) wie auch durch das Zerbrechen des Dienstes an Gott, der Eli und seine Söhne vorstehen (1. Sam 9–28). Eli, der Priester am Heiligtum in Silo, und seine Söhne sind nicht mehr geeignet, dem Volk in Dingen der Gottesverehrung und der Gerechtigkeit vorzustehen,

---

[17] Walter C. Kaiser, Jr., Toward Old Testament Ethics (Grand Rapids: Zondervan Publishing House, 1983), 178.
[18] Perry B. Yoder, Shalom: The Bible's Word for Salvation, Justice, and Peace (Newton, KS: Faith and Life Press, 1995), 130–31.

also bereitet Gott ihre Ablösung vor. Wie in anderen alttestamentlichen Erzählungen von der Geburt von entscheidenden Handlungsträgern wird dieser, Samuel, unter konfliktreichen und außerordentlichen Umständen geboren. Seine Mutter Hanna ist eine der zwei Frauen Elkanas, eines Ephraimiters, der jedes Jahr in Erfüllung seiner Pilgerpflichten treu zum Heiligtum in Silo hinaufgeht.

Hanna ist kinderlos und deshalb traurig, obwohl ihr Mann ihr einen doppelten Anteil vom Opfer gibt und sie „lieb hatte" (1. Sam 1,5). Ihr Kummer rührt nicht nur von dem sozialen Stigma von kinderlosen Frauen, sondern weil Peninna, die andere Frau Elkanas, sie fortwährend wegen ihrer Kinderlosigkeit verhöhnt. „Dann weinte Hanna und aß nichts" (1. Sam 1,7). In dieser kummervollen Stimmung geht sie zum Heiligtum, um ihr Opfer darzubringen. „Und sie war von Herzen betrübt und betete zum Herrn und weinte sehr" (1. Sam 1,10).

Ein genauer Blick auf Hannas Gelübde zeigt, dass ihre Bitterkeit nicht nur durch ihre persönliche Situation der Kinderlosigkeit ausgelöst worden scheint, sondern auch vom Zustand des Volkes und des Kultes:

> Herr Zebaoth, wirst du das Elend deiner Magd ansehen[19] und an mich gedenken und deiner Magd nicht vergessen und wirst du deiner Magd einen Sohn geben, so will ich ihn dem Herrn geben sein Leben lang, und kein Schermesser soll auf sein Haupt kommen. (1. Sam 1,11)

Sie bittet im Gebet also bereits um die Ablösung Elis und seiner Söhne. Ihr persönliches Bittgesuch ist zugleich Ausdruck des Sehnens nach einer Erneuerung der nationalen Führerschaft. Die Notwendigkeit für ein solches Gebet zeigt sich auch in der abgebrochenen Verbindung zwischen Eli und den Nöten der Menschen, die das Heiligtum besuchen. Elis hat dermaßen den Kontakt mit den tiefen Nöten der Menschen verloren, dass er, wenn er eine Frau sieht, die in ihrer Qual zu Gott fleht, denkt „sie wäre betrunken" (1. Sam 1,13). Diese Fehleinschätzung der Lage der Betenden macht das Amt in Silo irrelevant, was seinen Beitrag zum nationalen Schalom angeht. Dazu kommen noch die vielen Ungerechtigkeiten und die sexuelle Unmoral der Söhne Elis (1. Sam 2,22-25): Eli wird keine zentrale Rolle mehr spielen im Prozess der Bildung der Nation – so wird es Gott verkünden. Ein Symptom dieses schlechten Zustandes des Bundes ist die Zurückweisung des Dienstes Elis und seiner Söhne (1. Sam 2,22-36):

> Darum spricht der Herr, der Gott Israels: Ich hatte gesagt, dein Haus und deines Vaters Haus sollten immerdar vor mir einhergehen. Aber nun spricht der Herr:

---

[19] Ein Ausdruck, der auch im Hinblick auf das ganze Volk Israel benutzt wurde.

> Das sei ferne von mir! Sondern wer mich ehrt, den will ich auch ehren; wer aber mich verachtet, der soll wieder verachtet werden. (1. Sam 2,30)

Der Priester ist in diesem Bund der Träger der religiösen Legitimität und fungiert als Verbindung zwischen den Menschen und Gott. Ohne ihn und seinen Haushalt können die Abläufe am Heiligtum nicht aufrechterhalten werden. Er muss deshalb bald ersetzt werden.

Ein weiteres Zeichen für den Niedergang ist die Seltenheit der göttlichen Kommunikation: „Und zu der Zeit, als der Knabe Samuel dem Herrn diente unter Eli, war des Herrn Wort selten, und es gab kaum noch Offenbarung" (1. Sam 3,1). Einige Kommentatoren haben, wie ich denke zu Recht, darauf verwiesen, dass der erste Abschnitt dieses Kapitels, in dem es von Eli heißt, „seine Augen waren schwach geworden" und „die Lampe Gottes war noch nicht verloschen. Und Eli hatte sich gelegt im Tempel des Herrn", den Gegensatz des Ausmaßes des Niedergangs und der gleichzeitigen Hoffnung auf nationale Wiederherstellung widerspiegeln.[20] Es ist nicht nur Elis Sehkraft beschädigt, das ganze Volk tastet sich voran ohne klare Sicht und Richtungsweisung durch das Wort eines Propheten oder göttliches Eingreifen.

Das dritte Zeichen für den schlechten Zustand des Bundes, so wie es auch an anderen Stellen des Alten Testaments berichtet wird, ist es, dass das Volk seine Kriege verliert. In einer Situation der nationalen Blindheit ist auch die Diagnose der Niederlage falsch:

> Und als das Volk ins Lager kam, sprachen die Ältesten Israels: Warum hat uns der Herr heute vor den Philistern geschlagen? Lasst uns die Lade des Bundes des Herrn zu uns holen von Silo, dass er in unsre Mitte komme und uns errette aus der Hand unserer Feinde. (1. Sam 4,3)

Aber das ist die falsche Reaktion, denn Gott spricht nicht länger zu ihnen, oder sie können nicht länger Gott hören, ihre Lösungen beruhen auf einer allgemeinen Ignoranz. In dieser Schlacht verliert Israel viele seiner Soldaten, einschließlich Elis Söhne. Und das schlimmste Ergebnis ist, dass die Lade des Bundes von den Philistern erobert wird (1. Sam 4,10-11).

Der Verlust der ersten Schlacht (1. Sam 4,1-2) war ein Problem, aber noch kein großes, denn immer noch konnten sie sich neu aufstellen und die Strategie ändern. Sie irren sich in der Annahme, dass eine einzige Schlacht bedeuten könnte, dass zukünftige Schlachten gewonnen werden. Ihre Lage verschlimmert sich, denn in der zweiten, ebenfalls verlorenen

---

[20] Uriel Steen-Noklberg, Reading Prophetic Narratives, übers. aus dem Hebräischen von Lenn J. Schramm (Indianapolis: Indiana University Press, 1997), 62.

Schlacht wird ihnen die Lade des Bundes genommen. Die Lade des Bundes, oder *Tabut* im Koran, gehörte zum wertvollsten Besitz Israels.

Sie war ein

> kastenartiges Objekt, das die Gesetzestafeln enthielt und möglicherweise andere Gegenstände, die die Bundesbeziehung zwischen Jahwe und Israel symbolisierten. Oben auf der Lade befand sich ein Sitz aus Gold, der die Gegenwart Jahwes repräsentieren sollte. Man schrieb der Lade magische Fähigkeiten zu, und sie spielte eine wichtige Rolle während der Zeit der Richter und in den Anfangsjahren der Monarchie.[21]

Der Verlust der Bundeslade war, so 1. Samuel, der Tiefpunkt des Abstiegs für Israel. Als er von dem Verlust der Lade hörte, „fiel Eli rücklings vom Stuhl am Tor und brach sich den Hals und starb" (1. Sam 4,18). Seine Schwiegertochter, die Frau eines seiner Söhne, war schwanger. Auf die Nachricht hin setzten die Wehen ein und sie gebar einen Sohn, den sie Ikabod nannte, bevor sie selbst starb. Der Name Ikabod ist wirklich ein Symbol, nicht nur für diesen Tag, sondern für die ganze Ära des Niedergangs. Ikabod bedeutet „,Die Herrlichkeit ist hinweg aus Israel' – weil die Lade Gottes genommen war, und wegen ihre Schwiegervaters und ihres Mannes" (1. Sam 4,21).

## Auf dem Weg zur Wiederherstellung

Wenn man diese Erzählung linear im Sinne einer Abfolge von Ursache und Wirkung versteht, verfehlt man ihre narrative Komplexität und ihre theologische Paradoxie. Das ist insbesondere der Fall, wenn man sie aus der Perspektive der christlichen Tradition liest. 1. Samuel 1–7 zeigt ein differenziertes Verständnis der Bundesbeziehung, denn es stellt Gott als strengen Richter, aber auch vergebend und fürsorglich dar. Dieser gnädige Wesenszug Jahwes zeigt sich nicht nur nach Ikabod, sondern sogar inmitten des Debakels.

Von Anfang an können wir beobachten, dass selbst inmitten des Niedergangs das Bundesvolk immer noch von ferne zum leidenschaftlichen Gottesdienst nach Silo kommt (1. Sam 3; 7,3ff.). Dieser Gottesdienst ist nicht bloße Routine, sondern zielgerichtet und strategisch, ein flehentliches Bitten an Jahwe einzugreifen sowohl in persönliche wie gemeinschaftliche Nöte. Wie bereits erwähnt, ist Hannas Gebet dafür ein gutes Beispiel (1. Sam 1,9ff.; 1. Sam 2,1ff.), das alle Elemente des Bundes benennt. Sie spricht

---

[21] Francis I. Fesperman, From Torah to Apocalypse: An Introduction to the Bible (London: Lanham, 1983), 53.

davon, wie Gott für die Schwachen im Kampf eintritt und den „Bogen der Starken" zerbricht und für Ernte und Nahrung sorgt (1. Sam 2,4). Nicht nur das Land wird fruchtbar sein, sondern auch die Frauen des Landes: „Die Unfruchtbare hat sieben geboren ..." (1. Sam 2,5). Selbst die Krönung des Königs sieht sie visionär vor der Zeit: Der Herr wird „Macht geben seinem Könige und erhöhen das Horn seines Gesalbten" (1. Sam 2,10). Mit anderen Worten, in Hannas Gebet ist die Klage verwoben mit Hoffnung und Vorwegnahme, selbst inmitten allen Trübsinns.

Dasselbe gilt für Eli. Obwohl er kritisiert wird, weil er seine Söhne nicht zügelt, können wir doch nicht umhin, seine außerordentliche Tätigkeit als ein Mentor des jungen Samuel anzuerkennen, die er ausübt, obwohl er sich dessen bewusst ist, dass Gott ihn an seiner Stelle erwählt hat. Eli segnet nicht nur Hanna, sondern fördert und lehrt ihren Sohn, auf Gott zu hören (1. Sam 1,17ff.; 2,20, 27; 3,8ff.). Obwohl Samuel dazu berufen war, Eli und sein Haus zu ersetzen, „kannte (Samuel) den Herrn noch nicht, und des Herrn Wort war ihm noch nicht offenbart" (3,7). Als Gott ihn ruft, denkt Samuel, Eli würde ihn rufen. Gott ruft Samuel wieder, und erst als der zurückgewiesene Eli ihn aufklärt, geht Samuel hin und antwortet auf Gottes Ruf. Eli hilft, nicht länger für sich und seine Familie, sondern um des Volkes Gottes willen.

Gottes Wort in 1. Samuel 1-7 stellt sich sowohl als Bedingung wie als Folge einer neuen Ausrichtung des Volkes dar. Sobald Gott angefangen hat, zu reden und gehört wird, öffnen sich die Schleusen des Bundes. Zuerst erlangt das priesterliche Amt wieder seine Legitimität und Wirksamkeit:

> Samuel aber wuchs heran, und der Herr war mit ihm und ließ keines von allen seinen Worten zur Erde fallen. Und ganz Israel von Dan bis Beerscheba erkannte, dass Samuel damit betraut war, Prophet des Herrn zu sein. Und der Herr erschien weiterhin zu Silo, denn der Herr offenbarte sich Samuel zu Silo durch das Wort des Herrn. Und Samuels Wort erging an ganz Israel. (1. Sam 3,19-4,1)

Wenn Samuel als religiöser Mittler spricht, legitimiert Gott seine Worte, indem er Gottes Worte Wirklichkeit werden lässt. Das ist, in deuteronomistischer Tradition, der Beweis dafür, dass es sich um einen Gesandten Jahwes handelt:

> Wenn du aber in deinem Herzen sagen würdest: Wie kann ich merken, welches Wort der Herr nicht geredet hat? - wenn der Prophet redet in dem Namen des Herrn und es wird nichts daraus und es tritt nicht ein, dann ist das ein Wort, das der Herr nicht geredet hat. Der Prophet hat's aus Vermessenheit geredet; darum scheue dich nicht vor ihm. (Dtn 18,21-22)

Weiterhin sehen wir, wie im Einklang mit der Bundesbeziehung Gerechtigkeit und die Ehre Gottes wiederhergestellt werden. Samuel „kam ... wieder nach Rama – denn da war sein Haus –, und dort richtete er Israel. Auch baute er dort dem Herrn einen Altar" (1. Sam 7,17). In diesem Zustand von Schalom sind *mischpat* (Gerechtigkeit) und *tzedaka* (Rechtschaffenheit) eng verbunden, wie in der Prophezeiung Jesajas: „aber der Herr Zebaoth war hoch im Gericht und Gott, der Heilige, erwies sich heilig in Gerechtigkeit" (Jes 5,16). In diesem Zustand des Schalom braucht sich das Bundesvolk nicht gegenüber seinen Feinden behaupten, denn „zwischen Israel und den Amoritern war Friede" (1. Sam 7,14). Es ist nicht notwendig, Kriege zu gewinnen, denn es kann Frieden herrschen.

Der Herr hat schließlich gesprochen, wie in der Verheißung des Psalms:

> Herr, der du bist vormals gnädig gewesen deinem Lande
> und hast erlöst die Gefangenen Jakobs;
> der du die Missetat vormals vergeben hast deinem Volk
> und all ihre Sünde bedeckt hast; – Sela –
> der du vormals hast all deinen Zorn fahren lassen
> und dich abgewandt von der Glut deines Zorns:
>
> Hilf uns, Gott, unser Heiland,
> und lass ab von deiner Ungnade über uns!
> Willst du denn ewiglich über uns zürnen
> und deinen Zorn walten lassen für und für?
> Willst du uns denn nicht wieder erquicken,
> dass dein Volk sich über dich freuen kann?
>
> Herr, zeige uns deine Gnade und gib uns dein Heil!
> Könnte ich doch hören, was Gott der Herr redet,
> dass er Frieden zusagte seinem Volk und seinen Heiligen,
> auf dass sie nicht in Torheit geraten.
>
> Doch ist ja seine Hilfe nahe denen, die ihn fürchten,
> dass in unserm Lande Ehre wohne;
> dass Güte und Treue einander begegnen,
> Gerechtigkeit und Friede sich küssen;
> dass Treue auf der Erde wachse
> und Gerechtigkeit vom Himmel schaue;
> dass uns auch der Herr Gutes tue
> und unser Land seine Frucht gebe;
> dass Gerechtigkeit vor ihm her gehe
> und seinen Schritten folge.
>     (Ps 85,2–14)

## IMPLIKATIONEN FÜR HEUTE

Was bedeutet dies für unser Sehnen nach einer verwandelnden interreligiösen Hermeneutik? Ich möchte drei Aspekte hervorheben, die meiner Ansicht nach eine solche Hermeneutik kennzeichnen:

Als Erstes müssen wir anerkennen, dass die Kraft heiliger Texte, zumindest was meine eigene christliche Tradition betrifft, in ihrer Fähigkeit liegt, eine Sprache für eine alternative Wirklichkeit zur Verfügung zu stellen. Diese alternative Wirklichkeit ist immer eine Verheißung mit einer Bedingung – sie ist an einen Bund geknüpft: „Wenn ihr meine Gebote haltet, bleibt ihr in meiner Liebe, so wie ich meines Vaters Gebote gehalten habe und bleibe in seiner Liebe" (Joh 15,10). Die Verheißung, in Gottes Liebe zu bleiben, hängt von der Einhaltung von Gottes Gebot ab. Was ist dieses Gebot? Im Neuen Testament wird Jesus gefragt:

> Meister, welches ist das höchste Gebot im Gesetz? Jesus aber sprach zu ihm: „Du sollst den Herrn, deinen Gott, lieben von ganzem Herzen, von ganzer Seele und von ganzem Gemüt." Dies ist das höchste und erste Gebot. Das andere aber ist dem gleich: „Du sollst deinen Nächsten lieben wie dich selbst." In diesen beiden Geboten hängt das ganze Gesetz und die Propheten. (Mt 22,36-40)

Mit anderen Worten, Gottes Kommunikation ist eine Einladung zur Liebe. Was ist diese Liebe?

Das führt uns zu dem zweiten Aspekt, der mit der Eigenart der göttlichen Rede zu tun hat. Wie ist es möglich einzuschätzen, ob es Gott ist, der gesprochen hat, unabhängig von einer kollektiven Authentifizierung oder gemeinsamen Übereinkunft. Der Lackmustext ist die Konvergenz von Rechtschaffenheit und Gerechtigkeit. Das wahre Schalom, der Höhepunkt der Verwandlung, ist gekennzeichnet durch *mischpat* (Gerechtigkeit) und *tzedaka* (Rechtschaffenheit), nicht eines nach dem anderen oder eines über dem anderen, sondern beides zusammen. Wahres Hören auf das göttliche Wort materialisiert sich in der Verwirklichung gerechter Beziehungen und wahrhaftiger Gottesverehrung. Verwirklicht dies allein die Gottesrede?

Der dritte Aspekt verweist darauf, dass die Verwirklichung von Gerechtigkeit und Rechtschaffenheit, obwohl eine Folge göttlicher Rede, durch menschliches Handeln vermittelt wird. Gemäß der Interpretation meiner christlichen Tradition kommt dieses Handeln nicht zuerst und dann die göttliche Intervention, sondern folgt der göttlichen Führung. Die neue alternative Wirklichkeit des Schaloms gehört ganz Gott und wird von ihm bestimmt. Aber in seiner Gnade billigt Gott ganz und gar das menschliche Mitwirken an der Verwirklichung von Schalom. Kein menschlicher Akteur kann als solcher göttliche Autorität für sich beanspruchen – die von anderen Menschen nicht infrage gestellt und bewertet werden kann. Kein handelnder Mensch kann behaupten, er habe einen Einblick in das göttliche Wirken für die Verwandlung der Gesellschaft, der anderen Menschen nicht zugänglich ist. Wir wenden wieder den Test des Deuteronomiums an: „Was verborgen ist, ist des Herrn, unseres Gottes; was aber offenbart ist, das gilt uns und unsern Kindern ewiglich, dass wir tun sollen alle Worte dieses Gesetzes" (Dtn 29,28). Aus dieser Perspektive kann Verwandlung nicht bewirkt werden durch Schwerter, sondern durch Worte der Überzeugung. Jegliches ehrgeizige menschliche Handeln, das mit Gewalt göttliche Kommunikation materialisieren will, gleitet nach und nach in die Idolatrie ab. Mit anderen Worten, die Aussage, dass Gott spricht, bedarf immer der Zustimmung anderer Mitglieder der Glaubensgemeinschaft.

# Der Umgang mit heiligen Schriften: Neues Testament, Alterität und Intersektionalität

*Marianne Bjelland Kartzow*

## Einleitung

Ein als heilig geltender Text bedeutet für die Interpretation eine große Herausforderung. Er lädt ein zur Kommunikation und zum Dialog. Er braucht Gemeinschaft und Beziehungen über Zeiten und Orte hinweg, um sinnvoll zu sein. Aber er stellt nicht nur eine Herausforderung dar, er bringt auch Schönheit, Weisheit, Paradoxie, Humor, Fremdheit und Hoffnung mit sich. Die Begegnung mit heiligen Schriften ist ein bereicherndes intellektuelles Unterfangen, das die Lesenden zur Entwicklung von Kreativität und zum Handeln in der Welt auffordert.

In diesem Aufsatz werde ich Interpretationsmodelle des Neuen Testaments erörtern, die ein destabilisierendes und verwandelndes Potenzial haben. Ich bin interessiert an Sozialgeschichte als hermeneutisches und epistemologisches Instrument, nicht um herauszufinden, was wirklich in der Vergangenheit geschehen ist, sondern um neu darüber nachzudenken, wie Körper, Beziehungen und soziale Interaktion als Rohmaterial fungieren, aus denen heilige Schriften ihre Theologie konstruieren. Nach der Erörterung verschiedener Kontexte des Lesens werden einige wissenschaftliche Ansätze dargestellt und schließlich ein Modell für biblische Interaktion und Engagement vorgeschlagen.

## Lesen im Kontext

Die Hermeneutik heiliger Schriften beginnt mit der Begegnung zwischen der Alltagserfahrung und Texten. Ich werde nun ganz kurz Merkmale der Welt, in der wir heute leben, sowie den norwegischen Kontext beschreiben.

## Der aktuelle norwegische Kontext

Wir leben in einer Zeit, in der sich die Kluft zwischen Arm und Reich stetig vergrößert, in einer multikulturellen Welt, die durch religiöse Vielfalt herausgefordert und bereichert wird. Wir sehen uns Umweltkrisen gegenüber und einer wachsenden globalen Flüchtlingsproblematik. Gottes Schöpfung leidet. In Nordeuropa leben wir in teilweise säkularen, früher protestantischen, Gesellschaften. Die Mehrzahl derer, denen der Bezug zu den biblischen Erzählungen fehlt, wird bald durch biblisches Analphabetentum gekennzeichnet sein. Religiöse Vielfalt wird begrüßt, wenn sie die skandinavischen Paradoxe der Freiheit und Gleichheit akzeptiert. In Norwegen spielen heilige Texte eine zwiespältige Rolle.

So konnten wir z.B. im Winter 2015 von einer der Ministerinnen unserer Regierung, Sylvi Listhaug, erfahren, dass Jesus den Menschen dort geholfen habe, wo sie wohnten.[1] Sie forderte uns auf, dem Beispiel Jesu in unserer Flüchtlingspolitik zu folgen und daher keine weiteren Asylsuchenden und Flüchtlinge in unser Land zu lassen, sondern ihnen dort zu helfen, wo sie leben. Wir sollten die Nachbarländer Syriens in ihrer Hilfe für notleidende Menschen unterstützen und diese nicht nach Norwegen einladen.

Vor einigen Jahren gab es eine Diskussion über die Sklaverei in der Bibel. Ein hochrangiger evangelischer Theologe vertrat nachdrücklich die Ansicht, dass nach der Bibel Sklaverei keine Sünde sei. Und da sie keine Sünde sei, widerspreche sie auch nicht dem Willen Gottes. Da unsere altehrwürdigen heiligen Schriften sie nicht als Sünde betrachten, könnten wir uns durch diese Lesart des Textes ermutigt fühlen, ohne Weiteres stillschweigend mit anzusehen, wie sich die moderne Sklaverei in der Welt ausbreitet.

In den letzten Jahren konnten wir einen gewissen allgemeinen kulturellen Trend beobachten, dass sich nämlich Menschen, die nicht notwendigerweise das Christentum mögen, immer noch sehr wohl für die Bibel interessieren. Fast jedes Jahr wird ein neues auf der Bibel basierendes Stück produziert, das oft Rekordzuschauerzahlen zu verzeichnen hat und manchmal Texte

---

[1] Siehe das Video (in Norwegisch) unter: https://www.nrk.no/video/PS*236374 (abgerufen am 03.11.2015).

aus verschiedenen Religionen beinhaltet.[2] Die Bibel ist in diesem Land weiterhin ein Bestseller. Als 2011 eine neue Bibelübersetzung veröffentlicht wurde, geschah dies unter Beteiligung unserer prominentesten Autoren und Autorinnen. Die Bibel gilt als Teil unseres kulturellen Kanons.

Im Allgemeinen ist die Mehrheit der Bevölkerung für die Geschlechtergleichheit in der Religion. Die Mehrheit nimmt nicht sehr aktiv am Leben der Glaubensgemeinschaft teil, hat aber ein persönlich-kulturelles Interesse an der Heiligen Schrift. Meinem Eindruck nach hat die Bibel primär einen symbolischen Wert. Sie ist ein Buch, um zu zeigen, wer man ist, das man nicht notwendigerweise auch liest. Wie kann dieser ambivalente Kontext zum Charakter der Heiligkeit der Schrift beitragen?

## INTERPRETATION

Die Geschichte der Interpretation hat auch einen Kontext. Man hat gesagt, die christliche Reformation sei eine biblische Bewegung gewesen: Das Wort Gottes war nun allen frei zugänglich durch den Geist Gottes. Alle Gläubigen sollten die Bibel lesen und darin die Richtschnur für das alltägliche Leben finden. Druckerpressen und Schulen für die Laien sollten zur Erreichung dieser Ziele beitragen. Es herrschte Optimismus, dass das Prinzip *sola scriptura* dazu führen würde, dass der Text – nun nicht länger von den kirchlichen Obrigkeiten oder der Macht des Klerus gefiltert – eine deutliche Sprache sprechen und direkt in das Leben der Menschen eingreifen würde. Vor der Zeit der Entdeckung des hermeneutischen Zirkels war dieser Enthusiasmus vielleicht etwas naiv angesichts der Komplexität des Leseaktes oder der Rolle der Lesenden bei der Konstruktion der Bedeutung eines Textes. Man könnte vielleicht sagen, dass der Mangel an Instrumenten, um den Text selbst klar sprechen zu lassen, der Grund dafür war, dass einige Jahrhunderte später die exegetische historisch-kritische Methode entwickelt wurde. Innerhalb eines theologischen Rahmens versuchte die erste Generation der Exegeten, den ursprünglichen historischen Kontext und die Bedeutung der Texte zu rekonstruieren.

In den letzten vierzig Jahren haben Literaturtheorien und Einflüsse aus den Gesellschaftswissenschaften zur Entwicklung neuer Perspektiven beigetragen, die den hermeneutischen Ansatz hinterfragen. Neutestamentler sind nicht mehr notwendigerweise Gläubige, die ihre Heilige Schrift lesen und deren theologische Bedeutung ergründen. Gelehrte aus

---

[2] Ich denke hier insbesondere an den großen Erfolg von „Abrahams barn" (Kinder Abrahams), das Texte aus drei Traditionen (Judentum, Christentum und Islam) enthält. Siehe http://www.detnorsketeatret.no/framsyningar/abrahams-barn.

unterschiedlichen Disziplinen erforschen diese Texte als Teil verschiedener historischer, literarischer oder ideologischer Projekte. Für die Kirchen ist die Bibel weiterhin eine heilige Schrift, aber auch ein wissenschaftlicher, kultureller, poetischer und politischer Text.

## TEXTE DES TERRORS

Man hat darauf hingewiesen, dass die Bibel zahlreiche „Texte des Terrors" enthält.[3] Dieser kulturelle und heilige Bestseller hat eine zwiespältige Geschichte. Die Bibel war eine Hilfe bei der kolonialen Eroberung und bei militärischen Unternehmungen, weil mit ihr brutale, gewalttätige Handlungen gerechtfertigt wurden und man Mission und Politik miteinander vermengte, um andere Menschen zu unterdrücken. Sie diente zur Unterstützung des Sklavenhandels, der Geschlechterdiskriminierung und zu religiöser Intoleranz, Rassismus, dem Holocaust und der Apartheid. Sie war ein perfektes Mittel, um durch „othering"[4] „andere" zu konstruieren und auszuschließen. Differenz gilt als ein Problem. Gleichzeitig hat derselbe Text eine konträre Rolle in vielen dieser Kontexte gespielt. Kolonialismus, Sklavenhandel, Geschlechterdiskriminierung und Rassismus wurden bekämpft, indem man sich auf dieselbe Heilige Schrift berief und sich von ihr beeinflussen ließ: die Bibel. Ist die Bibel ein Buch, das z.B. Jugendlichen oder neuen Bürgern empfohlen werden sollte, die aus anderen Gegenden der Welt kommen oder eine andere religiöse Tradition haben? Welche

---

[3] Phyllis Trible, Texts of Terror: Literary-Feminist Readings of Biblical Narratives, Overtures to Biblical Theology, 13 (Philadelphia: Fortress Press, 1984).

[4] Othering: Begriff für die verschiedenen Formen der Diskriminierung und Abwertung von Individuen und Gruppen. Siehe Pui-lan Kwok, „Finding a Home for Ruth. Gender, Sexuality, and the Politics of Otherness", in: Robert M. Fowler, Edith L. Blumhofer, Fernando F. Segovia (eds.), New Paradigms for Bible Study: The Bible in the Third Millennium (New York: T & T Clark, 2004). Siehe auch Jerusha Tanner Lamptey, Never Wholly Other: A Muslima Theology of Religious Pluralism (Oxford: Oxford University Press, 2014), 17ff.; Marianne Bjelland Kartzow, „Gossip and Gender: Othering of Speech in the Pastoral Epistles", in: BZNW, Bd. 164 (Berlin: Walter de Gruyter, 2009). Definition: Othering bezeichnet die Diskriminierung von Menschen oder einer Bevölkerung, die sich von der kollektiven sozialen Norm unterscheiden; weil sie verschieden sind, gelten sie als abnorm; die Gruppe, die sie einem „othering" unterwirft, glaubt, sie „kultivieren" zu müssen. Ein „othering" liegt z.B. vor, wenn Personen, die sich stark mit ihren eigenen ethnischen oder religiösen Glaubensvorstellungen identifizieren, die Überzeugung entwickeln, dass sich unterscheidende Menschen per se ein Problem darstellen. Das kann dazu führen, dass diese als anders oder ungewöhnlich angesehenen Personen separiert, auf Distanz gehalten oder ausgeschlossen werden.

Kriterien sollten angewendet werden, um zu verhindern, dass die Bibel ein Text des Terrors ist?

## Zugänge zur Heiligen Schrift

### Heilige Texte als Erzählungen

Wir werden uns nun einigen Texten aus dem Neuen Testament zuwenden. In der Apostelgeschichte beginnt die Geschichte der frühen Kirche da, wo das Lukasevangelium aufhört: mit der Auferstehung Jesu. Ihr Meister hat sie nun verlassen, und die Jünger haben den Heiligen Geist empfangen. Sie beginnen, in allen möglichen Sprachen zu reden, und alle Menschen können sie verstehen. Sie verhalten sich seltsam, und Petrus hält eine Rede, um die Menge zu beruhigen und zu erklären, was vor sich geht.

> Da trat Petrus auf mit den Elf, erhob seine Stimme und redete zu ihnen: Ihr Juden, und alle, die ihr in Jerusalem wohnt, das sei euch kundgetan, vernehmt meine Worte! Denn diese sind nicht betrunken, wie ihr meint, ist es doch erst die dritte Stunde des Tages; sondern das ist's, was durch den Propheten Joel gesagt worden ist: „Und es soll geschehen in den letzten Tagen, spricht Gott, da will ich ausgießen von meinem Geist auf alles Fleisch; und eure Söhne und eure Töchter sollen weissagen, und eure Jünglinge sollen Gesichte sehen, und eure alten Männer sollen Träume haben; und auf meine Sklaven, Männer wie Frauen, will ich in jenen Tagen von meinem Geist ausgießen, und sie sollen weissagen." (Apg 2,14–18)

Das ist wahrlich eine faszinierende Erzählung. In dem Zitat des Propheten Joel zielen inklusive und einladende Aussagen darauf ab, die ganze Menschheit einzubeziehen: Söhne und Töchter, junge und alte Männer, männliche und weibliche Sklaven. Eine Fülle von Hoffnungen, Träumen und Visionen: Das ist das Wirken des Heiligen Geistes in der Apostelgeschichte. Eine Verbindung wird hergestellt zu dem übergreifenden Metanarrativ der Bibel, in dem alle Menschen die Kinder Gottes sind.[5]

Die Menschen brauchen Narrative, die Modelle anbieten zur Lebensführung. Wo ein historisch-kritischer Exeget fragen würde, was für ein Zeitsystem die Menschen damals in Jerusalem hatten und an welchem Ort Petrus seine Rede hielt, fragt ein narrativer Ansatz nach Charakteren,

---

[5] Zum Konzept des „Metanarrativs" siehe Timo Eskola, A Narrative Theology of the New Testament: Exploring the Metanarrative of Exile and Restoration (Tübingen: Mohr Siebeck, 2015).

Beziehungen, Szenen, dem Plot, Humor und Gesichtspunkten – und nach der Rolle der Lesenden in der Herstellung von Bedeutung.[6] Narrative sind „offene Texte"; sie laden ein, aber erfordern auch die Teilnahme ihres Publikums.[7] Das Lesen von Narrativen erfordert eine Verkörperlichung: Wir müssen mit all unseren Sinnen lesen. Es beinhaltet das Sehen und das Hören auf die Texte und die Welt. Gemeinschaften brauchen Geschichten, auf die sie aufbauen können, um zu erinnern, wer sie sind und woher sie kommen. Narrative können Verwirrung hervorrufen und geben vielleicht keine klaren Antworten, wenn die Lesenden mit ihren eigenen guten Taten oder Fehlern konfrontiert werden. Narrative können nicht gelesen werden, nur um auf einfache Weise das Gute oder Böse zu erkennen; sie fordern mehr von ihren Lesern und Leserinnen.

Dies gilt auch für die Rede des Petrus in der Apostelgeschichte. Lesende können sich vielleicht mit den Söhnen oder den alten Männern oder den Sklaven identifizieren. Die Geschichte vermittelt denjenigen, die ihr begegnen, Hoffnung, Drama und Visionen. Sie verbindet Vergangenheit, Gegenwart und Zukunft und schreibt uns alle in dieses Metanarrativ ein. Es kommt nicht darauf an, ob wir arm oder reich, hohen oder niederen Ranges, erfolgreich oder erfolglos sind. „Hier ist nicht Jude noch Grieche, hier ist nicht Sklave noch Freier, hier ist nicht Mann noch Frau; denn ihr seid allesamt einer in Christus Jesus" (Gal 3,28). Niemand ist hier der „andere". Das Volk Gottes ist vereint. Kein Wunder, dass diese Stelle in der Apostelgeschichte 2 weltweit für die neo-charismatischen Bewegungen den stärksten Kanon innerhalb des Kanons darstellte.

Es gibt nur eine kleine Schlange im Paradies: Wenn diese Textstelle junge und alte Männer und Kinder und Sklaven beiderlei Geschlechts erwähnt, warum nicht auch junge und alte Frauen? Warum werden nur die Männer Judäas erwähnt?

## EIN INTERSEKTIONALER ANSATZ

In anderen Texten des Neuen Testaments bezeichnet der Ausdruck „alte Frauen" etwas Negatives. In den Pastoralbriefen, deren paulinische Autorenschaft zum Teil bezweifelt wird, dient der Ausdruck „Altweiberfabeln"

---

[6] Mark Allan Powell, What Is Narrative Criticism? A New Approach to the Bible (London: SPCK, 1993).
[7] Siehe das Kapitel 4 über narrative Kritik in: Joel B. Green (ed.), Methods for Luke (New York: Cambridge University Press, 2010).

zur Zurückweisung falscher Lehren (1. Tim 4,7).[8] Alte Frauen sollen junge Frauen zur Besonnenheit anhalten, nicht verleumderisch und nicht dem Trunk ergeben sein (1. Tim 3,11; Tit 2,3-5), und junge Witwen solchen nicht herumgehen und Gerüchte verbreiten und Dinge sagen, die sie nicht sagen sollten (1. Tim 5,3-15).[9] Frauen werden gerettet dadurch, dass sie Kinder zur Welt bringen (1. Tim 2,15). Hinter solchen Aussagen stehen stereotype Ansichten, sie sind Folge von „othering", die geschlechtsbezogene Rhetorik ist eine der Beschuldigung. In denselben Briefen werden die Sklaven dazu ermahnt, ihren Herren zu gehorchen und ihnen keine Widerworte zu geben (1. Tim 6,1-2; Tit 2,9).[10] Das Problem besteht nicht nur darin, dass der Text Frauen einem „othering" unterwirft; auch andere Gruppen werden ausgeschlossen. Frauen, Kinder und Sklaven werden in die sogenannte Hausordnung eingepasst, z.B. in dem pseudo-paulinischen „Brief an die Kolosser":

> Ihr Frauen, ordnet euch den Männern unter, wie es sich im Herrn geziemt! Ihr Männer, liebt die Frauen und seid nicht erbittert gegen sie! Ihr Kinder, gehorcht euren Eltern in allem, denn das ist dem Herrn wohlgefällig! Ihr Väter, schüchtert eure Kinder nicht ein, damit sie nicht mutlos werden! Ihr Sklaven, gehorcht in allem euren irdischen Herren, nicht in einem augenfälligen Dienst, um Menschen zu gefallen, sondern in der Aufrichtigkeit des Herzens! Fürchtet den Herrn! (Kol 3,18-22)

Die drei Beziehungspaare – Ehefrauen/Ehemänner, Kinder/Eltern und Sklaven/Herren – mögen rhetorisch voneinander unabhängige Parameter sein, sie waren es aber nicht im wirklichen Leben der Antike.[11] Statt hierarchisch organisierter Paare entspricht ein komplexes Netz intersektionaler Beziehungen, in denen Autorität und Macht verhandelt und verteilt wurden, besser der Alltagserfahrung der ersten Anhänger Jesu.

---

[8] Joanna Dewey, „Women on the Way: A Reconstruction of Late First-Century Women's Storytelling", in: Holly E. Hearon/Philip Ruge-Jones (eds.), The Bible in Ancient and Modern Media: Story and Performance (Eugene, Or.: Cascade Books, 2009), 36-48. Jouette M. Bassler, 1 Timothy, 2 Timothy, Titus, Abingdon New Testament Commentaries (Nashville, TN: Abingdon Press, 1996).
[9] Diese Texte werden erörtert bei Kartzow, a.a.O. (Fußn. 4), 164.
[10] Zur Sklaverei siehe Bernadette J. Brooten/Jacqueline L. Hazelton (eds.), Beyond Slavery: Overcoming Its Religious and Sexual Legacies (New York: Palgrave, MacMillan, 2010); Jennifer A. Glancy, Slavery in Early Christianity (Oxford: Oxford University Press, 2002).
[11] Marianne Bjelland Kartzow, „‚Asking the Other Question': An Intersectional Approach to Galatians 3:28 and the Colossian Household Codes", in: Biblical Interpretation 18, No. 4-5 (2010), 364-89.

Ich benutze den Begriff „Intersektionalität", um diese kulturelle Komplexität auf neue Weise zu erfassen. Intersektionalität als theoretisches Konzept hat erst in jüngster Zeit Anwendung in der Bibelwissenschaft gefunden[12], obwohl die Grundideen und -anliegen in der afrikanischen und afroamerikanischen Wissenschaft und insbesondere vom theologischen Womanism schon seit einigen Jahren vertreten werden.[13] Die Grundidee ist die folgende: Anstatt Geschlecht, Rasse, Klasse, Alter und Sexualität als getrennte Kategorien zu untersuchen, erkundet die Intersektionalität, wie sich diese Kategorien überlappen und gegenseitig modifizieren und verstärken.[14] Intersektionalität ermöglicht es den Interpretierenden, „die ‚andere' Frage" zu stellen und damit Kategorien sichtbar zu machen, die ansonsten übersehen oder bagatellisiert worden wären.[15]

---

[12] Elisabeth Schüssler Fiorenza, „Introduction: Exploring the Intersections of Race, Gender, Status, and Ethnicity in Early Christian Studies", in: Laura Nasrallah/ Elisabeth Schüssler Fiorenza (eds.), Prejudice and Christian Beginnings: Investigating Race, Gender, and Ethnicity in Early Christian Studies (Minneapolis: Fortress Press, 2009), 1-23. Marianne Bjelland Kartzow, „Intersectional Studies", in: Julia M. O'Brien (ed.), The Oxford Encyclopedia of the Bible and Gender Studies (New York: Oxford University Press, 2014).

[13] Sarojini Nadar, „The Bible in and for Mission: A Case Study of the Council of World Mission", in: Missionalia 37, No. 2 (2009), 226. Siehe auch Brian K. Blount et al. (eds.), True to Our Native Land: An African American New Testament Commentary (Minneapolis: Fortress Press, 2007) und zahlreiche Werke von Schüssler Fiorenza und auch z.B. Kwok (Fußn. 4).

[14] Siehe z.B. Kathy Davis, „Intersectionality as Buzzword: A Sociology of Science Perspective on What Makes a Feminist Theory Successful", in: Feminist Theory 9 (2008), 67-83; Gudrun-Axeli Knapp, „Race, Class, Gender: Reclaiming Baggage in Fast Travelling Theories", in: European Journal of Women's Studies 12, No. 3 (2005), 249-65; Leslie McCall, „The Complexity of Intersectionality", in: Signs: Journal of Women in Culture and Society 30, No. 3 (2005), 1771-800; Ann Phoenix/Pamela Pattynama (eds.), European Journal of Women's Studies (Issue on Intersectionality), Vol. 13 (2006); Sumi Cho/Kimberle Williams Crenshaw/Leslie McCall, „Toward a Field of Intersectional Studies: Theory, Applications, and Praxis", in: Signs (Theme Issue: Intersectionality: Theorizing Power, Empowering Theory 38), No. 4 (2013), 785-810.

[15] Mari Matsuda erklärt: „Ich versuche die wechselseitige Verbindung aller Formen der Abhängigkeit mit Hilfe einer Verfahrensweise zu verstehen, die ich ‚die andere Frage stellen' nenne. Wenn ich etwas Rassistisches beobachte, frage ich: ‚Was ist das Patriarchalische daran?' Sehe ich etwas Sexistisches frage ich: ‚Wo ist da der Heterosexismus?' Wenn ich etwas Homophobes sehe, frage ich: ‚Wo stecken hier die Klasseninteressen?'" Mari J. Matsuda, „Beside My Sister, Facing the Enemy: Legal Theory out of Coalition", in: Stanford Law Review 43 (1990), 1187. Siehe auch Jennifer C. Nash, „Re-Thinking Intersectionality", in: Feminist Review 89 (2008), 12.

In der sozialen Welt des Neuen Testaments verbanden sich Ethnizität, Klasse, Geschlecht und Alter/Generation und konstruierten sich gegenseitig. Ein Mann konnte entweder frei oder Sklave sein – obwohl männliche Sklaven nicht als wirkliche Männer galten.[16] Für Frauen galten verschiedene Regeln, abhängig von ihrem Status: Sklavinnen hatten keine Chance, dass die Geschlechterregeln auf sie angewendet wurden, die für frei geborene Frauen Ehre und Unsichtbarkeit zur Norm erhoben.[17] Als kleine Kinder konnten Sklaven und Freie vielleicht noch miteinander spielen und erhielten noch etwas gemeinsamen Unterricht, aber ihr zukünftiges Leben hatte klar abgesteckte Grenzen und schied sie in verschiedene soziale Welten nach Geschlecht und sozialer Klasse.[18]

Wo waren die Dazugehörigen in den Gemeinschaften, die die christliche Heilige Schrift schufen? Wo waren die, denen man Selbstkontrolle zusprach, ihre Entscheidungen, ihre Körper? Und wer war der oder die andere? Es ist verführerisch anzunehmen, dass für Paulus freie, erwachsene, jüdische Männer wie er selbst letztlich die Dazugehörigen waren. Er gestand zu, dass „in Christus Jesus" alle anderen Parameter von geringerer Bedeutung waren (Gal 3,28), aber das Metanarrativ, dass er in das, was dieses Privileg darstellte, einschrieb, gehörte zu einer spezifischen Stellung innerhalb der Gesellschaft. Die anderen konnten in dieser spirituellen Wirklichkeit willkommen sein, solange sie den Regeln des Gehorsams und der Unterordnung gemäß Geschlecht, Klasse, Alter und Rasse folgten. Wie gehen wir mit dieser Botschaft um, ohne das Neue Testament wie einen Text des Terrors erscheinen zu lassen?

Wir müssen den Text gegen den Strich lesen und eine Hermeneutik des Verdachts anwenden.[19] Paulus und die paulinische Tradition standen in einem spezifischen kulturellen und sozialen Kontext, wie die historisch-kritische Methode gezeigt hat. Theologie wird demgemäß formuliert mit Hilfe von Körpern, Beziehungen und sozialen Interaktionen, wie wir durch das Konzept der Intersektionalität erkennen können. Nichtsdestotrotz gehören die paulinischen Briefe, ihre Echtheit angefochten oder nicht, zu den heiligen Schriften des Christentums. Sie werden als Teil des Wortes

---

[16] Halvor Moxnes, „Conventional Values in the Hellenistic World: Masculinity", in: Per Bilde, Troels Engberg-Pedersen, Lise Hannestad, Jan Zahle (eds.), Conventional Values of the Hellenistic Greeks, Studies in Hellenistic Civilization, 8 (Aarhus: Aarhus University Press, 1997), 263–84.
[17] Anna Rebecca Solevag, Birthing Salvation: Gender and Class in Early Christian Childbearing Discourse (Leiden: Brill, 2013).
[18] Carolyn Osiek, Margaret Y. MacDonald, Janet H. Tulloch, A Woman's Place: House Churches in Earliest Christianity (Minneapolis, MN.: Fortress Press, 2006).
[19] Elisabeth Schüssler Fiorenza, In Memory of Her: A Feminist Theological Reconstruction of Christian Origins (London: SCM Press, 1983).

Gottes angesehen. Als Geschichtenerzähler bringt uns Paulus die gute Nachricht, so wie in Galater 3,28, aber zugleich sind mit seinem Namen Stereotypen und Akte des „othering" verbunden. Aus guten Gründen hat er einen unanfechtbaren Status in der Kirche, Wissenschaft und lutherischen Gemeinschaften. Ich werde nichtsdestotrotz vorschlagen, dass wir ihn im Lichte anderer, weniger berühmter Texte des christlichen Kanons lesen.

## Ein Modell für biblische Interaktion und Engagement

### Kriterien zum Auffinden von (neuen) Texten

Nicht alle Texte bewirken Gutes für alle Menschen. Die Welt braucht Menschen, die gestützt auf die heiligen Schriften angesichts der gegenwärtigen Krisensituation laut die Stimme gegen Diskriminierung erheben. Wir brauchen Narrative, die dem wachsenden biblischen Analphabetentum entgegenwirken. Welche Kriterien können wir nutzen, um Textpassagen zu finden, die nicht Akte des „othering" sind, sondern Hoffnung erzeugen?

Ich glaube, dass die Vielfalt der Zugänge eine Antwort sein könnte: Hausordnungen oder Rechtsvorschriften müssen dialogisch mit narrativen Passagen oder Metanarrativen konfrontiert werden. Lehraussagen müssen auf Stereotype und „othering" hin geprüft werden. Texte aus dem Neuen Testament selbst können als interpretative Modelle für andere Texte in einem inneren biblischen Dialog dienen. Vertraute Texte, die eine besondere Bedeutung im Kanon haben, müssen parallel mit anderen randständigen Texten gelesen werden; sie alle gehören zur Heiligen Schrift. Obwohl die Reformatoren und andere vor und nach ihnen ihre Vorstellungen davon hatten, welche Texte die zentralsten seien, ist für Christen und Christinnen die ganze Bibel heilig. Anstatt Texte mit vermeintlich klaren Antworten zu präsentieren, sollten wir die Möglichkeit riskieren, dass eine Lektüre herausfordert und verändert. Überrascht werden durch einen Text ist besser, als vorher schon zu wissen, was er uns sagen wird.

Können interne biblische Faktoren – Dialog, Randständigkeit, Risiko, Überraschung – Kriterien sein, wie dem Neuen Testament als einer Heiligen Schrift ohne „othering" begegnet werden könnte?

## Das Sklavenmädchen mit dem Wahrsagegeist

Eine kurze Geschichte, wiederum aus der Apostelgeschichte, kann uns überraschen und die Wahrheit ins Schwanken bringen. Sie präsentiert eine andere Erzählung über Paulus und die Wurzeln des Christentums. Paulus und Silas sind in Philippi und haben gerade die Purpurhändlerin Lydia getroffen und sie und die Bewohner ihres Hauses getauft. Nun reisen sie weiter und der folgende kleine Zwischenfall wird schnell übergangen:

> Es geschah aber, als wir zum Gebet gingen, da begegnete uns ein Sklavenmädchen, die hatte einen Wahrsagegeist und brachte ihren Herren viel Gewinn ein mit ihrem Wahrsagen. Die folgte Paulus und uns überall hin und schrie: Diese Menschen sind Sklaven des höchsten Gottes, die euch den Weg des Heils verkündigen. Das tat sie viele Tage lang. Paulus war darüber so aufgebracht, dass er sich umwandte und zu dem Geist sprach: Ich gebiete dir im Namen Jesu Christi, dass du von ihr ausfährst. Und er fuhr aus zu derselben Stunde. (Apg 16,16-18)

Diese Geschichte hat keine besondere Bedeutung erlangt; tatsächlich ist sie kaum beachtet worden. Das Sklavenmädchen ist als die „andere" auf mehreren Ebenen konstruiert worden: narrativ, theologisch und in der Interpretationsgeschichte aufgrund von Intersektionen von Geschlecht, Klasse und ethnisch/kulturellem Hintergrund. Bücher über die „Frauen in der Bibel" konzentrieren sich meist auf die bekannte Lydia, die in den Versen davor erwähnt wird, und widmen diesem Mädchen wenig Aufmerksamkeit. Sie ist ein Sklavenmädchen, dessen Talent zum Wahrsagen von anderen ausgebeutet wird; die grammatische Form ist Plural, so dass sie das gemeinsame Eigentum mehrerer Besitzer oder Haushalte sein könnte. Sie könnte das ererbte Eigentum von Brüdern sein. Ihre Besitzer werden sehr wütend über Paulus und seinen Begleiter, weil ihnen Paulus durch ihre Heilung ihr Einkommen weggenommen hat, und sie sorgen dafür, dass die beiden ins Gefängnis geworfen werden. Ein Sklavenmädchen ohne das Talent zum Wahrsagen wird nun eine andere Arbeit brauchen; der Verkauf ihres weiblichen Körpers als Prostituierte wäre eine Option. Ethisch und kulturell hat sie, wie andere Sklaven, die Bindungen an Herkommen, Nationalität und Familie verloren. Sklaven sind von dem abgeschnitten, was den Menschen normalerweise Identität und Stellung verleiht.[20] Der Geist, von dem sie besessen sein soll – ein Wahrsagegeist –, lässt sie als

---

[20] Catherine Hezser, Jewish Slavery in Antiquity (New York: Oxford University Press, 2005); John Byron, Recent Research on Paul and Slavery (Sheffield: Phoenix Press, 2008).

seltsamen und fremdartigen Charakter erscheinen, an dem Paulus seine geistliche Macht demonstriert. Er spricht zu dem Geist und nicht zu ihr.

Der Text verwendet in problematischer Weise rhetorische Techniken, die Geschlecht und Klasse intersektional verschränken. Auf einer Ebene erzählt der Text eine schlechte Geschichte über die Leser und Leserinnen, die mit Paulus sympathisieren. Wie gesagt, laden Narrative die Lesenden oder Hörenden ein, sich einzubringen und zu engagieren, sie bieten Modelle für die Lebensbewältigung. Derartige Narrative kann man nicht einfach nur lesen, um wahr oder falsch zu unterscheiden; sie erfordern mehr von uns. Sie erfordern ethische und selbstkritische Reflexion.[21]

Die Geschichte berichtet über das Handeln Paulus', wie der Geist Gottes den Sieg über die anderen Geister davonträgt und wie die Körper und Leben von Nebenfiguren zu Objekten werden, die als rhetorische Hilfsmittel benutzt werden. Wie gehen wir mit der Tatsache um, dass frühe christliche Missionare aufgebracht waren und Nebenfiguren der Erzählung schlecht behandelten und sie ohne Erwerbsmittel zurückließen, einfach weil der Held der Erzählung zeigen wollte, dass unser Gott der Stärkste ist?

Das geistbesessene Sklavenmädchen ist die andere, die religiös andere. Die junge Frau, die vor Krieg oder der Umweltzerstörung flieht, zitternd auf einem offenen Boot auf ihrem Weg nach Europa. Die Romafrau, die an der U-Bahn-Station bettelt. Wir haben sie alle gesehen. Sie bringt uns auf; sie gibt nicht auf, sie weint immer weiter, Tag um Tag.

## Die Wahrheit an unerwarteten Orten

Diese Geschichte hat eine destabilisierende Wirkung, aber eine nähere Untersuchung könnte aufzeigen, dass noch mehr in ihr steckt als die Aussage, das Sklavenmädchen „sollte zu jenen Benachteiligten gezählt werden, die das besondere Objekt von Jesu Erlösungswirken sind".[22] Interpreten haben darauf verwiesen, dass die Worte des Sklavenmädchens dem entsprechen, was in der Apostelgeschichte als Wahrheit gilt.[23] Sie schreit, dass Paulus und seine Begleiter die Sklaven Gottes sind, eine gebräuchliche

---

[21] Elisabeth Schüssler Fiorenza, „The Ethics of Biblical Interpretation: Decentering Biblical Scholarship", in: Journal of Biblical Literature 107, No. 1 (1988), 3–17.
[22] Robert F. O'Toole, „Slave Girl at Philippi", in: David Noel Freedman (ed.), The Anchor Bible Dictionary (New York, London: Doubleday, 1992), 58; siehe dazu Marianne Bjelland Kartzow, Destabilizing the Margins: An Intersectional Approach to Early Christian Memory (Eugene, Oregon: Wipf and Stock Publishers, 2012), 131.
[23] Karlsen Seim, The Double Message: Patterns of Gender in Luke-Acts, Studies of the New Testament and Its World (Edinburgh: T & T Clark, 1994).

Beschreibung früher christlicher Personen und Gruppen. Sie sagt weiter, dass diese einen Weg des Heils verkünden.[24] Manche gehen sogar so weit zu sagen, dass sie wie eine Prophetin klingt, wie eine der Sklavinnen in dem Zitat aus dem Buch Joel in der Rede des Paulus, über die Gott seinen Geist ausgießen wird und die weissagen werden (Apg 2,18). Eine Randfigur, wie Anstoß erregend und unbeliebt sie auch sei, vermittelt die Wahrheit.

Die Geschichte kann Menschen aus allen Traditionen mit unterschiedlichem Hintergrund ermutigen, nach der Wahrheit an unerwarteten Orten zu suchen. Sie ermöglicht Selbstreflexion. Sie lädt ein, dem Vorbild der marginalisierten anderen zu folgen. Die Geschichte über das Sklavenmädchen präsentiert ein Verhaltensmodell, gleich ob wir im Zentrum oder am Rand stehen, reich oder arm, stark oder schwach sind: Sagt es laut. Erregt Anstoß. Sagt die Wahrheit.

Geschichten wie diese zeigen, dass Variabilität, Marginalität, Risiko und Überraschung uns helfen kann, neue Modelle zu finden. Obwohl der Text und Paulus selbst in „othering" involviert sind, können die Leser und Leserinnen heiliger Schriften kreative Modelle für ein hermeneutisches Engagement finden. Er sieht zunächst vielleicht wie ein Text des Terrors aus, aber er hat einiges an verwandelndem Potenzial. Der Text kann als ein Narrativ fungieren, dass Handeln in der Welt inspiriert, jene inspiriert, die biblische Analphabeten sind. Sagt es laut. Erregt Anstoß. Sagt die Wahrheit.

---

[24] John Byron, Slavery Metaphors in Early Judaism and Pauline Christianity: A Traditio-Historical and Exegetical Examination, Wissenschaftliche Untersuchungen zum Neuen Testament, Reihe 2, Bd. 162 (Tübingen: Mohr Siebeck, 2003).

# „Wähle also das Leben, damit du lebst, du und deine Nachkommen": Klimawandel als Fallstudie für eine kontextuelle Hermeneutik

*Martin Kopp*

## Einleitung

Anfang des Jahres 2016 überschritt die Temperatur der nördlichen Hemisphäre für einige Stunden jene Grenze von zwei Grad, unter der die globale Durchschnittstemperatur bis Ende dieses Jahrhunderts gehalten werden soll.[1] Obwohl zum Teil politischer Natur[2], wird die Zwei-Grad-Grenze von allen Unterzeichnern der Klimarahmenkonvention (UNFCCC) als Grenzwert anerkannt, als Wendepunkt, dessen Überschreitung zu unumkehrbaren Klimaentwicklungen und unkontrollierbarem Klimawandel führen und in jedem Fall katastrophale Folgen für die Menschen haben wird. Dass dieser Grenzwert kurzfristig nur zwei Monate nach dem diplomatischen Erfolg von COP21 in Paris und seinem unerwartet ehrgeizigen Ziel, die

---

[1] Eric Holthaus, „Our Hemisphere's Temperature Just Reached A Terrifying Milestone", in: Slate, 1 March 2016, online abrufbar unter: http://slate.me/1WTPMNi.
[2] Einen kurzen historischen Überblick über die Definition dieses Temperaturgrenzwertes geben Stefan C. Aykut und Amy Dahan, „Le choc de Copenhague. La régression du climat", in: Stefan C. Aykut/Amy Dahan (eds.), Gouverner le climat? 20 ans de négociations internationales (Paris: Presses de Sciences Po, 2015), 325–98.

durchschnittliche Erwärmung unter 1,5 Grad Celsius[3] zu halten, erreicht wurde, ist alarmierend: Die Begrenzung und der folgende Abbau von Treibhausgasemissionen ist von äußerster Dringlichkeit und darf nicht weiter aufgeschoben werden.

Seit der UN-Klimakonferenz COP19 in Warschau, Polen im Jahr 2013 haben Tausende von Menschen in der Welt an jedem ersten Tage des Monats für das Klima gefastet, um ihre Solidarität mit den schutzlosen Menschen auszudrücken und zum Handeln aufzurufen.[4] Es fasten Menschen aus allen gesellschaftlichen Schichten. Darunter sind viele Christen und Christinnen aller Konfessionen, insbesondere aus dem Luthertum. Von Anfang an hat sich der Lutherische Weltbund (LWB) sehr für diese Initiative eingesetzt. Das ist nicht überraschend. Seit Jahrzehnten haben sich Christen und Christinnen theologisch mit dem Thema des Klimawandels und noch umfassender mit der Umweltkrise auseinandergesetzt – vor allem auf der protestantisch-orthodoxen internationalen ökumenischen Ebene des Ökumenischen Rates der Kirchen.[5] Katholische Theologen und Päpste haben diese Problematik ebenfalls diskutiert, aber erst vor kurzem ist dies durch die Enzyklika *Laudato Si* auch Thema der Sozialllehre der römisch-katholischen Kirche geworden.

Trotzdem ist auf der regionalen Ebene für Kirchen und einzelne Gläubige welcher Konfession auch immer das Engagement für den Klimaschutz keine Selbstverständlichkeit. Die Verbindung zwischen Klimawandel und christlichem Glauben ist nicht offensichtlich, und die Kirchen brauchen eine solide kontextuelle Theologie und eine gute kirchliche Pädagogik, um die Thematik auf die Tagesordnung setzen und sie in die verschiedenen Aspekte des Lebens einer christlichen Gemeinschaft integrieren zu können.

Klimawandel stellt daher eine interessante Fallstudie zum Thema „transformative Lesarten heiliger Schriften" und biblische Hermeneutik dar – Letztere verstanden als „eine systematische und geregelte Form nachgeordneter Reflexion über die Praxis der Interpretation"[6], d.h. eine distanzierte Reflexion über den Akt der Interpretation der biblischen Schriften. Wie sieht die interpretative Landschaft des Klimawandels aus? Was sind die Besonderheiten dieses aktuellen Themas? Wie interpretiert die christliche Theologie die Bibel im Lichte dieser neuen Thematik? Was

---

[3] Artikel 2 des Pariser Klimaabkommens.
[4] https://www.lutheranworld.org/fastfortheclimate.
[5] Guillermo Kerber, „International Advocacy for Climate Justice", in: Robin G. Veldman, Andrew Szasz, Randolph Haluza-Delay (eds.), How the World's Religions Are Responding to Climate Change (Oxford: Routledge, 2014), 278–94.
[6] Ernst Conradie, „What on Earth is an Ecological Hermeneutics", in: David G. Horrel et al. (eds.), Ecological Hermeneutics. Biblical, Historical and Theological Perspectives (London: T&T Clark International, 2010), 298.

sind die Chancen, aber auch Risiken eines solchen Unterfangens? Was können wir daraus auf der hermeneutischen Ebene lernen? Dies sind unsere Leitfragen, wenn wir nun zuerst einen Blick auf die interpretative Landschaft des Klimawandels werfen und dann dessen Begegnung mit den biblischen Schriften erörtern.

## DIE INTERPRETATIVE LANDSCHAFT DES KLIMAWANDELS

Um die besondere interpretative Landschaft des Klimawandels darzustellen, stützen wir uns auf die allgemeine Concept-Map, die Ernst M. Conradie entwickelt hat (siehe unten).[7] Diese Grafik geht davon aus, dass der „Text" einen „geschichtlichen Kontext seiner Entstehung" hat, und stellt die Beziehungen zwischen der „Quelle" und den „Empfängern" als eine „Spirale fortwährender Interpretation" und Aneignung dar. Die „Botschaft" der „Quelle" erreicht die „Empfänger" im Rahmen eines „gegenwärtigen Kontexts" und eines spezifischen „rhetorischen Kontexts", worunter Conradie „die rhetorische Stoßrichtung des Aktes der Interpretation und Aneignung"[8] versteht. Sozusagen zwischen dem Text und seinem Kontext einerseits und der Spirale fortwährender Interpretation und Aneignung andererseits stehen die „Traditionen der Interpretation", die sich in ihren Formen unterscheiden (Konfessionen, Liturgien, Glaubensbekenntnisse usw.). Im Hintergrund all dieser Faktoren finden wir schließlich dann noch die „Welt der verborgenen interpretativen Interessen" und der unbewussten ideologischen Verzerrungen.

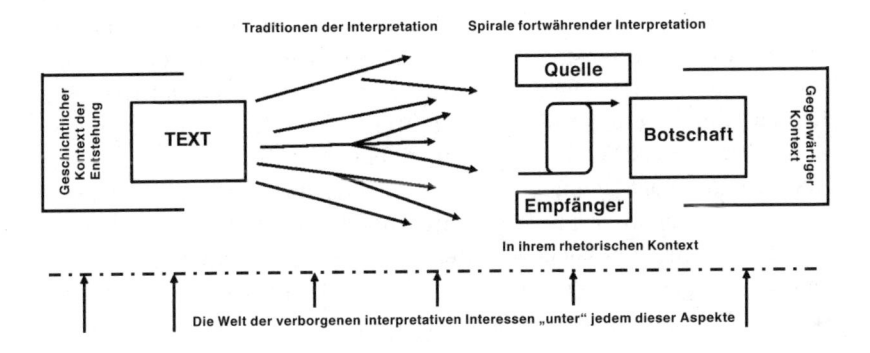

Der Ursprung der interpretativen Erkundung, die vom Klimawandel ausgelöst wird, liegt in einem gegenwärtigen Kontext. Die Problematik ist neu

---

[7] A.a.O., 299.
[8] A.a.O.

und gehört zur umfassenderen modernen Problematik der ökologischen Krise. Die Wissenschaft, mit einer auffallend wachsenden Bedeutung der Gesellschaftswissenschaften, gewinnt Kenntnisse zu dem Sachverhalt. Der christliche Interpret[9] bzw. die christliche Interpretin stützt sich gewöhnlich auf die Berichte des Intergovernmental Panel on Climate Change (IPCC) („Weltklimarat") sowie auf andere Veröffentlichungen zur Klimathematik. Die veröffentlichen Studien konstatieren erstens eine eindeutige durchschnittliche globale Erwärmung seit dem Beginn der industriellen Revolution und einen damit zusammenhängenden Klimawandel; zweitens schätzen, dass eine Wahrscheinlichkeit von über 95 Prozent besteht, dass menschliches Handeln die Hauptursache für diese Erwärmung seit der Mitte des 20. Jahrhunderts ist; und warnen drittens vor den verschiedenen schädlichen Folgen für das Ökosystem, Tier- und Pflanzenarten, Menschen und ihre Lebensbedingungen.[10]

Die exegetischen, interpretativen und theologischen Erkundungen verschiedener Akteure gehen von diesen Erkenntnissen aus. Die christliche Interpretationspraxis unterscheidet sich allerdings etwas, je nachdem, ob es sich um Einzelpersonen oder Institutionen handelt, seien Letztere Kirchen oder Kirchengemeinschaften. Im Fall einer gemeinschaftlichen Interpretation geht es ja darum, auf der Grundlage differenzierter und nuancierter Interpretationen ein gemeinsames Verständnis der Schriften zu erarbeiten – ein Prozess, der einer eigenen näheren Untersuchung bedürfte. Außerdem hat der Klimawandel, obwohl er ein globales Phänomen ist und jeden betrifft, unterschiedliche Auswirkungen auf die Menschen je nach ihrem Wohnort. Die Klimawissenschaft ist universal, die Klimaerfahrung lokal. Man kann sich leicht vorstellen, wie unterschiedlich der Zugang zur Klimathematik und der Bibel bei einer reichen norwegischen Single-Geschäftsfrau, einem südlich der Sahara lebenden Bauern mit einer kleinen Familie, einem CEO eines indischen Solarenergieunternehmens, einem osteuropäischen Bergarbeiter, einem australischen konservativen Politiker oder einer lateinamerikanischen indigenen Mutter ausfallen wird. Man kann deshalb vernünftigerweise annehmen, dass das Ausmaß, in dem die Lebensgrundlagen der Interpretierenden vom Klima abhängigen und ihr übriger Kontext – und damit eng verbunden ihr Verhältnis zur „Natur" – hier entscheidende Faktoren sind.

---

[9] Wir sprechen lieber von „Interpret" als von „Empfänger", um die aktive und konstruktive Funktion der Interpretation hervorzuheben – die auch Conradie sieht.
[10] Intergovernmental Panel on Climate Change, Climate Change 2014. Synthesis Report. Summary for Policymakers (Geneva: Intergovernmental Panel on Climate Change, 2014).

Dazu kommt das übliche weitere „Gepäck", das jeder Interpretierende mit sich trägt: persönliche Geschichte, Bildung, Weltanschauung, Wertvorstellungen, Theologie, Spiritualität, politische Einstellung usw. Das unterstreicht die Bedeutung der eigenen Identität und des eigenen Kontexts bei der Begegnung mit dem biblischen Text: Die Fragen, die an den Text herangetragen werden, und ebenso, wie der Text die Interpretierenden anspricht und bewegt – tatsächlich die Art und Weise, wie die Schrift durch das Wirken des Heiligen Geistes zum Wort Gottes werden kann –, können aufgrund dieser Faktoren sehr unterschiedlich sein. Und dies gilt auch für professionelle Theologen und Theologinnen. Dieser Umstand soll nicht kritisiert werden und führt auch nicht zu irgendeinem Determinismus, der jedem gestattet vorherzusagen, wie jemand die Bibel lesen wird, aber er muss bedacht werden, um die Legitimität der unter bestimmten Bedingungen auftretenden Vielfalt von Interpretationen zu erkennen. Ein solches Verständnis ist besonders wichtig im Fall von Anstrengungen, kollektiv und international eine gemeinsame Interpretation zu erarbeiten.

Was das „Gepäck" betrifft, so gibt es sicherlich, wenn nicht ein Schuldgefühl, so doch eine apologetische Zielsetzung, die entweder explizit formuliert wird oder als ein verborgenes Interesse den Zugang vieler Christen und Christinnen bestimmt. Sie ist Folge der bekannten These, dass das Judentum und Christentum, so wie es sich in Westeuropa im Mittelalter entwickelt hat, eine große Verantwortung für die Entwicklung der gegenwärtigen ökologischen Krise trägt: Einfach gesagt, wird ihnen vorgeworfen, eine Weltsicht verbreitet zu haben, die auf einer Lesart der Genesis beruht, nach der der Mensch die Mitte und den Gipfel der Schöpfung einnimmt und die göttliche Vollmacht bekommen hat, den Rest der Schöpfung zu beherrschen und auszubeuten, die als solche nur durch ihren Nutzen für die Menschen einen Wert hat. Der Mediävist Lynn White Jr. vertrat diese These in seinem berühmten, 1967 in *Science* erschienen Aufsatz.[11] Andere vertraten eine ähnliche These[12], und es ist seither eine regelmäßig in Umweltkreisen gegenüber dem Christentum vorgebrachte Kritik. Vor diesem Hintergrund besteht die Gefahr, dass jemand, der von der Wichtigkeit der Klimakrise und der Dringlichkeit des Handelns überzeugt ist, den biblischen Text mit dem Ziel liest, den Glauben zu verteidigen und einer Interpretationstradition zu widersprechen, von dem Axiom ausgehend, dass die von White Jr. und anderen dargestellte Schöpfungstheologie

---

[11] Lynn White Jr., „The Historical Roots of our Ecological Crisis", in: Science 155 (1967), 1203–07.
[12] Einen Überblick über die Diskussion gibt Paul H. Santmyre, The Travail of Nature. The Ambiguous Ecological Promise of Christian Theology (Philadelphia: Fortress Press, 1985), 1–7.

nicht korrekt ist oder sein kann. Wir haben es hier mit einem klaren Fall von Eisegese zu tun, d.h. dem Hineinlesen einer Bedeutung in einen Text durch den Lesenden, der nicht empfänglich ist für das, was der Text sagen könnte, und die Interpretation in eine vorherbestimmte Richtung lenkt.

Wir befinden uns nun in der Spirale der Interpretationen und Wiederaneignung. Solch eine Spirale zeigt ein fortwährendes Kommen und Gehen zwischen dem Text und den sich in ihrem Kontext befindenden Interpretierenden, und das ist unserer Ansicht nach auch gut so. Im Falle des Klimawandels könnte man jedoch einwenden, dass es eine primäre „strukturierende" Bewegung gibt, die von der heutigen Welt aus hin zum Text geht. Das ist eine entgegengesetzte Dynamik zu der, wie der Text bei traditionellen täglichen Bibellesungen oder in der sonntäglichen Predigt gelesen wird; in diesem Falle kommt zuerst der Text als eine bedeutungsgeladene Quelle, der dann im Fortgang der Interpretation auf die heutige Welt trifft. Wir können also von mindestens zwei Enden der Spirale ausgehen. Der Hauptunterschied zwischen beiden besteht darin, dass uns der Klimawandel dazu bringt, dem Text mit einer bestimmten Frage zu begegnen. Die Tatsache, dass eine Frage gestellt wird, und noch entscheidender, wie sie formuliert wird, was sehr unterschiedlich sein kann, spielt eine Rolle für die Interpretation. Wir können metaphorisch die Frage und ihre Sprache als eine Brille mit farbigen Gläsern darstellen, die die Interpretierenden aufsetzen, wenn sie sich dem biblischen Text nähern.

Das Bewusstsein, eine solche Brille zu tragen, lässt die Interpreten wachsam sein: Es könnte sein, dass wegen ihr einige Bedeutungselemente des Textes auf eine bestimmte Weise oder gar nicht gesehen werden. Um ein Beispiel zu geben: Eine Person, die an den biblischen Text mit dem Konzept der „Umwelt" herangeht, würde damit einen modernen westlichen Dualismus vertreten, der die Menschen von dem trennt, was sie umgibt. Diese Person wäre dann vielleicht nicht empfänglich genug für die Stärke der biblischen Sicht, die die größte Trennungslinie zwischen Schöpfer und Schöpfung zieht und folglich die ontologische Nähe von Menschen, Tieren, Pflanzen, Gesteinen usw. betont, die alle unter dieselbe theologische Kategorie der Geschöpflichkeit fallen. Man sollte deshalb stets offen für die Möglichkeit sein, dass der Text die Brillengläser selbst infrage gestellt.

## Die Begegnung mit den biblischen Schriften

Unter all den möglichen Fragen, die sich im Zusammenhang mit dem Klimawandel stellen, wählen wir hier die umfassendste und primäre Frage, so einfach wie möglich formuliert: Ist der Klimawandel für Christen und Christinnen ein Thema der Ethik und sind sie aus Glaubensgründen zum

Handeln verpflichtet? Für den Lutherischen Weltbund und auch den Ökumenischen Rat der Kirchen, aber auch für andere christliche Organisationen wie die römisch-katholische Kirche oder sogar die Weltweite Evangelische Allianz lautet die Antwort auf diese Frage: Ja. Zwei theologische Hauptargumente wurden dafür vorgebracht: Der Klimawandel betrifft Christen und Christinnen und verpflichtet sie zu einem differenzierten Handeln, weil es erstens eine Frage der Sorge für Gottes Schöpfung ist, und zweitens eine Sache der Gerechtigkeit und des Friedens. Wir werden hier den Fokus auf den ersten Punkt richten: die Schöpfungstheologie.

Der Klimawandel existierte noch nicht zu der Zeit der Abfassung der verschiedenen biblischen Bücher. So gesehen, ist er ein für die Bibel fremdes Thema. Aber das Klima ist ein fundamentales Subsystem des Erdsystems, und die bereits erfahrbaren und vorhergesagten Veränderungen beeinflussen alle Ökosysteme und das Leben in seiner Vielfalt[13] und Qualität. Den Klimawandel kann man wohl unter das Generalthema der Beziehungen einordnen, die die Menschen mit ihrer Umgebung und miteinander eingehen. Theologisch formuliert, geht es hier um die Beziehung der Menschen zur Schöpfung im Angesicht Gottes, des Schöpfers.

Wir können an dieser Stelle nicht die großartigen Erkenntnisse der christlichen Schöpfungstheologie der letzten Jahrzehnte darstellen. Aber es ist besonders interessant, auf die von Lynn White Jr. ausgelöste Interpretationsdebatte zurückzublicken, die zum Kern unseres Problems führt.[14] Der von White hinterfragte Text ist die biblische Schöpfungserzählung. Im Anschluss an den Beitrag des Alttestamentlers Norbert Lohfink[15] konzentrierte sich die Diskussion vor allem auf den Vers 28 des ersten Kapitels des Buches Genesis, der Whites Argumentation zu stützen schien: „Und Gott segnete sie und sprach zu ihnen: Seid fruchtbar und mehret euch und füllet die Erde und machet sie euch untertan und herrschet über die Fische im Meer und über die Vögel unter dem Himmel und über alles Getier, das auf Erden kriecht."

Lohfink gab zu bedenken, dass wichtige Elemente dieser Textstelle übersehen worden oder falsch aufgefasst worden waren. Insbesondere

---

[13] Der Klimawandel spielt gegenwärtig noch eine sekundäre Rolle beim Artensterben, aber er könnte zur Hauptursache werden bei dem viel gefürchteten sechsten großen Artensterben. Siehe Robert Barbault, „Loss of Biodiversity. Overview", in: Encyclopedia of Biodiversity (Amsterdam: Elsevier, 2013), 656–66.
[14] Wir stützen uns hier auf John W. Rogerson, „The Creation Stories: Their Ecological Potential and Problems", in: David G. Horrel et al. (eds.), Ecological Hermeneutics. Biblical, Historical and Theological Perspectives (London: T&T Clark International, 2010), 21–31.
[15] Norbert Lohfink, Unsere großen Wörter. Das Alte Testament zu Themen dieser Jahre (Freiburg: Herder, 1977).

verteidigte er den Vers mit dem Hinweis darauf, dass die hebräischen Originalworte, die der Übersetzung mit „untertan machen" und „herrschen" zugrunde lagen, nämlich *kabasch* und *radah*, falsch verstanden worden seien. Das erste Wort bedeute in Wirklichkeit „seinen Fuß auf etwas setzen, im Sinne von Besitzanspruch erheben"[16], wie im Fall der Landnahme von Kanaan durch die Israeliten (Jos 18,1), und das zweite habe ein semantisches Feld mit der Bedeutung „sanfte, fürsorgliche Herrschaft".[17] Dieses grafische Argument ist in der Folge als unbegründet kritisiert worden, etwa von dem Alttestamentler Alfred Marx: „Die [in Gen 1,28] benutzten Verben sind sehr hart und sollten nicht abgemildert werden."[18] Und es ist wahr, dass eine gründliche Untersuchung des 14-maligen Gebrauchs des Wortes *kabasch* und des 24-maligen Gebrauchs des Wortes *radah* im Alten Testament eine solche Abmilderung schwierig zu verteidigen macht.[19] Man könnte sich fragen, ob Lohfinks Verteidigungshaltung ihn dazu verführt hat, ein Argument vorzubringen, das nicht standhalten konnte – eine Gefahr, auf die wir bereits hingewiesen haben.

Aber Lohfink machte auch eine Anmerkung, die Wissenschaftler dazu brachte, die ganze Erzählung, vom ersten Kapitel der Genesis bis zu ihrem neunten Kapitel, d.h. unter Einschluss der Sintfluterzählung, neu zu betrachten. Lohfink machte auf den folgenden Vers aufmerksam, der in der Tat vergessen schien und dessen Implikationen nicht bedacht worden waren: „Gott sprach: Sehet da, ich habe euch gegeben alle Pflanzen, die Samen bringen, auf der ganzen Erde, und alle Bäume mit Früchten, die Samen bringen, zu eurer Speise" (Gen 1,29). Mit anderen Worten, nach dieser ersten Schöpfungsgeschichte war den ersten Menschen befohlen worden, sich vegetarisch zu ernähren. Erst nach der Sintflut gab Gott, bedenkend dass der Mensch dem Bösen zuneigt, den Menschen die Erlaubnis, Fleisch zu essen, Fleisch ohne Leben, d.h. ohne sein Blut (Gen 8,21–9,17). Lohfink wies die Vorstellung als absurd zurück, dass alle Menschen Vegetarier sein sollten, aber er betonte, dass die erste Schöpfungsgeschichte mit ihrer Vision einer Welt ohne Gewalt zwischen Menschen und Tieren prophetisch war.

Spätere Studien bauten auf Lohfinks bemerkenswerten Erkenntnissen auf und gingen einen Schritt weiter, indem sie darauf verwiesen, dass

---

[16] Rogerson, a.a.O. (Fußn. 14), 22.
[17] A.a.O.
[18] Alfred Marx, „Assujettir ou veiller sur la création?", in: Revue Projet 347 (2015), 37.
[19] Siehe Rogerson, a.a.O. (Fußn. 14), 25; eine ausführliche Diskussion bei Ute Neumann-Gorsolke, Herrschen in den Grenzen der Schöpfung. Ein Beitrag zur alttestamentlichen Anthropologie am Beispiel vom Psalm 8, Genesis 1 und verwandten Texten (Neukirchen-Vluyn: Neukirchener Verlagsgesellschaft, 2004), 204–29 und 274–300.

nach Vers 30 die Tiere selbst Vegetarier sein sollten. „Aber allen Tieren auf Erden und allen Vögeln unter dem Himmel und allem Gewürm, das auf Erden lebt, habe ich alles grüne Kraut zur Nahrung gegeben. Und es geschah so." Weiterhin verwies man darauf, dass die Sintflutgeschichte ausdrücklich feststellt, dass sich die Beziehung zwischen Menschen und Tieren mit dem Nahrungswechsel veränderte:

> Furcht und Schrecken vor euch sei über allen Tieren auf Erden und über allen Vögeln unter dem Himmel, über allem, was auf dem Erdboden wimmelt, und über allen Fischen im Meer; in eure Hände seien sie gegeben. (Gen 9,2-3)

Paul Beauchamps Studie[20] zeigt, dass es bei der Ernährungsweise um die Beziehung zwischen allen Lebewesen geht: Gemäß dem Ursprungsideal sollte niemand ein anderes Lebewesen essen. Niemand sollte einen anderen jagen. Niemand sollte einen anderen fürchten. Die Beziehung zwischen Menschen und Tieren ist friedlich. Es ist von Bedeutung, dass dieses ursprüngliche Ideal ebenso in den Texten über die ideale Endzeit auftaucht. Die Wissenschaft zitiert meist Jesaja:

> Da wird der Wolf beim Lamm wohnen und der Panther beim Böcklein lagern. Kalb und Löwe werden miteinander grasen, und ein kleiner Knabe wird sie leiten. Kuh und Bärin werden zusammen weiden, ihre Jungen beieinanderliegen, und der Löwe wird Stroh fressen wie das Rind. Und ein Säugling wird spielen am Loch der Otter, und ein kleines Kind wird seine Hand ausstrecken zur Höhle der Natter. Man wird weder Bosheit noch Schaden tun auf meinem ganzen heiligen Berge; denn das Land ist voll Erkenntnis des Herrn, wie Wasser das Meer bedeckt. (Jes 11,6-9)

Aus diesen Überlegungen ziehen Beauchamp, Rogerson, Marx und andere den Schluss, dass nur in diesem Kontext richtig verstanden werden kann, was die zwei Verben *kabasch* und *radah* hinsichtlich anderer Geschöpfe beinhalten: Sie bezeichnen eine Herrschaft in einer gewaltlosen Welt. Zweitens sagen sie, dass dies nicht unsere Welt ist. Wir leben in einer Welt nach der Sintflut. Aber die in den protologischen und eschatologischen Texten beschriebenen Welten haben eine gemeinsame Vision und vertreten Werte, die Marx als die der Solidarität zwischen Lebewesen bezeichnet, die geprägt ist durch Gewaltlosigkeit und Achtung für das Leben. Diese geben eine Orientierung, einen moralischen Kompass, für eine erneuerte Schöpfung, die in eschatologischen Zeiten verwirklicht werden wird.

---

[20] Paul Beauchamp, „Création et foundation de la loi en Gn 1,1–2,4", in: Fabien Blanquart et al. (eds.), La création dans l'orient ancient (Paris: Cerf, 1985), 139–82.

Diese interpretativen Erkenntnisse vor dem Hintergrund des gesamten biblischen Zeugnisses, unter Berücksichtigung mancher Stellen des Neuen Testaments, ermöglichen es Theologen und Theologinnen, eine legitime Position angesichts des Klimawandels zu erarbeiten. Christen und Christinnen müssen die Klimaproblematik ernst nehmen und entsprechend handeln: in Antizipation der kommenden Welt und des Reiches Gottes; um den recht verstandenen Auftrag zur Herrschaft über die Erde und der Dienstbarmachung aller Geschöpfe zu erfüllen; um die Erde zu bestellen und zu bewahren; um wahrhaft das Ebenbild Gottes zu verkörpern in der Nachfolge des dienenden Christus; in Gehorsam dem Gebot der Nächstenliebe gegenüber und in Nachfolge des Beispiels Jesu in der Sorge für die Schutzlosesten; um Samen der Gerechtigkeit zu sein und Arbeiter und Arbeiterinnen für den Frieden.

Der Klimawandel ist ein Beispiel für eine transformative Lesart der heiligen Schriften in dreifacher Weise: Eine neue Interpretation der Schriften angesichts der ökologischen Krise führte zu einer Transformation unserer Theologie mit einer erneuerten Schöpfungstheologie. Aber eine erneuerte Schöpfungstheologie führte auch zu einer Transformation des Verständnisses, was christliches Dasein in der heutigen Welt bedeutet. Diese Transformationen oder Erneuerungen kann man als *metanoia* bezeichnen: eine Umkehr, die zu einer dritten Transformation führt, zu der Transformation des persönlichen und kirchlichen Verhaltens hinsichtlich eines kohlenstoffarmen, klimaschonenden, nachhaltigen Lebens. „Wähle also das Leben, damit du lebst, du und deine Nachkommen" (Dtn 30,19) war das Gebot Gottes, nachdem er das Gesetz gegeben hatte. Obwohl das Thema des Klimawandels sicherlich den Autoren damals nicht bewusst war, kommt man nicht umhin, die Bedeutung dieses Verses angesichts des Klimawandels zu erkennen. Es geht wirklich um Leben und Tod, und Gott fordert uns auf, das Leben zu wählen, so wie damals nun auch heute.

# Autorinnen und Autoren

Adams, Nicholas, Dr., Professor für Philosophische Theologie, Universität Birmingham, Vereinigtes Königreich

Amos, Clare, Dr., bis 2017 Programmreferentin für Interreligiösen Dialog und interreligiöse Zusammenarbeit, Ökumenischer Rat der Kirchen, Genf, Schweiz

Baig, Naveed, Krankenhausseelsorger in Kopenhagen, Dänemark

Bektovic, Safet, Dr., Außerordentlicher Professor für Theologische Studien des Islam, Theologische Fakultät, Universität Oslo, Norwegen

Drechsler, Katja, Wissenschaftliche Mitarbeiterin an der Akademie der Weltreligionen der Universität Hamburg, Deutschland

El Maaroufi-Ulzheimer, Asmaa, Doktorandin, Wissenschaftliche Mitarbeiterin am Zentrum für Islamische Theologie, Universität Münster, Deutschland

El Omari, Dina, Dr., Postdoktorandin, Wissenschaftliche Mitarbeiterin am Zentrum für Islamische Theologie, Universität Münster, Deutschland

Grung, Anne Hege, Dr., Außerordentliche Professorin für Praktische Theologie, Universität Oslo, Norwegen

Kartzow, Marianne Bjelland, Dr., Professorin für Neues Testament, Universität Oslo, Norwegen

Khorchide, Mouhanad, Dr., Professor für Islamische Religionspädagogik, Leiter des Zentrums für Islamische Theologie, Universität Münster, Deutschland

Knauth, Thorsten, Dr., Professor für Evangelische Theologie/Religionspädagogik, Institut für Evangelische Theologie, Universität Duisburg-Essen, Deutschland

Kopp, Martin, Dr., Leiter der GreenFaith Kampagne „Living the Change", Straßburg, Frankreich

Leirvik, Oddbjørn, Dr., Professor für Interreligiöse Studien, Theologische Fakultät, Universität Oslo, Norwegen

Mtata, Kenneth, Pfarrer, Dr., Generalsekretär, Kirchenrat von Simbabwe, Harare, Simbabwe

Schreiner, Stefan, Dr. Dr. h.c., Seniorprofessor für Religionswissenschaft und Judaistik, Universität Tübingen, Deutschland

Sinn, Simone, Pfarrerin, Dr., Dozentin für ökumenische Theologie am Ökumenischen Institut Bossey/Ökumenischer Rat der Kirchen, Genf, Schweiz

Syamsuddin, Sahiron, Dr., Professor, Staatliche Islamische Universität, Yogyakarta, Indonesien

Ingolf U. Dalferth
**Wirkendes Wort**
Bibel, Schrift und Evangelium
im Leben der Kirche
und im Denken der Theologie

488 Seiten | Hardcover | 14 x 21 cm
ISBN 978-3-374-05648-4
EUR 38,00 [D]

Der international bekannte Systematiker und Religionsphilosoph Ingolf U. Dalferth bestimmt das Verständnis von »Wort Gottes«, »Bibel«, »Schrift« und »Evangelium« neu und stellt damit das herrschende Theologieverständnis radikal infrage.

Die protestantische Theologie ist mit ihrer unkritischen Gleichsetzung von Schrift und Bibel in die »Gutenberg-Falle« gegangen und hat sich im Buch-Paradigma eingerichtet. Die reformatorische Orientierung an Gottes schöpferischer Gegenwart in seinem Wort und Geist wurde ersetzt durch die historische Beschäftigung mit Gottesvorstellungen. Dabei brachte und bringt Theologie Interessantes ans Licht, aber am Wirken des Geistes versagen ihre Instrumentarien. Will Theologie eine Zukunft haben, muss sie wieder lernen, sich produktiv mit den Spuren des Geistwirkens im Leben der Menschen auseinanderzusetzen.

**EVANGELISCHE VERLAGSANSTALT**
Leipzig    www.eva-leipzig.de

Tel +49 (0) 341/ 7 11 41 -44          shop@eva-leipzig.de

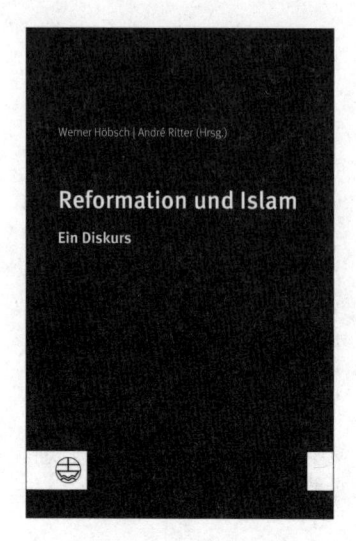

Werner Höbsch
André Ritter (Hrsg.)
**Reformation und Islam**
Ein Diskurs

360 Seiten | Paperback | 12 x 19 cm
ISBN 978-3-374-06004-7
EUR 24,00 [D]

Das Impulspapier »Reformation und Islam« der Konferenz für Islamfragen der Evangelischen Kirche in Deutschland (EKD) hat innerhalb und außerhalb der Kirche Zuspruch und Widerspruch erfahren und zur Diskussion eingeladen. Der Band »Reformation und Islam. Ein Diskurs« zeigt Hintergründe der Entstehung des Textes auf, präsentiert aktuelle Diskussionen zum Thema sowie Perspektiven zum Weiterdenken in Theorie und Praxis. Namhafte Wissenschaftlerinnen und Wissenschaftler unter anderem der Kirchengeschichte, der Fundamentaltheologie und der Praktischen Theologie sowie der Islamwissenschaft sind mit vertiefenden und weiterführenden Beiträgen in diesem Buch versammelt. Bereichernde Darlegungen aus evangelischer, katholischer und muslimischer Sicht um »Reformation und Islam« für alle, die aktuell im christlich-islamischen Dialog engagiert sind, und für die am historischen und theologischen Erbe der Reformation Interessierten.

**EVANGELISCHE VERLAGSANSTALT**
Leipzig  www.eva-leipzig.de

Tel +49 (0) 341/ 7 11 41 -44     shop@eva-leipzig.de